新曲线 | 用心雕刻每一本……
New Curves
http://site.douban.com/110283/
http://weibo.com/nccpub

用心字里行间　雕刻名著经典

商务印书馆(成都)有限责任公司出品

To Laurel, Scott, Lisa, and Madison

领导学导论

人人都可习得的领导力

第 3 版

[美] 彼得·诺思豪斯 著
吴荣先 译

商务印书馆
2018年·北京

Peter G. Northouse

Introduction to Leadership: Concepts and Practice, 3rd Edition

ISBN: 978-1-4522-5966-6

English language edition Published by SAGE Publications of London, Thousand Oaks, New Delhi and Singapore, © 2015 by SAGE Publications, Inc.

中文简体字版由Sage Publications Ltd公司授权出版

作者简介

**彼得·诺思豪斯**（Peter G. Northouse），博士，美国西密歇根大学传播学院传播学荣誉退休教授。他不仅在专业刊物上发表了多篇有份量的学术论文，还撰写了《领导学：理论与实践》（现已出版至第 8 版），合作撰写了《健康传播：卫生专业人员的策略》（现已出版至第 3 版）。他在学术和教学上的兴趣包括领导力模型、领导力评估、伦理型领导、领导与团队动力学。30 多年来，他在本科生和研究生两个层次上讲授领导学、人际传播学和组织传播学等课程。目前，他是领导力研究趋势、领导发展和领导教育领域的资深顾问和知名学者。

亲爱的中国读者：

《领导学导论》（第3版）被译成中文是激动人心的。本书是《领导学：理论与实践》（第8版）的配套教材，强调了领导力的实践维度。我撰写《领导力导论》的目标是解释当你被要求当一名领导者时你应该做什么。这本书提供了我认为关于高效领导的关键概念和原则。

在这个全球沟通变得至关重要的重要时刻，我很荣幸能与中国读者分享我对领导力的思考和想法。我希望你觉得这本书内容丰富，读起来令人愉悦。

谨致最美好的祝愿

彼得·G.诺思豪斯

于美国

Dear Chinese Readers:

It is exciting news to have translated into the Chinese language. This textbook is a companion text to *Leadership: Theory and Practice, 8e* and emphasizes the practical dimensions of leadership. My goal in writing *Introduction To Leadership: Concepts and Practice, 3e* to explain what you should do when you are called upon to be a leader. This book provides what I believe are the key concepts and principles of effective leadership.

At this important time when global communication has become all-important, I am honored to share my thoughts and ideas on leadership with Chinese readers. I hope you find the book informative and enjoyable to read.

With kindest regards

Peter G. Northouse, Ph.D.

United States of America

简要目录

前言		xvii
第1章	认识领导	1
第2章	识别你的特质	23
第3章	发挥人的优势	53
第4章	认识领导理念和风格	87
第5章	关注任务和关系	109
第6章	培养领导技能	129
第7章	创建愿景	157
第8章	营造建设性氛围	181
第9章	倾听外群体成员	207
第10章	处理冲突	231
第11章	领导伦理	271
第12章	克服障碍	297
术语表		320

详细目录

前言 xvii

第1章 认识领导 1

概　述 1

领导的阐释 1

    "领导是一种特质" 4

    "领导是一种能力" 5

    "领导是一种技能" 6

    "领导是一种行为" 6

    "领导是一种关系" 7

    "领导是一种影响过程" 7

全球领导特质 8

领导快照：卢英德 10

小　结 11

本章术语 12

应用 13

    1.1 案例研究 13

    1.2 领导概念问卷 15

    1.3 观察练习 18

    1.4 反思与行动清单 19

参考文献 20

第2章 识别你的特质 23

概 述 23

领导特质的阐释 24

  智 慧 25

  信 心 25

  魅 力 26

  决断力 27

  社交性 28

  正 直 29

领导快照:纳尔逊·曼德拉 30

实践中的领导特质 32

  乔治·华盛顿(1732—1799) 32

  温斯顿·丘吉尔(1874—1965) 34

  特蕾莎修女(1910—1997) 35

  比尔·盖茨(1955—) 36

  奥普拉·温弗瑞(1954—) 37

小 结 39

本章术语 39

应用 40

 2.1 案例研究 40

 2.2 领导特质问卷 43

 2.3 观察练习 46

 2.4 反思与行动清单 48

参考文献 49

第3章 发挥人的优势 53

概 述 53

基于优势领导理论的阐释 54

历史背景	55
识别和测量优势	57
基于优势的领导理论的实践	66
发现你的优势	66
发挥你的优势	68
领导快照：史蒂夫·乔布斯	70
识别和利用他人的优势	71
培育基于优势的积极环境	73
小　结	74
本章术语	76
应用	77
3.1 案例研究	77
3.2 领导优势问卷	79
3.3 观察练习	82
3.4 反思与行动清单	83
参考文献	84

第4章　认识领导理念和风格　87

概　述	87
领导理念的阐释	87
X 理论	88
Y 理论	90
领导风格的阐释	93
威权型领导风格	94
民主型领导风格	95
放任型领导风格	96
领导快照：维多利亚·兰塞姆	97
实践中的领导风格	98

目 录　xi

小　结	99
本章术语	100
应用	101
4.1 案例研究	101
4.2 领导风格问卷	103
4.3 观察练习	105
4.4 反思与行动清单	106
参考文献	107

第 5 章　关注任务和关系

概　述	109
任务和关系风格的阐释	110
任务风格	110
关系风格	111
领导快照：米克·威尔兹	112
实践中的任务和关系风格	113
任务型领导	114
关系型领导	115
小　结	119
本章术语	120
应用	121
5.1 案例研究	121
5.2 任务和关系领导问卷	123
5.3 观察练习	125
5.4 反思与行动清单	126
参考文献	127

第 6 章　培养领导技能　129

概　述　129

行政技能的阐释　130

　实践中的行政技能　131

人际技能的阐释　133

　实践中的人际技能　133

领导快照：科奎思·华盛顿　135

概念技能的阐释　138

　实践中的概念技能　139

小　结　144

本章术语　145

应　用　146

　6.1 案例研究　146

　6.2 领导技能问卷　149

　6.3 观察练习　151

　6.4 反思与行动清单　153

参考文献　154

第 7 章　创建愿景　157

概　述　157

愿景的阐释　158

　图　景　159

　变　革　159

　价值观　159

领导快照：罗莎莉·杰弗涅洛　160

　地　图　162

　挑　战　163

实践中的愿景　163

廓清愿景	164
实施愿景	168

小　结　170

本章术语　171

应用　172

    7.1 案例研究　172

    7.2 领导愿景问卷　174

    7.3 观察练习　176

    7.4 反思与行动清单　177

参考文献　178

第 8 章　营造建设性氛围　181

概　述　181

建设性氛围的阐释　181

实践中的氛围　182

    提供结构　182

    明确规范　183

    打造凝聚力　185

    推动卓越标准　188

领导快照：梅格·惠特曼　190

小　结　196

本章术语　197

应用　198

    8.1 案例研究　198

    8.2 组织氛围问卷　200

    8.3 观察练习　202

    8.4 反思与行动清单　203

参考文献　204

第9章 倾听外群体成员　　207

概　述　　207

外群体成员的阐释　　208
    外群体是如何形成的　　209
    外群体成员的影响　　210

实践中的外群体成员　　214
    策略1：倾听外群体成员　　214
    策略2：向外群体成员展现出同理心　　215
    策略3：承认外群体成员的独特贡献　　216
    策略4：帮助外群体成员，使其感到被接纳　　217
    策略5：与外群体成员创建特殊关系　　218

领导快照：亚伯拉罕·林肯　　219
    策略6：给予外群体成员发言权和行动权　　220

小　结　　221

本章术语　　221

应　用　　222
    9.1 案例研究　　222
    9.2 创建团队问卷　　225
    9.3 观察练习　　227
    9.4 反思与行动清单　　228

参考文献　　229

第10章 处理冲突　　231

概　述　　231

冲突的阐释　　232
    沟通与冲突　　234
    内容层面的冲突　　235

领导快照：胡梅拉·巴克尔　　237

关系层面的冲突	239
实践中的冲突处理	243
费舍尔和尤里的冲突处理方法	244
冲突解决的沟通策略	249
基尔曼和托马斯的冲突处理风格	254
小 结	259
本章术语	260
应用	261
10.1 案例研究	261
10.2 冲突风格问卷	263
10.3 观察练习	266
10.4 反思与行动清单	267
参考文献	268

第11章 领导伦理 271

概 述	271
领导伦理的阐释	272
实践中的领导伦理	272
1. 领导者的品格	273
2. 领导者的行动	275

领导快照：沃伦·巴菲特以及比尔和梅林达·盖茨 278

3. 领导者的目标	280
4. 领导者的诚实	281
5. 领导者的权力	282
6. 领导者的价值观	284
小 结	285
本章术语	286
应用	287

    11.1 案例研究　287
    11.2 核心价值观问卷　289
    11.3 观察练习　291
    11.4 反思与行动清单　293
  参考文献　294

第 12 章　克服障碍　297

概　述　297

障碍的阐释　297

实践中的克服障碍　298
    障碍 1：目标不明确　299
    障碍 2：指导不清晰　301
    障碍 3：动机水平低　303

领导快照：比尔·考特尼　304
    障碍 4：任务复杂　307
    障碍 5：任务单调　308
    障碍 6：参与度低　309
    障碍 7：缺乏挑战　310

小　结　311

本章术语　312

应　用　313
    12.1 案例研究　313
    12.2 路径—目标风格问卷　315
    12.3 观察练习　317
    12.4 反思与行动清单　318

参考文献　319

术语表　320

前　言

领导是今天的热门话题。公众感兴趣于领导者有何特征，领导者如何做事。人们想知道卓越领导的成因是什么，如何成为一位优秀的领导者。虽然人们对领导力有浓厚兴趣，但是，清晰阐述领导实践机制的书籍却少之又少。我撰写这部《领导学导论：人人都可习得的领导力》，旨在弥补这方面的不足。

本书每章都介绍了领导学的一个基本原理，以及该原理在实践中如何成就一名高效的领导者。通过实例、高效领导者的概述以及案例研究，深入阐述了这些基本原理。本书内容包括 12 章：**第 1 章，"认识领导"**，分析了领导的不同定义如何影响领导实践。**第 2 章，"识别你的特质"**，考察了社会科学研究所发现的领导者的重要特质，挑选了历史上和当代的几位领导者的领导特质进行分析。**第 3 章 "发挥人的优势"**，讨论了基于优势的领导这一新兴领域，考察了如何利用几种评估工具来帮助人们认识自己和他人的优势，然后应用这些优势而使自己成为高效的领导者。**第 4 章，"认识领导理念和风格"**，探讨了有关人、工作和人性的观念如何构成了一个人的领导哲学和理念，以及领导理念与三种常见领导风格（威权型、民主型、放任型）有何联系。**第 5 章，"关注任务和关系"**，介绍了领导者如何整合和优化领导角色中的任务行为和关系行为。**第 6 章，"培养领导技能"**，分析了三种领导技能：行政技能、人际技能和概念技能。**第 7 章，"创建愿景"**，探索了愿景特征以及如何表达和实现愿景。**第 8 章，"营造建设性氛围"**，重点讨论了提供结构、明确规范、打造凝聚力以及推广卓越标准对于领导者运作团体或组织的重要性。**第9章,"倾听外群体成员"**,探索了外群体的本质、外群体的影响以及领导者应该如何应对外群体。**第10章,"处理冲突"**,讨论了我们应该如何管理冲突并产生积极变化的问题。**第11章,"领导伦理"**,探讨了与伦理型领导直接相关的六大因素:品格、行动、目标、诚实、权力和价值观。最后,**第12章,"克服障碍"**,讨论了下属可能面临的七大障碍,以及领导者如何帮助下属克服这些障碍。

本版新增内容

新版保留了前版的章节,但在几个方面进行了扩充和提高:

- 首先,也是最重要的,新版增加了关于"基于**优势的领导**"这个新的一章,该章考察了有关优势的研究,探讨了领导者如何识别和发挥自己和下属的优势。
- 其次,每章都新增了"**领导快照**"专栏,扼要介绍了日常生活中不同的领导者,他们的特征、风格和经历有助于阐述该章所讨论的概念。
- 第三,全书加入了**新的案例研究、实例和研究**。

本书特色

《领导学导论:人人都可习得的领导力》旨在帮助读者了解如何成为更优秀的领导者。本书以领导学理论为基础,采用了易于理解和方便使用的方式来介绍领导学的基本知识。每章重点介绍了领导学的一个基本原理,讨论了如何将该原理应用于真实的领导情境,并介绍了相关领导者的概貌。

这本书的最显著特点也许是每章都包含四项应用活动,这有助于读者探讨领导学的概念和实际应用:

- **案例研究**，旨在阐述该章所讨论的领导学概念。每个案例最后提出的问题能引导读者思考，有助于读者利用该章思想来分析案例。
- **自我评估问卷**，帮助读者确定自己的领导风格和偏好。有些读者可能在阅读该章内容之前就想填写这份问卷。通过先填写问卷，读者就会更加明白该章内容如何具体应用于自己的领导倾向。
- **观察练习**，引导读者审视自己生活经历中的领导者的行为。
- **反思与行动清单**，启发读者思考自己的领导风格，找到可以采取的行动，成为更有效的领导者。

读 者

《领导学导论：人人都可习得的领导力》是以实践为导向的著作，采用了方便使用的写作风格，适用于不同学科的领导学入门课程。具体来说，它非常适用于商学、管理学、传播学、教育学、农学、医学、工程学、军事学、公共行政学、护理学、政治科学、社会工作和宗教学等学科领域的领导学研究项目和领导学课程。此外，本书也适用于继续教育、企业培训、高管拓展、在职培训和政府培训等项目。它同样有益于学生的课外活动。

致 谢

我要向在本书出版过程中发挥直接或间接作用的很多人表示感谢。首先，我要感谢 SAGE Publications 的很多人，尤其是我的编辑，Patricia Quinlin。我还要特别感谢 Maggie Stanley 的出色工作，她所付出的时间、精力和敬业精神对于这个项目的质量具有重要贡献，确保它取得了成功。此外，我还要感谢 Lauren Habib，她为本书做了大量辅助性工作。我要感谢文字编辑 Melinda

Masson 和制作编辑 Libby Larson，她们为本书的制作过程做了大量工作。以上每个人都以各自特有的方式做出了宝贵贡献，提高了本书的整体质量。总的来说，他们是一个杰出的团队，他们所有的工作展示出极高的优秀标准。

对于初稿的综合评阅，我要感谢以下评阅人：

Barry L. Boyd, *Texas A&M University*

Susan Bramlett Epps, *East Tennessee State University*

Shannon Brown, *Benedictine University*

Lisa Burgoon, *University of Illinois at Urbana-Champaign*

Stephen C. Carlson, *Piedmont College*

Melissa K. Carsten, *Winthrop University*

Ronald J. Cugno, *Nova Southeastern University*

Douglas Davenport, *Truman State University*

Leon Fraser, *Rutgers Business School*

Francesca Grippa, *Northeastern University*

Vanessa Hill, *University of Louisiana at Lafayette*

Martha A. Hunt, *NHTI—Concord's Community College*

Renee Kosiarek, *North Central College*

Karen A. Longman, *Azusa Pacific University*

James L. Morrison, *University of Delaware*

Terry W. Mullins, *University of North Carolina at Greensboro*

Jane Murtaugh, *College of DuPage*

Ron Parlett, *Nova Southeastern University*

Melody Rawlings, *Northern Kentucky University*

Laurie A. Schreiner, *Azusa Pacific University*

John Tummons, *University of Missouri*

Sameer Vaidya, *Texas Wesleyan University*

Natalie N. Walker, *Seminole State College*

这些评阅人的批评指正非常宝贵，有助于我在修改书稿的过程中找到思考和写作的重点。

我很感谢诺瓦东南大学的 Ron Cugno、杜鲁门大学的 Douglas Davenport 和得克萨斯卫斯理大学的 Sameer Vaidya。他们为这一版的创新性辅助材料做出了杰出工作。

我要感谢 John Baker（西肯塔基大学）和 Elizabeth Matthews。他们对本书互动电子版附带的领导轮廓工具的创新性内容做出了杰出工作。

我要感谢 Lisa Northouse 为这个版本的案例研究做出的特殊贡献，感谢 Paul Yelsma 对章后问卷的编制和计分提供了富有见地的反馈。

最后，特别感谢 Marie Lee 在整个项目中的出色编辑和支持。她的见解和贡献大大提升了这个版本的质量。在我的编辑团队中有 Marie 这样的人，我觉得很幸运。

第1章

认识领导

概 述

本书探讨的主题是：怎样才能成为一名卓越的领导者。每个人在人生的某个时期都有可能被要求担任领导者，无论是领导课堂讨论，担任儿童足球队教练，还是管理筹款活动。很多情境都需要领导。有些领导者可能很高调（例如，选举产生的公职官员），也有些可能很低调（例如，"大哥哥大姐姐"组织的志愿领导者）。但是，每种情境都对领导者提出了要求。成为领导者很有挑战性，令人兴奋，也有回报，同时需要承担很多责任。本章将讨论领导学研究的不同视角，以及这些视角如何影响领导者的内涵。

领导的阐释

首先，重要的是要讨论一个基本问题：什么是领导？研究领导学的学者们对这个问题争论了数十年，发表了探讨领导本质的大量论著（Antonakis, Cianciolo, & Sternberg, 2004; Bass, 1990; Conger & Riggio, 2007）。（见专栏1.1）。

专栏 1.1　领导学的演变

领导学一直激发着人们的兴趣，几个世纪以来已有大量文献对此进行了论述。许多早期著作中就包含了领导理念，例如马基雅维利的《君主论》（1531/2005），也有些著作涉及伟大领导者的传记。随着20世纪社会科学的发展，探索领导学的成果越来越丰富。"对研究领导学有兴趣的学科包括：人类学、工商管理、教育管理、历史学、军事学、护理管理、组织行为学、哲学、政治学、公共行政学、心理学、社会学和神学"（Rost，1991，p. 45），这些学科中都涌现出大量对领导学的研究。

结果是，围绕领导学产生了很多理论。与任何时尚事物完全相同的是，领导学理论也在不断演变，重点和方向会发生变化，并在过去的一个世纪中，互为基础且不断深入发展。以下关于领导学的扼要历史回顾有助于我们了解领导学的演变过程。

特质取向

早期出现的**特质取向**（trait approach）的理论被称为**"伟人"理论**（"Great Man" theories），因为它们专注于确定社会、政治和军事领域伟大领导者的内在素质和特征。例如，叶卡捷琳娜二世、莫罕达斯·甘地、亚伯拉罕·林肯、摩西和圣女贞德。从20世纪初到20世纪40年代初，领导特质研究尤为盛行，70年代领导特质研究又重新受到重视，因为研究人员开始研究愿景型和魅力型领导。80年代，研究人员把领导与"大五"人格因素（"Big Five" personality factors）联系了起来，到了90年代，情商或情绪智力作为一种特质又受到研究者的青睐。

行为取向

在20世纪30年代末期，领导学研究开始关注行为——领导者在做哪些事情以及他们的做事方式。美国俄亥俄州立大学和密歇根大学的研究人员在20世纪40年代和50年代做了开创性研究，分析了小团队情境中领导者的做事方式。**行为取向**（behavior approach）理论在20世纪60年代处于鼎盛时期，布雷克和莫尔顿（Blake & Moulton, 1964）的研究探索了管理者在组织情境中如何使用任务和**关系行为**（relationship behaviors）。

情境取向

这种取向的假设是，不同情境需要不同领导类型。情景取向理论的正规研究起始于20世纪60年代末的赫西和布兰查德（Hersey & Blanchard, 1969）以及雷丁（Reddin, 1967）的工作。**情境取向**（situational approaches）从20世纪70年代到90年代不断得到完善和修正（Vecchio, 1987）。其中，**路径—目标理论**（path-goal theory）探讨了领导者如何利用员工的动机以提高绩效和满意度。另一种取向，**权变理论**（contingency theory）则着眼于领导者风格与具体情境变量之间的匹配。

关系取向

在20世纪90年代，研究人员开始探讨领导者与下属之间关系的性质。这类研究最终演变成领导者—成员交换（LMX）理论（leader-member exchange theory）。LMX理论预测，与低质量关系相比，高质量关系能产生更积极的领导成果。今天，研究人员仍然对领导学的**关系取向**（relational approach）研究颇感兴趣。

"新领导"取向

这种取向开始出现于20世纪80年代中期，即30多年以前，它们当时被称为"新领导"取向，现在仍然沿用这个名称（Bryman, 1992）。从巴斯（Bass, 1985, 1990）的研究工作开始，领导学研究出现了愿景型或魅力型领导理论（visionary or charismatic leadership theories）。后来从这些取向中发展出了**蜕变型领导理论**（transformational leadership theory，也译作"转化型领导理论"或"转型领导理论"），该理论把领导描述为改变人和组织的过程。

新兴领导取向

到了21世纪，出现了很多领导学取向。目前，研究人员对**真实型领导**（authentic leadership）很感兴趣，该理论着眼于领导者的真实性及其领导方式。同时，**精神型领导**（spiritual leadership）取向探讨了领导者如何利用价值观（使命感）和归属感来激励下属。**仆人式领导**（servant leadership）强调"关怀原则"，领导者像"仆人"一样关注下属的需求，帮助下属变得更加自主和有见地，最后下属自己也变得像仆人一样。基于性别的研究已经获得了巨大动力，因为妇女在劳动大军中变得越来越有影响力，在全球层面尤其如此。由于技术进步而使世界变成地球村，结果出现了领导的文化和全球取向。

历史时间轴并不代表这些取向是完全分离的、各自处于不同时期，也不是说只有在旧理论消亡之后才出现新理论。相反，这些理论中有很多是共存的，互为基础且得已深入发展（见图1.1）。即使某种取向已经过了鼎盛期，该理论仍然会继续影响进一步的研究以及新领导取向的发展。

图 1.1 领导理论的历史发展

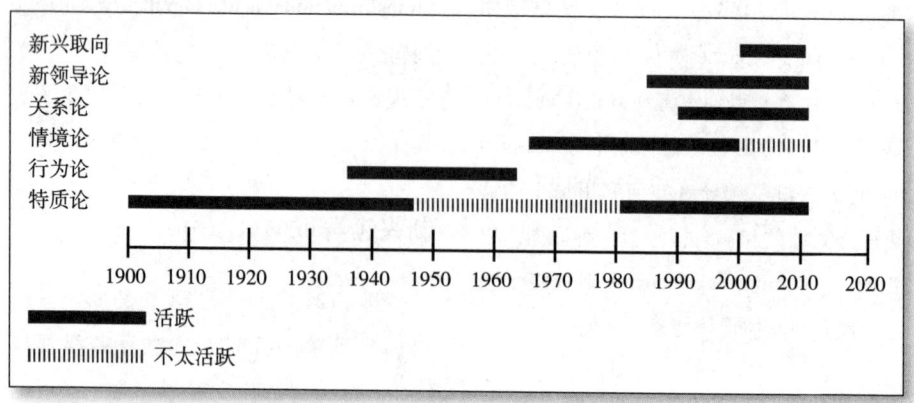

资料来源: Adapted from Antonakis, J., Cianciolo, A. T., & Sternberg, R. J. (Eds.). (2004). *The nature of leadership*. Thousand Oaks, CA: Sage, p. 7.

在领导学文献中,可以找到有关领导的100多种不同定义(Rost, 1991)。虽然定义繁多,但是,只有少数概念被公认为准确地反映了领导者的本质。

"领导是一种特质"

首先,领导被看成是一种特质。**特质**(trait)是区分个体的品质,通常是天生的。用特质来定义领导,意味着每个人先天具有影响其领导力的某些特定的品质。有些领导者很有信心,有些领导者很果断,也有些领导者比较外向,善于交际。这种观点认为领导力是一种特质,重点关注领导者及其特有的天赋。与这种领导特质论一致的常见观念是:"领导者是天生的,不是塑造出来的"。但是有人认为,关注特质使得领导者仅仅局限于少数精英人士,因为特质论意味着,只有少数拥有特殊天赋的人才能从事领导工作。虽然这种论点也许有一定道理,但是,也可以认为,我们所有人都天生拥有多种特质,这些特质中有很多可能会对我们的领导力产生积极影响。有些特质在某种程度上也是可以改变的。

多年来，研究人员已经发现了大量与领导相关的特质。在第2章中，我们将讨论一些重要的领导特质，第3章我们将解释"基于优势的领导"为什么是特质论领导的一种变式。虽然重要的领导特质有很多，但是，在不同情境中，拥有特定情境所需要的特质对领导者来说才是最为重要的。例如，医院混乱的急诊室需要领导者具有洞察力和决断力，如此才能恢复秩序。相反，高中课堂里学生感到乏味时，需要老师具有激励性和创造性。领导者只有在正确时间和正确地点启用正确的特质，领导才会有成效。

"领导是一种能力"

领导力除了被认为是一种特质，也被认为是一种能力。只有拥有领导**能力**（ability）的人才能成为领导者——也就是说，他们具备领导才能。能力这个词有时指天生的才能，但是，能力也可以后天习得。例如，有些人天生擅长公开演讲，也有些人通过练习而变得善于在公众面前演讲。同样，有些人拥有天生的良好体能因而体育成绩优异，也有另外一些人通过不断锻炼来培养其运动能力。在领导领域，有些人拥有天生的领导能力，而另一些人则通过勤奋工作和实践来培养他们的领导能力。

能够佐证领导能力论的一个很好的例子，就是加州大学洛杉矶分校著名篮球教练约翰·伍登的故事，他的球队在全美大学生体育协会比赛中获得了七连冠。伍登首先被认为是一名教师，然后才是一名教练，他在教练过程中采用了四条学习定律：解释、示范、模仿和重复。他的目标是教会球员在巨大压力下本能地做出正确动作。另一个不那么有名，但同样也是领导能力论的很好例子，讲述的是一位名不见经传却卓有成效的餐馆经理，通过多年的经验和学习，创建出一家成功的、获大奖的餐馆。在这两个例子中，正是个人能力造就了杰出领导。

"领导是一种技能"

第三，领导是一种技能。领导被看成是一种**技能**（skill），是培养起来的有效完成某项任务的胜任力（competency）。有技能的领导者是有胜任力的人，他们知道履行职责的手段和方法。例如，在筹款活动中，有技能的领导者知道筹款过程的每个步骤和程序，他们能够利用这些专门知识来有效运作该项活动。总之，有技能的领导者拥有胜任力——他们知道必须做哪些具体事情，他们也知道如何做好这些事情。

把领导描述为一种技能，使得人人都可拥有领导力，因为技能是人们可以习得或者培养出来的胜任力。即使没有天生的领导能力，人们也可以通过实践、受教和他人反馈来提高自身的领导力。把领导看作一种技能，领导力就能得到研究和学习。如果你能够从经验中进行学习，你就能获得领导力。

"领导是一种行为"

领导也是一种行为（behavior）。它是领导者身处领导岗位时所做的事情。行为维度涉及领导者在各种情境中的待人处事方式。与特质论、能力论和技能论的不同之处在于，领导行为是可以观察到的。当某人进行领导时，我们能看到那个人的领导行为。

领导学研究已经表明，领导者主要采用两种行为：任务行为和过程行为。**任务行为**（task behaviors）是领导者用来完成工作的行为（例如，领导者为会议准备一个议程）。**过程行为**（process behaviors）是领导者用来帮助人们与团队其他成员和谐相处，对所处的情境应对自如的行为（例如，领导者帮助个体感到被团队接纳）。由于领导既需要任务行为也需要过程行为，所以领导者面临的挑战是：为了达成目标，努力找到把两者结合在一起的最优方式。

"领导是一种关系"

另一个有点与众不同的领导观是把领导看作一种**关系**（relationship）。根据这个观点，领导力的核心是领导者与下属之间的交流，而非领导者的独特品质。认为领导是一种关系，领导就成了领导者与下属之间发生的一个合作过程（Rost, 1991）。领导者影响着下属，同时也受到下属的影响，领导者和下属又分别都会受到周围环境的影响。这种理论强调领导不是一种线性的单向事件，而是一种互动事件。在传统型领导中，权力往往是自上而下的；而在互动型领导中，权力和影响力是共享的。当以这种方式定义领导时，领导力就变成每个人都可以获得，而不再仅仅局限于团队中正式任命的领导者。

把领导看成一种关系，意味着领导者必须在领导过程中关注下属和下属的利益。领导者必须充分了解下属，理解他们的利益、思想、立场、态度和动机。此外，这种理论还有一种伦理意味，因为它强调领导者应该与下属合作以实现他们的共同目标。强调相互关系，当然就会减少领导者以强迫或不符合伦理的方式对待下属的可能性；同时它也增加了领导者和下属团结合作以实现共同利益的可能性（Rost, 1991）。

"领导是一种影响过程"

最后一种领导观把领导看成是一种影响过程。这是本书将要强调的观点。

领导（leadership）是一个人影响一群人以实现共同目标的过程。

把领导定义为一种影响过程，意味着领导不是领导者拥有的特质或能力，而是领导者与下属之间产生的互动事件。因为领导者会对下属产生影响，所以，影响力是领导过程的核心。领导者将自己的能量导向影响其他个体以实现共同目标。强调公共或共同目标为领导提供了一个伦理维度，因为它可以降低领导者使用胁迫或者不符合伦理的方式对待下属的可能性。

最后,在解释什么是领导时,对领导和管理进行区分也是很重要的。在讨论领导是什么和可以是什么的时候,领导和管理这两个概念有时会相互重叠。领导和管理两者都涉及影响力,但是,领导涉及寻求结构性变化,而管理涉及建立秩序。例如,人们常说:"管理者是把事情做正确的人,而领导者是做正确事情的人。"由于领导者和管理者都致力于影响人们朝向实现目标,我们在这本书中进行讨论时,就把管理者和领导者的角色看成是相同的,而不再强调它们之间的区别。

全球领导特质

我们可能都想知道世界各地领导的差异。为什么有些国家倾向于分权式的民主型领导,而其他国家似乎满足于等级式的君主制或独裁型领导?本章是从美国视角来介绍领导学的定义和概念的。如果你前往世界各地的其他国家,你无疑会遇到各个民族和政治文化各自特有的不同的领导观。

2004年,罗伯特·豪斯(Robert House)领导了由160位研究人员参加的宏大研究项目,以提高我们关于文化如何影响领导效能的认识。该项目的名称为"全球领导与组织行为效能"(Global Leadership and Organizational Behavior Effectiveness, GLOBE),在62个国家和地区调查了1.7万管理人员,以研究世界各地的领导存在怎样的跨文化差异。GLOBE研究项目得到了大量研究结果,其中包括确定了世界各地普遍接受的积极和消极的领导特征(见表1.1)。

领导的含义是复杂的,包括许多维度。对于一些人来说,领导是一种特质或能力,而对其他人来说,领导是一种技能或行为,还有人认为领导是一种关系或过程。在现实中,领导可能包括所有这些维度的所有成分。每个维度解释

表 1.1 普适的领导属性

积极的领导者属性		
值得信赖	公正	诚实
具有远见	谋划在先	鼓舞人心
积极	精力充沛	激励者
建立信心	有很强动机	可依赖
智慧	果断	有效的谈判技巧
双赢的问题解决者	善于沟通	有见识
熟练的行政技巧	协调者	团队建设者
追求卓越		
消极的领导者属性		
孤僻不合群	不善交际	缺乏合作精神
易怒	含糊其辞	自我中心
冷漠	刚愎自用	

资料来源：Adapted from House, R. J., Hanges, P. J., Javidan, M., Dorfman, P. W., & Gupta, V. (Eds.). (2004). *Culture, leadership, and organizations: The GLOBE study of 62 societies*. Thousand Oaks, CA: Sage, pp. 677–678. Reprinted with permission.

了领导的一个方面。

在思考领导的这些不同定义的时候，根据你在"领导概念问卷"中的得分，哪个维度最接近你的领导观？你如何定义领导？回答这些问题是很重要的，因为你如何看待领导将极大地影响你如何践行领导。

当今社会对有效领导有着非常强烈的需求。这种需求既存在于地方和社区一级，也存在于国家层面；在美国如此，在其他国家也是如此。人们觉得在他们生活的各个方面都需要领导力。在个人生活、学校、工作环境，甚至在精神生活中，他们都需要领导者。无论你走到哪里，人们都表示需要强有力的领导。

当人们在特定情境下要求得到领导时，并不总是很清楚自己想要什么。但是，在大多数情况下，他们希望有效的领导。有效领导就是要有意识地发挥影

领导快照：卢英德，百事可乐公司首席执行官

卢英德（Indra Nooyi）是印度南部一个保守的中产阶级家庭的女儿，卢英德并非注定有一天会管理一家世界级的大型休闲食品和饮料公司。但是，卢英德做到了，她成为百事可乐的首席执行官和总裁，跻身美国的女性高管行列，她可能是全美具有印度血统的职场级别最高的女性。

卢英德出生于印度的马德拉斯（现在的金奈），她承认她总在推动社会习俗转变。她在全部由女子组成的板球队打球，是摇滚乐队的吉他手。在当时，印度女孩参加这些活动被认为是不恰当的。虽然她在1974年从马德拉斯基督教学院大学毕业，获得了化学、数学和物理学的学士学位，并从加尔各答的印度理工学院获得了工商管理硕士学位，但据说卢英德只是一位"平庸的学生"（Pandey，2006）。

大学毕业后卢英德的第一份工作是服务于图特尔公司，这是印度的一家英国纺织企业，但是，她被挖去担任强生公司品牌经理，负责管理公司在印度的娇爽项目。这对最有经验的营销主管也颇具挑战性，因为在当时，印度并不允许为女性产品做广告（Murray，2004）。

到1978年，卢英德觉得她需要为商界做更多准备，于是申请美国耶鲁大学管理学院并被录取。令她吃惊的是，她的父母同意让她走，这实质上将使她成为她所在文化中嫁不出去的女性。虽然她获得了耶鲁大学的经济资助，还担任了通宵接待员，但是她只能勉强维持生计。她没有足够的钱去购买职业装，所以她穿着传统纱丽（印度女性的传统服饰——译者注）去工作和参加后来的工作面试。她选择按自己的方式行为处事，而不是迎合文化规范的期望。

卢英德没有获得耶鲁的MBA学位，而是获得了公共和私人管理硕士学位。毕业后的第一份工作是服务于著名的波士顿咨询集团和摩托罗拉公司。1990年，她加入了艾波比公司（ASEA Brown Boveri，ABB），该公司是瑞士–瑞典的大型企业集团。她管理ABB北美业务取得的成功，引起了百事公司首席执行官韦恩·卡洛韦的注意，他邀请卢英德去百事公司担任首席战略师。

卢英德很快在百事公司赢得了声誉。她是百事公司两起最重要并购案的首席交易官：1998年的纯果乐橙汁品牌和2001年的桂格。桂格为百事帝国增加了大量谷类和休闲类食品。卢英德也帮助

公司收购了饮料制造商索贝（SoBe），击败了来自可口可乐的竞争报价。她的交易决策天赋，使她在 2000 年被提拔为百事公司财务总监，并在一年后，获得了总裁职位。

卢英德给百事提出的愿景——"每天任何时刻，我们都为您准备了休闲小食品"（"Power of Two"，2001）——通过新产品开发和并购得到了落实。该公司目前销售各种食品和饮料，从激浪和佳得乐到"嘎吱嘎吱船长"牌麦片和多力多滋。该公司在 200 个国家和地区销售着 18 种品牌，在世界各地雇佣 19.8 万名员工。

但是，卢英德作为战略家也预见到，不断增多的诸如肥胖之类的生活方式疾病，可能会对她所在的公司产生不良影响。她再次选择非常规路径，在由盐、脂肪和糖为主的行业创造健康产品。她投入巨资建造研发实验室，历时 5 年完工，这些做法招来股东和行业分析师的批评。到目前为止，投资已经取得了一些成功：研发出了一种中卡路里可乐——新一代百事可乐（Pepsi Next）；创造出咸度与以前一致的新薯片，但是钠含量更少。该公司还努力开发全天然零卡路里的甜味剂以用于饮料和其他产品，这一成就将会给食品和饮料业带来一场深刻变革。

响力，能够为获取更大利益而创造变化。领导旨在利用积极手段来实现积极成果。此外，人们希望领导者倾听并理解他们的需求，关心他们的处境。我们每个人所面临的挑战是，我们要随时做好准备，当我们被要求担任领导者时，我们就能发挥出领导作用。

小　结

我们所有人在生活中的某个时间都有可能被要求发挥领导作用。当你被要求担任领导者时，既对你提出要求，也会给你回报。你对领导的定义和观念将会极大地影响你的领导方式。这些年来，作者们以多种方式对领导进行了定义。

领导是复杂和多维的过程，不同人对领导的理解各不相同。最常见的领导观包括把领导看成是一种特质、一种能力、一种技能、一种行为、一种关系和一种过程。你的领导观将会影响你践行领导的方式。

本章术语

特质取向	真实型领导
"伟人"理论	精神型领导
行为取向	仆人式领导
关系行为	特质
情境取向	能力
路径—目标理论	技能
权变理论	任务行为
关系取向	过程行为
蜕变型领导理论（或"转化型领导理论"或"转型领导理论"）	领导

1.1 案例研究

队王希尔

丹尼·希尔作为高中游泳教练的职业生涯一开始并不成功。他的团队中许多老队员在第一个赛季就退出了，因为他要求他们来参加所有训练。团队在所有赛季只赢过三次比赛。那还是40年前的事情。自那以后，这位高中化学老师作为游泳教练取得了不起的成功：他的获胜包括900多名男孩和女孩的对抗赛，以及非凡的31州冠军。

能在通常被认为是个人项目的比赛中创建团队精神，丹尼因此而闻名。每个赛季开始他都安排团队集体住宿，然后是"地狱周"。在为期两周的严酷训练中，队员们每次训练至少要游5英里，每天10英里。他认为这是游泳队员团结奋战的过程，无关乎他们的技能水平，因为他们"都在同一条船上"。

丹尼把领导活动分配到团队每个成员。要求四年级队员担当成熟的领导者，将团队目标和期望告知新队员。三年级队员要担当榜样，而二年级队员担任安静的领导者，他们仍然在学习，他们是团队文化的基础。即使是一年级队员也有任务：在学习团队文化和了解团队的期望时，要求他们留意教练和其他队员的言行。

每个星期一，丹尼都要召开20分钟的团队会议，每个成员都有机会表扬或批评团队中的任何人，包括教练。他对游泳队员要求严格，训练一定要非常认真。但是当队员需要支持的时候，他一定会伸出手臂拥抱他们。丹尼也不时地使用幽默，开开玩笑，给长期艰苦的训练过程调节一下气氛。

虽然他的团队成功了，但丹尼并不特别看重取胜。他更在意准备胜利的过程——他告诉队员，通过为胜利做好准备，任何其他事情都会自然而然地发生。当你赢了，他会说，你只是很自然地做好了这件事情。

问题

1. 助力于丹尼·希尔获得成功的领导特质是什么？

2. 你如何描述丹尼·希尔的领导能力？

3. 领导力包括行政技能、人际技能和概念技能。丹尼·希尔是如何将这些技能汇集于一身的？

4. 丹尼·希尔在领导中是如何整合任务行为和关系行为的？

5. 从关系的角度来看，你如何描述丹尼·希尔的领导力？

6. 丹尼·希尔的执教在哪些方面体现出领导是一个影响过程？

1.2 领导概念问卷

目的

1. 确定你的领导观
2. 探讨你对领导力各个方面的看法

指导语

1. 思考一下你自己对"领导力"这个词的印象。根据你生活中与领导者相处的经历,你认为领导力是什么?
2. 使用下面的量表,对下列有关领导力的陈述,指出你同意或不同意的程度。

陈述	完全不同意	不同意	中立	同意	完全同意
1. 每当我想到领导,我就会想起某个有特殊人格特质的人。	1	2	3	4	5
2. 就像弹钢琴或者打网球,领导也是一种可以习得的能力。	1	2	3	4	5
3. 领导活动需要专业知识和技能。	1	2	3	4	5
4. 领导涉及的是领导者做什么,而不是他们是谁。	1	2	3	4	5
5. 下属对领导过程的影响程度与领导者是一样的。	1	2	3	4	5
6. 领导是关于影响他人的过程。	1	2	3	4	5
7. 有些人天生就是领导者。	1	2	3	4	5
8. 有些人拥有成为领导者的天赋才能。	1	2	3	4	5
9. 成功领导的关键是要有恰当的技能。	1	2	3	4	5
10. 最好根据领导者所做的事情来描述领导。	1	2	3	4	5

1.2 领导概念问卷
（续）

陈述	完全不同意	不同意	中立	同意	完全同意
11. 领导者和下属共同承担领导过程。	1	2	3	4	5
12. 领导是指向积极目标的一系列行动。	1	2	3	4	5
13. 要成为有效的领导者必须拥有某些特质。	1	2	3	4	5
14. 每个人都拥有成为领导者的能力。	1	2	3	4	5
15. 有效的领导者在岗位上是有胜任力的。	1	2	3	4	5
16. 领导的本质是完成任务，与人打交道。	1	2	3	4	5
17. 领导涉及领导者和下属的共同目标。	1	2	3	4	5
18. 领导过程并不单纯依赖于领导者，领导过程与领导者、下属和情境都有关联。	1	2	3	4	5
19. 有些人能成为伟大的领导者是因为他们拥有某些特质。	1	2	3	4	5
20. 人们可以培养领导能力。	1	2	3	4	5
21. 有效的领导者要有胜任力、有见识。	1	2	3	4	5
22. 领导是关于领导者与他人如何共同工作以实现目标。	1	2	3	4	5
23. 最好用领导者与下属的关系来解释高效领导。	1	2	3	4	5
24. 领导者会影响下属，下属也会影响领导者。	1	2	3	4	5

1.2 领导概念问卷
（续）

计分

1. 第 1、7、13、19 项的分数总和（强调特质）
2. 第 2、8、14、20 项的分数总和（强调能力）
3. 第 3、9、15、21 项的分数总和（强调技能）
4. 第 4、10、16、22 项的分数总和（强调行为）
5. 第 5、11、17、23 项的分数总和（强调关系）
6. 第 6、12、18、24 项的分数总和（强调过程）

总分

1. 强调特质：_____
2. 强调能力：_____
3. 强调技能：_____
4. 强调行为：_____
5. 强调关系：_____
6. 强调过程：_____

分数解释

你在该问卷上的得分提供了关于你如何定义和看待领导的信息。你对领导的各个维度的强调程度，将会影响你如何应对领导过程。例如，如果在强调特质的维度上得分最高，它表明你强调领导者的角色和特殊天赋在领导过程中的重要性。如果你在强调关系的维度上得分最高，它表明你认为领导的核心是领导者与下属之间的沟通，而不是领导者的独特品质。通过比较你的得分，你能弄清楚在你关于领导各要素的认识中，哪些要素最重要，哪些最不重要。你的领导观将会影响你的领导实践。

1.3 观察练习

领导概念

目的

1. 深入认识领导的复杂性
2. 认识到人们以不同的方式对领导进行定义

指导语

1. 在本练习中，选择你认识的五个人，就领导这个主题对他们进行采访。
2. 请他们每个人告诉你，他们对领导的定义是什么，并介绍自己关于有效领导的个人看法。
3. 单独用一页纸记录每个人的回答。

   人物 #1（姓名）_____

   人物 #2（姓名）_____

   人物 #3（姓名）_____

   人物 #4（姓名）_____

   人物 #5（姓名）_____

问题

1. 你观察到这些人对领导的定义有何差异？

2. 关于领导的最普遍的定义是什么？

3. 这些人对领导的描述与第1章"认识领导"中的定义有什么不同？

4. 在所采访的这些人中，谁的定义最接近你自己的定义？为什么呢？

1.4 反思与行动清单

领导概念

反思

1. 我们每个人都有自己独特的领导观。哪些领导者或哪些人影响了你的领导观？讨论对你而言领导意味着什么，请给出你对领导的定义。

2. 领导概念问卷中的得分显示出你对领导持何观点？问卷的六个维度（特质、能力、技能、行为、关系、过程）中，哪个维度最接近你的观点？哪个维度最不像你的观点？

3. 你认为领导力是每个人都可以习得的，还是你认为领导力是少数人拥有的天赋才能？解释你的答案。

行动

1. 根据你就领导主题对其他人所做的访谈，你如何把他人的领导观整合到自己的领导观之中？

2. 把领导看成是关系存在伦理问题。在你的领导中如何增加关系取向才能使你成为更好的领导者？请讨论。

3. 思考你自己的领导力。确定一种你比较能够充分培养的特质、能力、技能或行为，以便你能成长为更优秀的领导者。

参考文献

Antonakis, J., Cianciolo, A. T., & Sternberg, R. J. (Eds.). (2004). *The nature of leadership*. Thousand Oaks, CA: Sage.

Bass, B. M. (1985). *Leadership and performance beyond expectations*. New York: Free Press.

Bass, B. M. (1990). *Bass and Stogdill's handbook of leadership: A survey of theory and research*. New York: Free Press.

Blake, R. R., & Moulton, J. S. (1964). *The managerial grid*. Houston, TX: Gulf.

Bryman, A. (1992). *Charisma and leadership in organizations*. London: Sage.

Conger, J. A., & Riggio, R. E. (Eds.). (2007). *The practice of leadership: Developing the next generation of leaders*. San Francisco: Jossey-Bass.

Hersey, P., & Blanchard, K. H. (1969). *Life-cycle theory of leadership.* Training and Development Journal, 23, 26–34.

House, R. J., Hanges, P. J., Javidan, M., Dorfman, P. W., & Gupta, V. (2004). *Culture, leadership, and organizations: The GLOBE study of 62 societies*. Thousand Oaks, CA: Sage.

Machiavelli, N. (2005). *The prince* (W. J. Connell, trans.). Boston: Bedford/St. Martin's. (Original work published in 1531)

Murray, S. (2004, January 26). From poor Indian student to powerful U.S. business-woman. *Financial Times*, p. 3.

Pandey, J. M. (2006, August 18). Nooyi: IIM-C's "average" student turns role model. *The Times of India*. Retrieved from http://articles.timesofindia.indiatimes.com/2006-08-18/india/27813322_1_iim-c-indra-nooyi-first-batch

The Power of Two at Pepsi. (2001, January 29). *Businessweek*, p. 102.

Reddin, W. J. (1967, April). The 3-D management style theory. *Training and Development Journal*, pp. 8–17.

Rost, J. C. (1991). *Leadership for the twenty-first century*. Westport, CO: Praeger.

Vecchio, R. P. (1987). Situational leadership theory: An examination of a prescriptive theory. *Journal of Applied Psychology*, 72(3), 444–451.

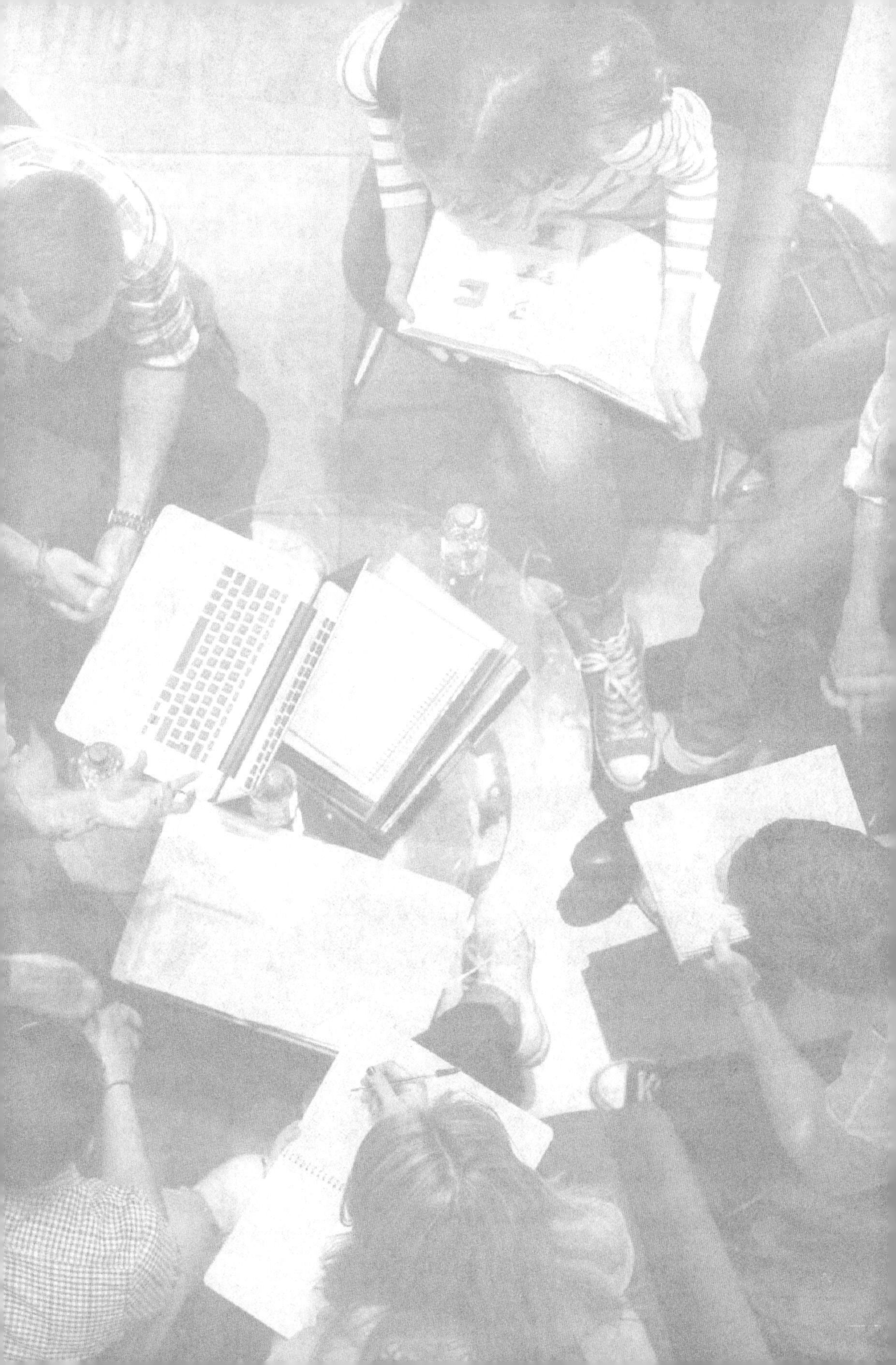

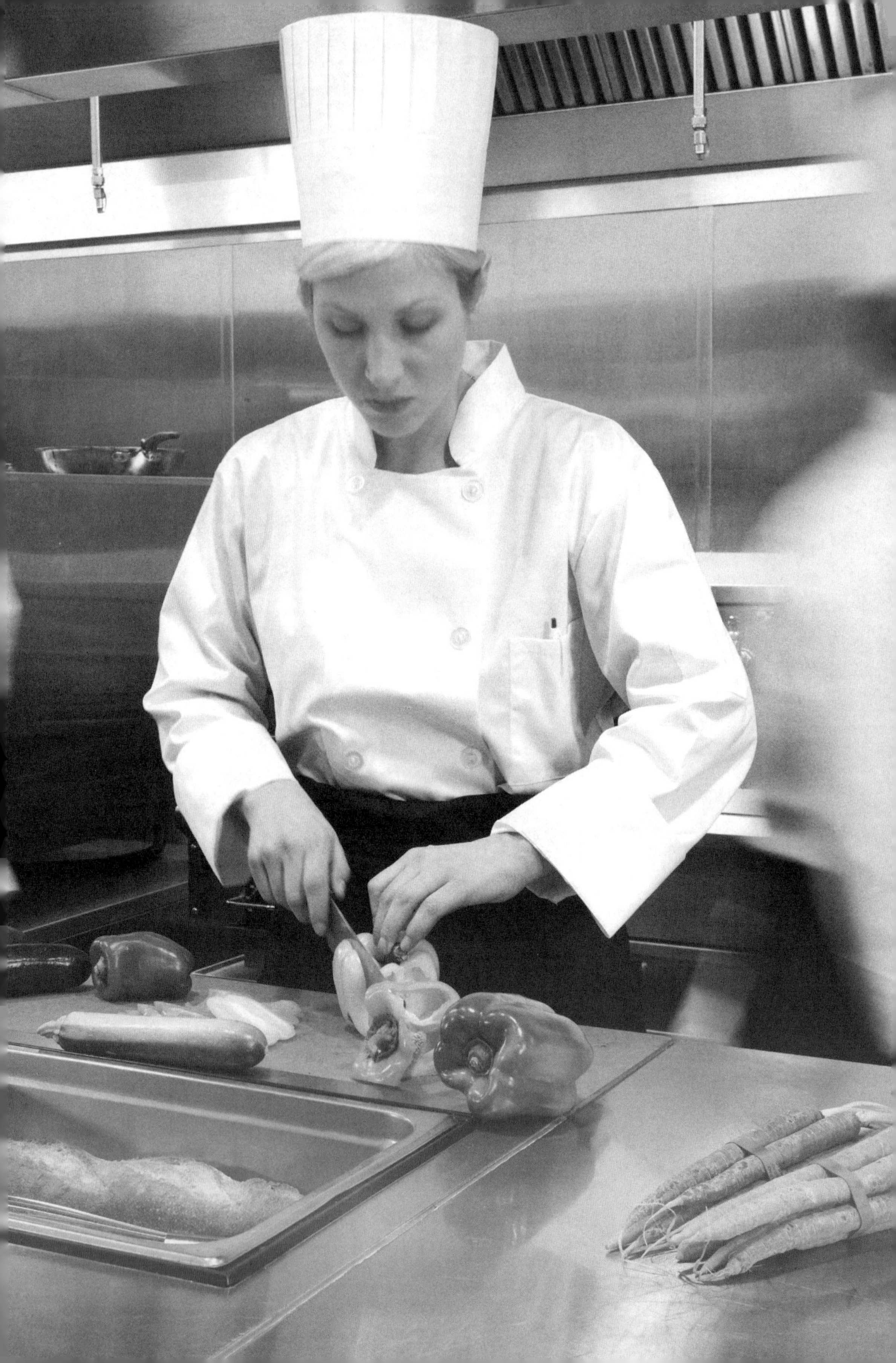

第 2 章

识别你的特质

概 述

为什么有些人是领导者，而其他人却不是？是什么因素使得那些人成了领导者？领导者是否拥有某些不一般的特质？这些问题多年来一直吸引着人们的兴趣。我们所有人似乎都想了解，什么特征可以导致有效领导。本章讨论对领导具有重要作用的那些特质。

从20世纪早期开始，数以千计的研究对领导者特质进行了探索。这些研究得出了与典型领导特质有关的大量条目（见 Antonakis, Cianciolo, & Sternberg, 2004; Bass, 1990）。关于重要领导特质的列表很长，包含勤奋、值得信任、可依赖、表达能力强、善于交际、思想开放、智慧、自信、自我肯定、尽职等等。因为列表中的内容很多，很难具体确定哪些特质对领导者来说是其本质特征。事实上，几乎所有特质都可能与有效领导有关。

如果你需要担任领导者，什么特质最重要呢？为了回答这个问题，本章需要讨论两个领域的内容。第一，讨论所有研究都认为与日常生活中有效领导高度相关的一系列选定的特质。第二，审视历史上和当代的几位领导者的人生，讨论在他们的领导过程中发挥重要作用的那些特质。在讨论过程中，将重点阐述某些特质以怎样的独特方式影响领导过程。

领导特质的阐释

从20世纪初到今天，研究人员的注意力大量集中于探讨成功领导者拥有怎样的独特特征。他们已经开展了数以千计的研究，试图确定有效领导者的特质。这些研究结果得出的关于重要领导特质的清单非常长，其中每一个特质都有助于领导过程。

例如，几位学者通过研究发现以下特征很重要：成就取向、毅力、洞察力、首创精神、自信、责任感、合作性、宽容性、影响力、善于交际、内驱力、积极性、诚实、信心、认知能力、任务知识、外向性、尽责性和开放性（Judge, Bono, Ilies, & Gerhardt, 2002; Kirkpatrick & Locke, 1991; Stogdill, 1974）。在国际层面上，豪斯、汉格斯、贾维丹、多尔夫曼和格普塔（House, Hanges, Javidan, Dorfman, & Gupta, 2004）研究了62种不同文化中的1.7万名管理人员，确定了22种重要特质，这些特质在这些国家或地区被普遍认为是卓越领导的特征。第1章"认识领导"的表1.1中详细列出了这些特质，这些特质包括值得信赖、公正、诚实、鼓舞人心、积极、精力充沛、可依赖、智慧、果断、善于沟通、有见识和团队建设者等。正如这些研究结果所显示的那样，探索领导特质的研究已经确定了很多重要的领导者特征。

然而，这些研究结果提出了一个重要问题：如果确实存在这么多重要的领导特质，那么，其中哪些具体特质是人们成为成功领导者所必须具备的？这个问题的答案并非十分清晰，但是，研究一般指向六种关键特质：智慧、信心、魅力、决断力、社交性和正直。在接下来的章节中，我们将依次讨论这些特质。

智　慧

　　智慧（intelligence）是与有效领导相关的一种重要特质。有智慧意味着具有良好的语言技能、感知技能和推理能力。这些优点的组合能使人成为优秀的思考者，卓越的领导者。

　　虽然人们很难改变自己的智商（IQ），但是有一些方法可以帮助人们改善一般智力。聪明的领导者一般都见多识广。他们明了周围发生的事情，通晓需要完成的工作。了解领导角色必须承担哪些任务，尽可能熟悉工作环境，这些对领导者来说都是非常重要的。这些信息将会帮助领导者变得更有见识、更有洞察力。

　　例如，几年前，我的一位朋友克里斯被邀请担任他女儿所在初中的足球队教练，尽管他从来没有踢过足球，对于如何踢足球几乎一无所知。克里斯接受了这份工作，并最终获得了巨大成功，但这一过程并非轻而易举。他花了大量时间学习足球知识，阅读了关于如何踢球的书、教师手册和教练书籍。此外，克里斯还订购了几份足球杂志。他向其他教练请教，尽其所能学习如何踢足球。第一个赛季结束的时候，其他人已经认可克里斯是一位非常具有胜任力的教练。他聪明、智慧，已经学会了如何成为一位成功教练。

　　就智慧而言，想要成为另一位爱因斯坦，即使我们当中存在这种人，数量也是极少的。我们多数人智力一般，我们知道自己能做的事情有限。然而，对我们的领导职位越熟悉，所获得的信息就会使我们成长为越好的领导者。

信　心

　　信心是有效领导者的另一种重要特质。有信心的人充满自信，相信自己能够实现他们的目标。他们感到自己的处境稳定而安全，没有不确定感。他们不做事后诸葛亮，而是对事业具有清晰的愿景，不断前行。有信心的领导者具有确定感，相信自己正在做正确的事情。显然，**信心**（confidence）这种特质与积极看待自己以及认为自己拥有成功的能力有关。

如果信心是成功领导者的核心特质，那么，你怎样建立自己的信心呢？首先，信心来自于你必须理解外界对你的要求。例如，当第一次学习开车时，学员的信心很低，因为他不知道该做什么。如果教练解释了驾驶过程，演示了驾驶方法，学员就能获得信心，因为他现在对于如何开车已经有所了解。知晓和理解能建立信心。信心也可以来自导师的指引和建设性反馈意见。导师可能是老板、经验丰富的同事或组织外部的重要他人。因为导师扮演着榜样和顾问的角色，他们能提供必要的支持，帮助你认识领导的机制。

信心也能来自练习。指出这点非常重要，因为练习是每个人都可以做到的。思考一下泰格·伍兹，当今世界上最知名的高尔夫球手。伍兹是一位非常有天赋的运动员，但是他仍然花费大量时间练习高尔夫球。他的出色表现和关于比赛的信心既得益于天赋，也是练习的结果。

在领导方面，练习能建立信心，因为它提供了完成任务的把握性，有抱负的领导者能够完成外界需要他做的事情。承担领导角色，即使是委员会或者志愿者活动中的小角色，都能提供成长为优秀领导者的实践机会。在已有领导活动的基础上建构新领导活动，就会有信心承担要求更高的领导角色。不失时机地练习他们的领导力的人，会体验到自己对于领导能力的信心不断增强。

魅　力

在所有与有效领导相关的特质中，魅力得到的关注最多。**魅力**（Charisma）是指领导者特殊的吸引力和号召力，能对领导过程产生巨大影响。魅力是一种特殊的人格特征，为领导者提供了做出非凡之举的能力。特别是，它给予领导者特殊的影响力。美国前总统约翰·肯尼迪就是一个很好的魅力型领导者的例子，肯尼迪用他那雄辩的演说风格，鼓舞激励了美国人民（见第7章"创建愿景"中的专栏7.1）。肯尼迪总统是一位天才的魅力型领导者，对他人产生了巨大的影响。

我们很多人感到具有魅力是一种挑战，因为魅力不是一种普遍的人格特质。少数精英人士非常有魅力，但是我们大多数人则没什么魅力。由于很多人不具有魅力，人们就提出了这样一个问题：如果领导者没有天生的魅力，他们该怎么办呢？

根据领导力研究学者的著述，魅力型领导的行为有几个特征（Conger, 1999; House, 1976; Shamir, House, & Arthur, 1993）。首先，魅力型领导者树立了强大榜样，表现出希望他人接受的价值观。莫罕达斯·甘地主张非暴力，是公民不服从的典范；他的个人魅力使他能够对他人产生深刻影响。其次，魅力型领导者在领导的各个方面都表现出胜任力，因此，其他人信任他们的决定。第三，魅力型领导者明确阐述了清晰的目标和坚定的价值观。马丁·路德·金的"我有一个梦想"的演讲就是这种魅力型领导的典型例子。通过阐述他的梦想，他能够影响很多人，使其追随他的非暴力实践。第四，魅力型领导者能将高期望传达给追随者，对于他们有能力实现这些期望表现出了信心。最后，魅力型领导者对他人具有鼓舞作用。他们能发动和激励他人参与真实的变革当中，正如约翰·肯尼迪和马丁·路德·金表现出来的那样。

决断力

决断力（determination）是有效领导者的另一种特质。有决断力的领导者非常专注和留意所要完成的任务。他们知道他们要走向哪里，知道如何才能到达那里。决断力就是完成工作的决定；它包含很多特征，例如，主动性、毅力和动力。有决断力的人愿意坚持，他们是主动的，在障碍面前仍然有能力坚持不懈。有决断力还包括偶尔显示出支配性，特别是在需要引导他人的情境下尤其如此。

我们都听说过一些有决断力的人做出的惊人之举——患有癌症的人跑完了 26.2 英里的标准马拉松，盲人爬上了珠穆朗玛峰，一位单亲妈妈把四个孩子培养到大学毕业。关于有决断力领导的一个很好的例子来自纳尔逊·曼德拉，本章"领导快照"专栏对他进行了专门介绍。曼德拉的惟一目标就是要在南非结束种族隔离制度。虽然他被关押多年，但是仍然矢志不渝。他致力于实现他的目标，从来没有动摇过他的这个愿景。曼德拉是专注的和坚定的，无疑，他是一位有决断力的领导者。

领导者与其他人的区别是，他们拥有完成工作的决心。在本章讨论的所有特质中，决断力大概是发挥领导作用的人最容易获得的一种特质。决断力的全部要求就是坚持。长期专注于任务、明确目标、阐述愿景、激励他人坚持到底，这些都是有决断力的领导者的特征。要做到有决断力需要自律和忍耐力，拥有这种特质几乎肯定会提升一个人的领导力。

社交性

领导者的另一个重要特质是**社交性**（sociability）。社交性是指领导者建立愉悦的社会关系的能力。人们需要社交能力强、能与他们和睦相处的领导者。表现出善社交的领导者是友好的、外向的、有礼貌的、机智的和有外交才华的。他们对他人的需要敏感，他们关心别人的福祉。社交型领导者有良好的人际关系技能，这些技能能帮助他们在工作环境中创建合作关系。

具有社交性，对有些人来说是很容易的事情，对另外一些人则比较困难。例如，很容易让外向型领导者与他人对话，对人友好，但对内向型领导者来说，这样做就比较困难。同样，有些人天生就"善社交"，而另一些人则喜欢独处。虽然人们的外向程度各不相同，但是，提高社交性是完全可能的。社交型领导者能在工作环境中与同事和他人融洽相处。友好、和蔼、体贴、畅所欲言、支持他人，这些对于领导者发展他们的社交能力都大有裨益。善社交的领导者能给群体带来正能量，使工作环境成为更加愉悦之地。

为了便于说明，就举以下这个例子。这件事发生在我40年领导学课程教学生涯中一个最好的班级。在这个班上，有一位名叫安妮·福克斯的学生，她是一位非常善于社交的领导者。安妮是一位与众不同的学生，穿着20多年前那样的学生装。虽然她的着装不同于其他人，但是安妮非常有爱心，班上每位同学都喜欢她。开学才一周，安妮就能叫出班上每个人的名字；考勤的时候，她立刻就知道谁来上课了，谁没有来。课堂讨论时，安妮总能提出好想法。对于他人的观点，她也能给出敏锐的评论。安妮积极对待生活，她的乐观态度具有感染力。只要安妮出现在课堂上，她就能创造出良好气氛，在这里每个人都感到自己是独特的，而且也感到能被群体接纳。她就像胶水一样把大家凝聚在一起。安妮并没有被正式指定为班干部，但是到了学期末，她很自然地成了领导者。善于交际的天性，使她能够建立起亲密的人际关系并成了班里的头。课程结束的时候，我们所有人都成了她的领导行为的受益者。

正 直

最后，也许是最重要的，有效的领导者诚实而**正直**（integrity）。正直领导者的特征是他们拥有诚实和可信的品质。在行动中坚持原则、勇于承担责任的人展现出了正直的品质。正直的领导者鼓舞着他人的信心，因为其他人可以信任他们会说到做到。他们是忠诚守信的、可信赖的和直率的。从根本上来说，正直使得领导者可信、值得信赖。

大人常常告诉孩子："不要说谎"。对于孩子来说，得到的教育是"好孩子是说实话的"。对于领导者来说，得到的教育是相同的："好的领导者是诚实的"。不诚实会造成他人不信任，不诚实的领导者会被视为不可靠和不能信赖的人。

领导快照：纳尔逊·曼德拉，南非第一位黑人总统

1990年，纳尔逊·曼德拉在服刑27年之后从监狱获释，他决心不生气不报复，而是团结整个南非——这个曾因为一代又一代的种族隔离而破裂的国家。

作为部落酋长的后裔，纳尔逊·曼德拉1918年出生于南非的一个小村庄。在他成长的这个国家，白人通过镇压和暴政来统治黑人和其他种族。曼德拉曾就读于卫理公会教会学校，后来在法学院完成学业，最终在1942年开设第一家黑人合伙制律师事务所。他的公司支持非洲国民大会，积极从事反对南非种族隔离政策的活动。在20世纪50年代，他成为非洲国民大会的领导者。在莫罕达斯·甘地的影响下，曼德拉最初致力于非暴力反抗，但是，当政府拒绝改变种族隔离政策之后，曼德拉被迫改变立场，开始支持暴力策略。1964年，曼德拉因策划暴力行动、意图推翻政府而被判终生监禁。

曼德拉在监狱服刑将近30年，他也因此成为了反对种族隔离运动的象征性人物。但是，在服刑的岁月中，曼德拉花了很多时间来审视自己，像他人一样观察自己：一位好斗和激进的革命者。他学会了控制自己的脾气和强烈意愿，转而采用劝导和强调的方法来说服他人。他开始倾听他人的人生故事，包括那些白人狱警的故事，尝试去理解他们的观点。他坚定地维护自己的尊严，谨慎地拒绝屈从，同时对狱警和他人也十分尊敬。结果，在监狱里面，他成了自然的领导者，而在监狱外面，他的名声使他成为象征性的受难者，不仅对非洲黑人是如此，对全世界的人也是如此。要求释放曼德拉的运动蔓延至世界各地，其他国家和跨国公司受到公民和股东的压力，被要求与南非"剥离"。

1990年，南非总统德克勒克担心内战和经济崩溃，在曼德拉71岁的时候将他释放。曼德拉以支持自由与平等权利准则的道德型领导者的形象出现在公众面前。他开始在全世界发表演说，为非洲国民大会募集经济支持，为支离破碎的国家寻求和平。1992年，南非政府制定了新宪法，举行了包括非洲国民大会在内的所有党派都参加的普选。结果呢？1994年，曼德拉当选为南非第一位黑人总统，有效地终止了种族隔离。因为他在废除种族隔离的谈判中起到的关键作用，曼德拉获得了诺贝尔和平奖，与德克勒克分享了这个奖项。

从1994年到1999年，作为南非总

> 统，曼德拉的使命是：致力于把一个少数族裔统治和种族隔离的国家，改造为一个多种族的民主国家。从总统任期的第一天开始，他对前总统时期政府的占多数的白人职员定下基调，告诉他们，想要保住工作的人，欢迎他们留下，声明"和解将从这里开始"。他建立了一个多种族的职员队伍和内阁，每次在决策之前，他展现出的风格都是友好的微笑，采用的策略是认真倾听各种观点，以使职员关注难题和议题，而非党派之争。
>
> 曼德拉的总统任期是五年，在76岁的时候，他选择不寻求连任。退休后，他继续热衷社会事业，在南非以外充当各种纠纷的斡旋者，将和平与正义的信息传至全世界。曼德拉于2013年去世。虽然很难总结他所完成的全部事业，但是，作为对曼德拉遗产最好的描述，美国前总统比尔·克林顿在2003年写道："长期的身负压迫，使他看破了分歧、歧视和破坏，坚定地信奉我们共同的人性。"

诚实有助于人们相信和信任领导者的言论和主张。诚实也提高了领导者影响他人的能力，因为他人对领导者有信心，他们信任领导者。

正直要求在与他人相处时坦率，尽量完全和彻底地实事求是。然而，这并不是一件容易的事：有时完全说出真相可能具有破坏作用或者产生相反效果，领导者所面临的挑战是，在公开坦率与特定情境中适当披露一些内容之间取得平衡。真实对领导者来说很重要，要做到在与他人的关系中保持正直，真实是不可或缺的前提条件。

正直巩固了领导的方方面面，也是身为领导者的核心。正直是领导者影响力的中心环节。如果人们不信任领导者，领导者的影响潜力就会受到削弱。从本质上说，正直是身为领导者的基石。一旦领导者在正直方面出现问题，他或她就会失去领导潜力。

美国前总统比尔·克林顿（任职时间为1993—2001）的例子很好地说明了诚实与领导力紧密相关。在20世纪90年代末，他在美国国会宣誓，否认他曾与一名白宫女性实习生有染。可是他还是因此受到美国众议院弹劾，但后来又被参议院宣判无罪。在长时间遭受折磨的过程中，有一天，克林顿总统在全国电视上发表讲话，宣称自己无罪。这次讲话在现在看来是非常著名的。然而，随后的听证会提供的资料显示，他在那次电视讲话中撒了谎。很多美国人觉得，克林顿作为普通人、领导者和总统，都违背了他应尽的责任和义务。结果是，克林顿的诚实明显受到了质疑，他的领导影响力也因此大大削弱。

综上所述，有很多特质与有效领导有关。这里讨论的六种特质在领导过程中显得尤为重要。正如以后各章揭示的那样，领导是一个非常复杂的过程。本章所讨论的特质确实非常重要，但是，特质仅仅是多维过程的一个方面。

实践中的领导特质

在历史上，有过许多伟大的领导者。他们每个人都在不同条件下发挥了领导作用，表现出独特天赋。以下的章节分析了五位著名领导者的成就和特质。同样杰出的领导者虽然数以百计，但是，突出这五位领导者，是因为他们代表着不同历史时期不同类型的领导。这五位都是公认的杰出领导者：每个人都对许多人的生活产生了积极影响，做出过巨大贡献。

下面讨论的领导者是乔治·华盛顿、温斯顿·丘吉尔、特蕾莎修女、比尔·盖茨和奥普拉·温弗瑞。当你阅读这些材料的时候，请思考他们的领导特质。

乔治·华盛顿（1732—1799）

乔治·华盛顿被认为是美利坚合众国的开国元勋。他的领导作用对于该国政府的创始非常重要。从初级士兵到活跃的政府官员，每个人都非常尊敬他。他是一位极为正直的人，一位很好的倾听者。美国独立战争结束之后，华盛顿是各派没有分裂成小群体或国家的一个重要原因。他成为了美国第一任总统，因为他的领导非常适合那个时代的需要。

他出生于一个富裕的弗吉尼亚家庭，在一个大种植园长大。父亲去世时，他才 11 岁。华盛顿接受过 7 年的正规学校教育，后来就工作了，担任测量师。他在 20 岁时参了军，在法印战争中，华盛顿认识到了战斗的艰难，经历过胜利，也遭遇过失败。从 1775 年至 1783 年他担任大陆军总司令，在独立战争中带领殖民地人民战胜了英国，他的领导力发挥了重要作用。战争结束后，他解甲归田，但是时间不长。1787 年，对政治和国家的兴趣使他来到费城的制宪会议，在那里他被选为主持者，成功地制定了美国宪法。宪法得到批准之后，华盛顿全票当选为美国第一任总统。华盛顿担任了两届总统（1789—1793，1793—1797）；虽然他有人民支持，但他选择不再谋求第三个任期。他于 1797 年退休，回到弗农山庄园，67 岁时在那里因患肺炎去世。在他的葬礼上，他的官员之一，亨利·李，歌颂他是"战争中第一位、和平时期第一位和同胞心中第一位"的美国人。

特质与特征

乔治·华盛顿展示出许多特殊的领导特质 (Brookhiser, 1996; Burns & Dunn, 2004; Fishman, 2001; Higginbotham, 2002)。研究人员发现，他是一个谦虚的人，具有伟大的道德品格，他在领导中表现出了诚实、正直和智慧。虽然没有高学历，也谈不上才华横溢，但是有报道说他每天都要读 10 份报纸。他身材高大，而且讲究仪表。在生命的大部分时期，他坚持记工作日志。虽然有些保守，但是作为军队领导者，他英勇顽强。他不利用权力去达成自己的目的，战争结束之后他就放弃了大陆军总司令的职位。独立战争之后，美国处于建立阶段，华盛顿为这个国家带来了稳定、理性和秩序。他的稳重，使得他对于美国人民来说是一位可以预期的人,因而美国人民认为他值得信任。最重要的是,华盛顿是一位谨慎的领导者,他能做出合理判断,能为新政府提供力量和智慧。的确,华盛顿是一位特殊的领导者,具有许多独特天赋,正如施瓦茨(Schwartz, 1987, p. 147)所说,他"'伟大',因为他'优秀'"。

温斯顿·丘吉尔(1874—1965)

温斯顿·丘吉尔是 20 世纪最伟大的政治家和演说家之一。此外,他还是一位有才华的画家和多产作家;他于 1953 年获得了诺贝尔文学奖。丘吉尔曾在第一次世界大战期间在军队中服役,1940 年 5 月成为英国首相,第二次世界大战期间一直担任此职,直到 1945 年。正是在这个时期,他高超的领导才能表现得淋漓尽致。当德国人威胁要入侵英国时,丘吉尔顽强地屹立着。他做了很多著名演讲,这些演讲极大地鼓舞了英国和盟军人民的士气。在国内方面,他是个社会改革家。从 1951 年到 1955 年,他完成了首相的第二个任期。1965 年去世,享年 90 岁。

特质与特征

温斯顿·丘吉尔的领导力非同寻常,因为他在很多方面其实都是一个普通人,他的个人生活曾面临诸多挑战。在教育方面,他并没有明显超越他人。在社交层面,他是一个孤僻之人,朋友很少。在个人层面,一生中他遭受了多发性抑郁症的折磨。虽然具有这些特征,但是,丘吉尔仍然成长为一位伟大的领导者,因为他拥有其他一些独特天赋,他知道如何利用这些天赋(Hayward, 1997; Keegan, 2002; Sandys & Littman, 2003)。他是一位求知欲旺盛的读者,讲话直率,行事果断,注重细节且见多识广(Hayward, 1997)。此外,他还非常有雄心，但并非出于自身利益。他想要的是，对其他人来说什么是正确的，他希望英国达到最佳状态。他最重要的天赋是使用语言的超凡能力。在演讲中，说话直率的丘吉尔能以强有力的方式使用词汇和想象力，打动着每一位听众的心。而且他还能为战争设置道德氛围（Keegan, 2002）。他有能力建立希望，鼓舞他人迎接挑战。他的冷静和乐观，鼓舞着他的人民和所有盟军（Sandys & Littman, 2003）。

特蕾莎修女（1910—1997）

特蕾莎是一位罗马天主教修女，她被很多人认为是圣人。她为印度加尔各答和世界各地的穷人和无助者做出了贡献，因此她于1979年获得了诺贝尔和平奖。特蕾莎修女出生于马其顿，有一个不错的家庭背景。在18岁时，她加入了洛雷托天主教修女会，在加尔各答做了17年高中老师。她一直关切着加尔各答的贫困群体，这导致她于1948年离开修道院，开始全身心投入服务于该市贫民窟穷人中最穷的人。1950年，特蕾莎修女创办了一个新的宗教组织——仁爱传教会，以照顾那些饥饿、无家可归、被遗弃和无人关爱的人们。

今天，有超过100万工作人员加入了仁爱传教会，遍及40多个国家。该慈善组织为那些因为洪水、流行病、饥荒和战争而遭受折磨的人提供帮助。仁爱传教会还开办医院、学校、孤儿院、青少年中心、病人收容所和临终关怀医院。由于她的人道主义工作以及为和平所做的努力，特蕾莎修女被授予许多奖项，包括教皇约翰二十三世和平奖（1971）、尼赫鲁奖（1972）、美国总统自由勋章（1985）以及国会金质勋章（1994）。虽然在晚年要与病魔作抗争，但是特蕾莎修女仍然积极参与各项工作，直至生命尽头。她于1997年去世，享年87岁。

特质与特征

特蕾莎修女是位生活简朴的女性,身材矮小,穿着朴素的蓝白相间的纱丽,她的财富从未比她服务的人更多。与她的外表一样,她的使命也很质朴——照顾穷人。从她在加尔各答街道上照顾一位临终者的第一年开始,到她最后的岁月,累计有数以千计的人受到过仁爱传教会的照料,特蕾莎修女始终专注于她的这一目标。她是一位真正的公仆,既坚定、无畏,又谦逊、崇高。她经常倾听上帝的旨意。她关于堕胎(她反对堕胎)和妇女家庭地位的观点,以及消除贫困的方式,有时会受到指责,此时她会以坚定的意志予以回应;她从来没有动摇过她根深蒂固的人道价值观。以身作则,少言寡语,她是其他人的榜样。显然,特蕾莎修女是一位领导者,她实践了她所承诺的使命(Gonzalez-Balado, 1997; Sebba, 1997; Spink, 1997; Vardey, 1995)。

比尔·盖茨(1955—)

多年来,作为微软公司——世界上最大的个人电脑软件开发商——创始人之一和董事长,比尔·盖茨是世界上最富有的人,资产估计超过 700 亿美元。盖茨是靠自己奋斗成功的人。盖茨 13 岁开始对计算机感兴趣,当时他和一个朋友开发了他们的第一个计算机软件程序。后来,他进入哈佛大学,但是没有毕业就离开了学校,热衷于软件开发。他于 1975 年与人合伙创办了微软公司。在盖茨的领导下,微软开发出了著名的微软磁盘操作系统(MS-DOS)、视窗操作系统(Windows)和因特网浏览器(IE)。微软公司是有史以来成长最快和盈利能力最强的企业之一。微软成功之后,盖茨和他的妻子于 2000 年成立了"比尔及梅林达·盖茨基金会"(Bill & Melinda Gates Foundation),目的是在世界各地减少不平等和改善人们的生活。此基金会促进教育事业,应对全球健康问题

(例如疟疾、HIV/AIDS 和结核病），赞助图书馆，援助美国西北部地区的住房和社区计划。从 2006 年开始，盖茨退出微软的日常工作，而是花更多时间在基金会工作。2014 年，盖茨辞去了董事长一职。

特质与特征

比尔·盖茨既聪明又有远见。在与人合伙创办微软时，他有一个关于如何满足未来人们的技术需求的愿景，他雇用朋友帮他实现这个愿景。盖茨也是以任务为导向的勤奋之人，经常每天工作 12 个小时以上，以增进他对软件产品开发的兴趣。此外，盖茨还是专注、进取之人。当微软被美国政府指控为违反了反垄断法，盖茨现身国会听证会，坚定地捍卫他的公司。当被问及他是否有一种"不惜一切代价取胜"的心态，他回答说，你需要带领大家共同研发产品，让产品变得越来越好，但是，从来没有一个终点——前方总有挑战（Jager & Ortiz, 1997, pp. 151—152）。在他的个人风格中，盖茨是简单的、直接的、不做作的和无私的：他已经表现出了对穷人和缺医少药者的强烈关怀。

奥普拉·温弗瑞（1954—）

奥普拉·温弗瑞是一位屡获殊荣的电视脱口秀主持人，是世界上最强大和最有影响力的女性之一。她出生于密西西比农村的一个不正常的家庭，由祖母抚养至 6 岁。温弗瑞很小的时候就学会了阅读，上学的时候跳了两级。她的青春岁月很艰难：她与有两份工作的母亲一起生活在密尔沃基市中心，温弗瑞曾经受到一位家庭成员的性骚扰。虽然有这些经历，她仍是高中的优秀学生，并且因为她的演讲能力而获得了全国性奖项。她获得了田纳西州立大学全额奖学金，在那里她学习传播学并在当地一家电台工作。温弗瑞在媒体的优秀工作表现，最终帮助

她来到芝加哥，成为了备受好评的奥普拉·温弗瑞脱口秀节目主持人。她还是一名演员、制片人、书评家和杂志出版商，她还拥有自己的电视网（OWN）。

2007年，温弗瑞是电视行业收入最高的艺人，年收入估计为2.6亿美元。她的财富总额估计超过16亿美元。温弗瑞还是备受尊敬的慈善家：她的捐赠一直专注于改变弱势群体和穷人的生活。温弗瑞特别重视非洲人民的需求，募集了数百万美元用以帮助感染艾滋病的儿童。她还在南非约翰内斯堡附近的一个小镇创办了一所女子领导学院。

特质与特征

奥普拉·温弗瑞从生活在贫困的农村，到成为有影响力的世界级领导者的非凡旅程，可以用她的几个优势来解释（Harris & Watson, 2007; Illouz, 2003; McDonald, 2007）。最重要的是，温弗瑞是一位卓越的传播者。当她还是小女孩时，便能在教堂背诵《圣经》经文，从那时起，她一直能轻松自在地面对观众。在电视上，她能面对数以百万计的人侃侃而谈，让每位观众感到仿佛她是直接对自己说话。温弗瑞也是聪明和博学的，具有强烈的商业意识。她是真诚的、坚定的和鼓舞人心的。温弗瑞属于魅力型领导者，这使她能轻易地与人建立联系。她表现自然，善于表达，无惧敞开心扉。因为她"曾经努力挣扎"才生存下来，所以她被看作一位榜样人物。温弗瑞已经成功克服了生活中的许多障碍，她鼓励其他人同样克服他们的困难。她传达的信息是希望。

上述五人都表现出具有卓越的领导力。虽然这些领导者每一个人都是独一无二的，但是，他们具有一些共同特征。他们都富有远见、意志坚强、勤奋努力且极具感召力。作为目标导向的领导者，他们是榜样和希望的象征。思考这些非凡领导者的特征，将有助于你更好地理解哪些特质对于有效领导来说最为重要。虽然你可能并不一定希望成为另一个比尔·盖茨或者特蕾莎修女，但是，你可以从这些领导者身上认识到，你自己所具有的特质将会如何影响你的领导力。

小　结

　　本章介绍了领导者所需要的一些重要特质。社会科学研究为我们提供了有关领导特质的认识。数以千计的领导学研究已经探索了有效领导者的特质；这些研究得到了关于重要领导特质的一个长长的列表。在这个列表中，对于有效领导特别重要的特质是智慧、信心、魅力、决断力、社交性和正直。

　　我们审视了精选出来的一些著名的历史和当代的领导者，包括乔治·华盛顿、温斯顿·丘吉尔、特蕾莎修女、比尔·盖茨和奥普拉·温弗瑞。很明显，模范领导者表现出许多相似的特征。这些领导者的主要特质包括：富有远见、意志坚强、勤奋努力、有感召力、目标导向和充满希望。这些领导人物为我们提供了一些有用的模型，有助于认识哪些特质对于实现有效领导来说是重要的和值得拥有的。

　　因为领导是一个复杂的过程，没有简单路径，也无法保证谁一定能成为成功的领导者。每个人都是独特的，我们每个人都有自己独特的领导天赋。天生就突出具有本章讨论的六种特质的人已经为领导做好了准备。如果你在这些特质上都不够那么突出，但是你很想提高它们，你仍然有可能成为有效的领导者。

　　记住，有很多特质与有效领导相关。如果认识到你自己拥有哪些特质以及如何培养这些特质，那么你就会一步步地成为一位成功的领导者。

本章术语

智慧	决断力
信心	社交性
魅力	正直

2.1 案例研究

一位新兴的领导者

蒂姆把他的一生描绘成"先天"和"后天"的冲突。他看这个问题的方式是：他有两套DNA，而这两套截然不同的特征给了他作为领导者所需要具备的品质。他说，第一套DNA包括那些"上帝赐予的遗传天赋"，它们来自生物学上的父母，但是，他们在他一出生就抛弃了他。第二套DNA来自两年后收养他的笃信宗教和关怀体贴的家庭。

蒂姆的天性外向，善于与人相处。他的这些先天能力一直是以公众和人群为取向：从雄辩自如的演讲风格和教学能力到唱歌和演戏。"当我还是婴儿的时候，我就一直很外向，从2岁或3岁开始，人们就告诉我，我将会成为美国总统、牧师或者喜剧演员，"他说，"我并没有刻意去培养这些能力；我只是一直拥有这些能力。"

他的"另一套DNA"来自收养他的家庭。他描述这个家庭的特点是温和、谦逊和安静。蒂姆承认，他经常"在人群中间"跑来跑去，而家里其他成员往往在角落里站着，默默旁观。然而，他们向他灌输了"爱上帝，爱家庭，努力工作，知恩徒报"的强烈价值观，这是他今天所拥有的价值观。

这两套特征使得蒂姆较为早熟。刚刚离开高中，他就得到了棒球选手德瑞克·基特的第二回合基金会所给予的一个机会，为二至五年级创建一个称为"自豪地做自己"的课外活动项目。这个试点项目的目标是向孩子提供多种多样的新的经验，以建构孩子的自尊和自我概念。基特开发此项目的目的是向这些孩子提供更宽广的视野，让他们知道世界可能是怎样的，因此孩子们能够看到比他们在自己周围所发现的更多的选择。

"我的核心理念和方法是给予他们不可能被人拿走的东西，"基特说。

蒂姆上大学时，他在一家银行兼职收账来养活自己。他打电话给客户，说服他们归还贷款。这项工作并不好玩，但是蒂姆做得很好。"我尽力说服客户归还贷款，不是因为这是我的工作，而是因为我想帮助他们。这些人都不是坏人，他们只是没有重视这个事情。"

正是在这个岗位上，蒂姆意识到，如果目标明确，他的才华才会发挥作用。"我曾经试着销售吸尘器，但我一台都卖不出去，甚至是卖给自己妈妈，"他说。"你知道为什么吗？因为当时没有明确的目标。但是，现在我可以与这些生活艰辛和经济困难的人说上话，请他们归还贷款。这时候，我知道自己不能只是停留在表面而不帮助他人。我的劝说必须要有一个目标。"

大学毕业后，蒂姆继续攻读传播学硕士学位，在28岁的时候，当上了"道格拉斯社区协会"的执行理事。该协会具有90年历史，位于市中心，是一家私营的、非营利性的机构，该机构能为青年发展、教育、健康生活和领导提供机会。蒂姆管理该中心120万美元预算和24名员工。他花了大量时间在大型社区筹集资金和资源，解决问题。虽然蒂姆喜欢他作为执行理事的角色，但是他承认他难以处理机构日常的人事问题。

"我花了很多时间来管理外部的人力资源，但是没有注意到中心内部人力资源的需求。当员工对我进行评估时，他们一致地说，'他作为领导者的确做了大量工作，但是，他是我们的老板，我们需要他关心关心我们这里'"。

为了提高自己的技能，他参加了北卡罗莱纳创造性领导中心以及哈佛大学在马萨诸塞州坎布里奇市举办的高级领导培训。四年后蒂姆离开了社区中心，成为"西南密歇根第一"（Southwest Michigan First）的副总裁。这是一个区域性机构，致力于在饱受失业打击的地区创造就业机会并促进经济增长。对于蒂姆，这是一个能充分利用其双套DNA的机会。

"在这里我的天赋和热情结合到了一起。我能帮助他人。我可以筛选问题，找到大问题，然后用人们可以理解的方式分解这些大问题。我可以说服并激励人们和组织不断成长，"他说，"我现在还在帮助他人，其他人无法取代。"

但是，蒂姆仍然希望找到更多方法去帮助他人，他想创建一个独立的基金会，以帮助需要的人和孩子。"我的体验是，帮助困难人群是辛苦的，因为有这么多的官僚制度和行为规范束缚着我们的工作。我想在没有束缚的条件下帮助他人。如果你给人们钱来帮助他们，就不要想着再把钱要回去，否则就不要给他们。如果你想为某些人做一些事情，你就直截了当地去做好了。"

问题

1. 你对蒂姆的故事有何看法？

2. 先天因素和后天因素在蒂姆的领导经历中都发挥着重要作用。根据你的观点，哪个因素对蒂姆的影响更大？讨论你的答案。

3. 本章介绍的六大特质（即，智慧、信心、魅力、决断力、社交性和正直），其中哪个特质是蒂姆的最强项，哪个特质是蒂姆的最弱项？

4. 蒂姆的哪些领导特征是你愿意整合至你自己的领导风格中去的？

2.2 领导特质问卷

目的

1. 掌握评估领导特质的方法
2. 获得你自己的领导特质的评估结果

指导语

1. 将本问卷复印五份。请你和你熟悉的五个人（例如室友、同事、亲戚、朋友）填写问卷。
2. 采用下面量表，请每个人指出，在多大程度上，他或她同意或不同意以下有关你的领导特质的 14 句陈述。不要忘了自己也要做这份问卷。
3. _____（你的姓名）

陈述	完全不同意	不同意	中立	同意	完全同意
1. 表达能力：有效地与他人进行交流	1	2	3	4	5
2. 理解能力：辨别能力和洞察力	1	2	3	4	5
3. 自信心：相信自己和自己的能力	1	2	3	4	5
4. 自我肯定：感到自己是可靠的，对自己没有疑虑	1	2	3	4	5
5. 坚持不懈：锁定目标，即使有干扰也不放弃	1	2	3	4	5
6. 决心：立场坚定，行为具有确定性	1	2	3	4	5
7. 值得信任：真实可信，能鼓舞信心	1	2	3	4	5
8. 可依赖：一致性，稳定可靠	1	2	3	4	5
9. 友善：表现出友好和温暖	1	2	3	4	5
10. 外向：谈吐自如，与人和睦相处	1	2	3	4	5
11. 尽责：周密，有条理，细心	1	2	3	4	5
12. 勤奋：刻苦，努力	1	2	3	4	5
13. 敏感：表现出宽容，委婉，有同情心	1	2	3	4	5
14. 同理心：理解他人，认同他人	1	2	3	4	5

2.2 领导特质问卷
（续）

计分

1. 将 1、2、3、4、5 号评分者的答案填入本页计分表的相应位置。下一页提供了填写表格的一个例子。
2. 对 14 个项目中的每一个，计算五位评分者的平均得分，将得分填在"平均得分"一栏。
3. 将你自己的分数填写在"自我评分"一栏。

领导特质问卷表格

	评分者1	评分者2	评分者3	评分者4	评分者5	平均得分	自我评分
1. 表达能力							
2. 理解能力							
3. 自信心							
4. 自我肯定							
5. 坚持不懈							
6. 决心							
7. 值得信任							
8. 可依赖							
9. 友善							
10. 外向							
11. 尽责							
12. 勤奋							
13. 敏感							
14. 同理心							

分数解释

你在该问卷上的得分提供了关于你的一些信息，即作为领导者如何看待自己，以及他人如何看待你。表格使你能看到你和他人的看法有何相同之处，又有何不同之处。这份问卷不存在"完美"的分数。该工具的目的在于提供了一种方法来评估你的优势和弱点，评价你的看法与他人的看法在哪些方面是相同的，在哪些方面是不同的。如果他人对你的看法与你完全相同，这固然具有证实意义。如果了解到他们对你的看法与你的看法不同的，这也是有益的。该评估有助于你认识你的优点，也有助于你发现哪些方面有待提高。

2.2 领导特质问卷
（续）

例 2.1 领导特质问卷评分

	评分者 1	评分者 2	评分者 3	评分者 4	评分者 5	平均得分	自我评分
1. 表达能力	4	4	3	2	4	3.4	4
2. 理解能力	2	5	3	4	4	3.6	5
3. 自信心	4	4	5	5	4	4.4	4
4. 自我肯定	5	5	5	5	5	5	5
5. 坚持不懈	4	4	3	3	3	3.4	3
6. 决心	4	4	4	4	4	4	4
7. 值得信任	5	5	5	5	5	5	5
8. 可依赖	4	5	5	4	4	4.4	4
9. 友善	5	5	5	5	5	5	5
10. 外向	5	4	5	4	5	4.6	4
11. 尽责	2	3	2	3	3	2.6	4
12. 勤奋	3	3	3	3	3	3	4
13. 敏感	4	4	5	5	5	4.6	3
14. 同理心	5	5	4	5	4	4.6	3

总结和解释：自我评分高于他人评分的特质包括表达能力、理解能力、尽责、勤奋。自我评分低于他人评分的特质包括自信心、坚持不懈、可依赖、外向、敏感、同理心。自我评分与他人评分相同的特质包括自我肯定、决心、值得信任、友善。

2.3 观察练习

领导特质

目的

1. 认识特质在领导过程中的作用
2. 审视本章所选的历史上和日常生活中的领导者的特质

指导语

1. 根据本章所提供的关于历史上的领导者的描述，指出下列每位领导者的三种主要特质。
2. 选择并简要介绍你自己生活中的两位领导者（例如工作主管、教师、教练、音乐指挥、企业老板、社区领导者）。指出每位领导者的三种主要特质。

历史上的领导者	领导者的三种主要特质		
乔治·华盛顿	1._____	2._____	3._____
温斯顿·丘吉尔	1._____	2._____	3._____
特蕾莎修女	1._____	2._____	3._____
比尔·盖茨	1._____	2._____	3._____
奥普拉·温弗瑞	1._____	2._____	3._____

2.3 观察练习
（续）

日常生活中的领导者

```
领导者 #1 _____
简要介绍 _____
_____
_____
_____

特质    1._____ 2._____ 3._____

领导者 #2 _____
简要介绍 _____
_____
_____
_____

特质    1._____ 2._____ 3._____
```

应用

问题

1. 根据你所观察到的领导者，哪些领导特质最重要？

2. 你观察到历史上的领导者与日常生活中的领导者在特质上有什么区别？

3. 根据你的观察，你会把哪种特质确定为决定性的领导特质？

4. 总体而言，哪些特质应该用于选择我们社会的领导者？

2.4 反思与行动清单

领导特质

反思

1. 根据你在领导特质问卷上的得分，你最强的领导特质是什么？你最弱的领导特质是什么？请讨论。

2. 在本章中，我们讨论了五位领导人物。当你阅读这些领导者的材料时，你觉得哪些领导者最有吸引力？你发现他们最显著的领导特质是什么？请讨论。

3. 当你思考自己的领导特质时，你认为这些特质中是否有一些特质比其他特质更像"你"？你一直是今天这样的领导者，还是你的特质随时间推移发生了变化？你今天是不是比五年前更加强大了？请讨论。

行动

1. 如果要你仿效本章中我们所讨论的一位或几位历史上的领导者，你会仿效谁？请指出你将会把哪两种特质整合到自己的领导风格中去。

2. 基于蒂姆的案例研究，你可以将他的哪些特质整合到你自己的领导中？请讨论。

3. 虽然改变领导特质是不易的，但是你最想改变你的哪些领导特质？具体来说，你需要采取哪些行动来改变你的这些特质？

4. 我们每个人都有一些问题特质，会抑制领导效能，但是这些问题特质又很难改变。哪个特质干扰了你的领导效能？既然你不能轻易改变这个特质，那么你可以采取哪些行动来"解决"这个特质的有关问题？请讨论。

参考文献

Antonakis, J., Cianciolo, A. T., & Sternberg, R. J. (Eds.). (2004). *The nature of leadership*. Thousand Oaks, CA: Sage.

Asmal, K., Chidester, D., & Wilmot, J. (2003). *Nelson Mandela: In his own words*. New York: Little, Brown.

Bass, B. M. (1990). *Bass and Stogdill's handbook of leadership: A survey of theory and research*. New York: Free Press.

Brookhiser, R. (1996). *Founding father: Rediscovering George Washington*. New York: Free Press.

Burns, J. M., & Dunn, S. (2004). *George Washington*. New York: Times Books.

Clinton, W. J. (2003). Foreword. In K. Asmal, D. Chidester, & J. Wilmot (Eds.), *Nelson Mandela: In his own words* (pp. xv–xvi). New York: Little, Brown.

Conger, J. A. (1999). Charismatic and transformational leadership in organizations: An insider's perspective on these developing streams of research. *Leadership Quarterly*, 10(2), 145–170.

Fishman, E. (2001). Washington's leadership: Prudence and the American presidency. In E. Fishman, W. D. Pederson, & R. J. Rozell (Eds.), *George Washington: Foundation of presidential leadership and character* (pp. 125–142). Westport, CT: Praeger.

Gonzalez-Balado, J. L. (1997). *Mother Teresa: Her life, her work, her message*. Liguori, MO: Liguori.

Hadland, A. (2003). Nelson Mandela: A life. In K. Asmal, D. Chidester, & J. Wilmot (Eds.), *Nelson Mandela: In his own words* (pp. xxix–xxxvii). New York: Little, Brown.

Harris, J., & Watson, E. (Eds.). (2007). *The Oprah phenomenon*. Lexington: The University Press of Kentucky.

Hayward, S. F. (1997). *Churchill on leadership: Executive success in the face of adversity*. Rocklin, CA: Prima.

Higginbotham, R. D. (2002). *George Washington: Uniting a nation*. Lanham, MD: Rowman & Littlefield.

House, R. J. (1976). A 1976 theory of charismatic leadership. In J. G. Hunt & L. L. Larson (Eds.), *Leadership: The cutting edge* (pp. 189–207). Carbondale: Southern Illinois University Press.

House, R. J., Hanges, P. J., Javidan, M., Dorfman, P. W., & Gupta, V. (2004). *Leadership, culture, and organizations: The GLOBE study of 62 societies*. Thousand Oaks, CA: Sage.

Illouz, E. (2003). *Oprah Winfrey and the glamour of misery*. New York: Columbia University Press.

Jager, R. D., & Ortiz, R. (1997). *In the company of giants: Candid conversations with the visionaries of the digital world*. New York: McGraw-Hill.

Joseph, J. A. (2003). Promoting peace and practicing diplomacy. In K. Asmal, D. Chidester, & J. Wilmot (Eds.), *Nelson Mandela: In his own words* (pp. 499–506). New York: Little, Brown.

Judge, T. A., Bono, J. E., Ilies, R., & Gerhardt, M. W. (2002). Personality and leadership: A qualitative and quantitative review. *Journal of Applied Psychology*, 87, 765–780.

Keegan, J. (2002). *Winston Churchill*. New York: Viking.

Kirkpatrick, S. A., & Locke, E. A. (1991). Leadership: Do traits matter? *The Executive*, 5, 48–60.

McDonald, K. B. (2007). *Embracing sisterhood: Class, identity, and contemporary black women*. Lanham, MD: Rowman & Littlefield.

Sandys, C., & Littman, J. (2003). *We shall not fail: The inspiring leadership of Winston Churchill*. New York: Penguin.

Schwartz, B. (1987). *George Washington: The making of an American symbol*. New York: Free Press.

Sebba, A. (1997). *Mother Teresa: Beyond the image*. New York: Doubleday.

Shamir, B., House, R. J., & Arthur, M. B. (1993). The motivational effects of charismatic leadership: A self-concept based theory. *Organization Science*, 4(4), 577–594.

Spink, K. (1997). *Mother Teresa: A complete authorized bibliography*. New York: HarperCollins.

Stogdill, R. M. (1974). *Handbook of leadership: A survey of theory and research*. New York: Free Press.

Turn 2 Foundation. (2010). *Proud to Be Me*. Retrieved December 21, 2010, from http://derekjeter.mlb.com/players/jeter_derek/turn2/proud_douglass.jsp

Vardey, L. (1995). Introduction. In L. Vardey (Ed.), *Mother Teresa: A simple path* (pp. xv–xxxviii). New York: Ballantine.

Wills, G. (1994). *Certain trumpets: The call of leaders*. New York: Simon & Schuster.

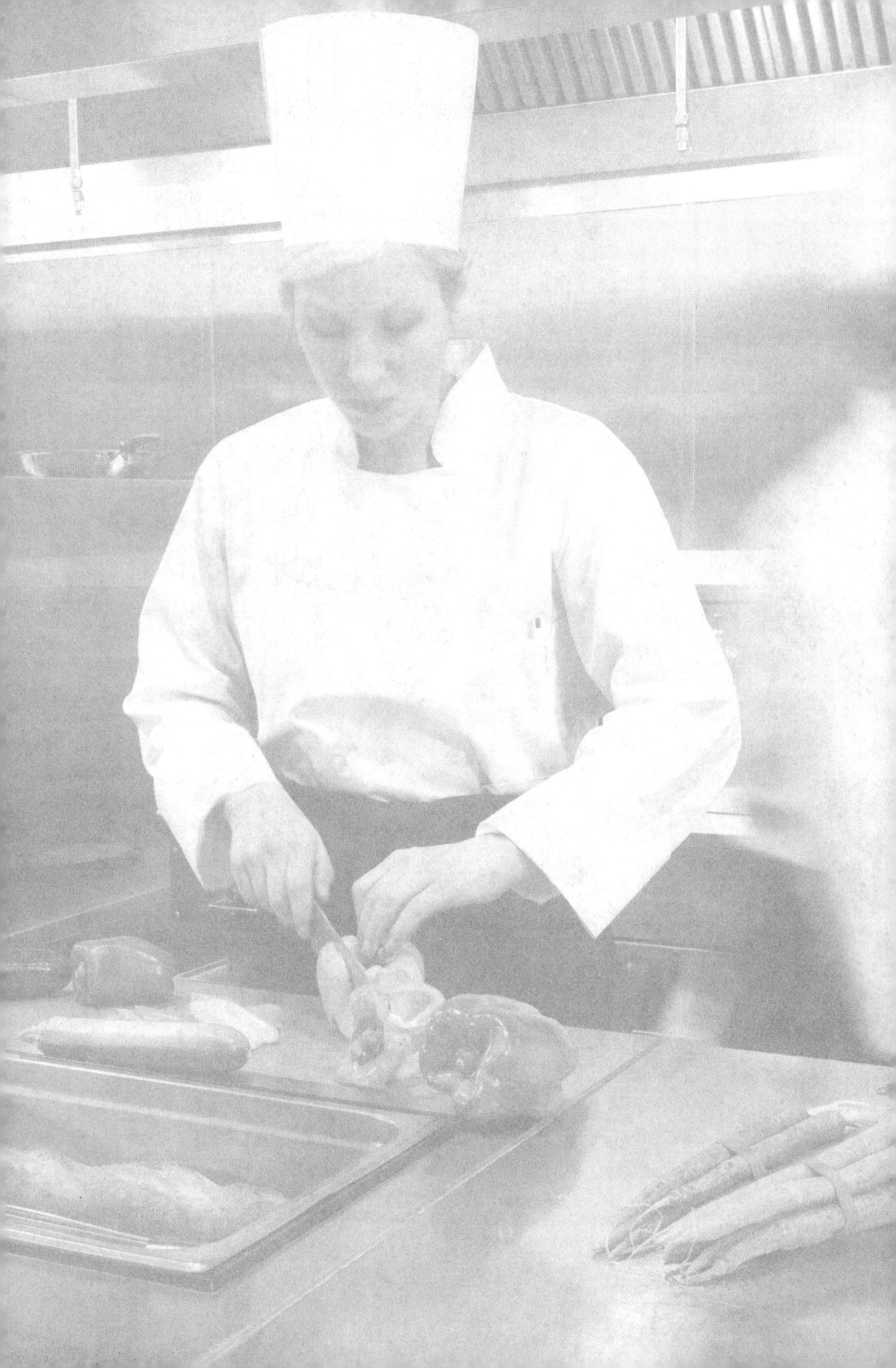

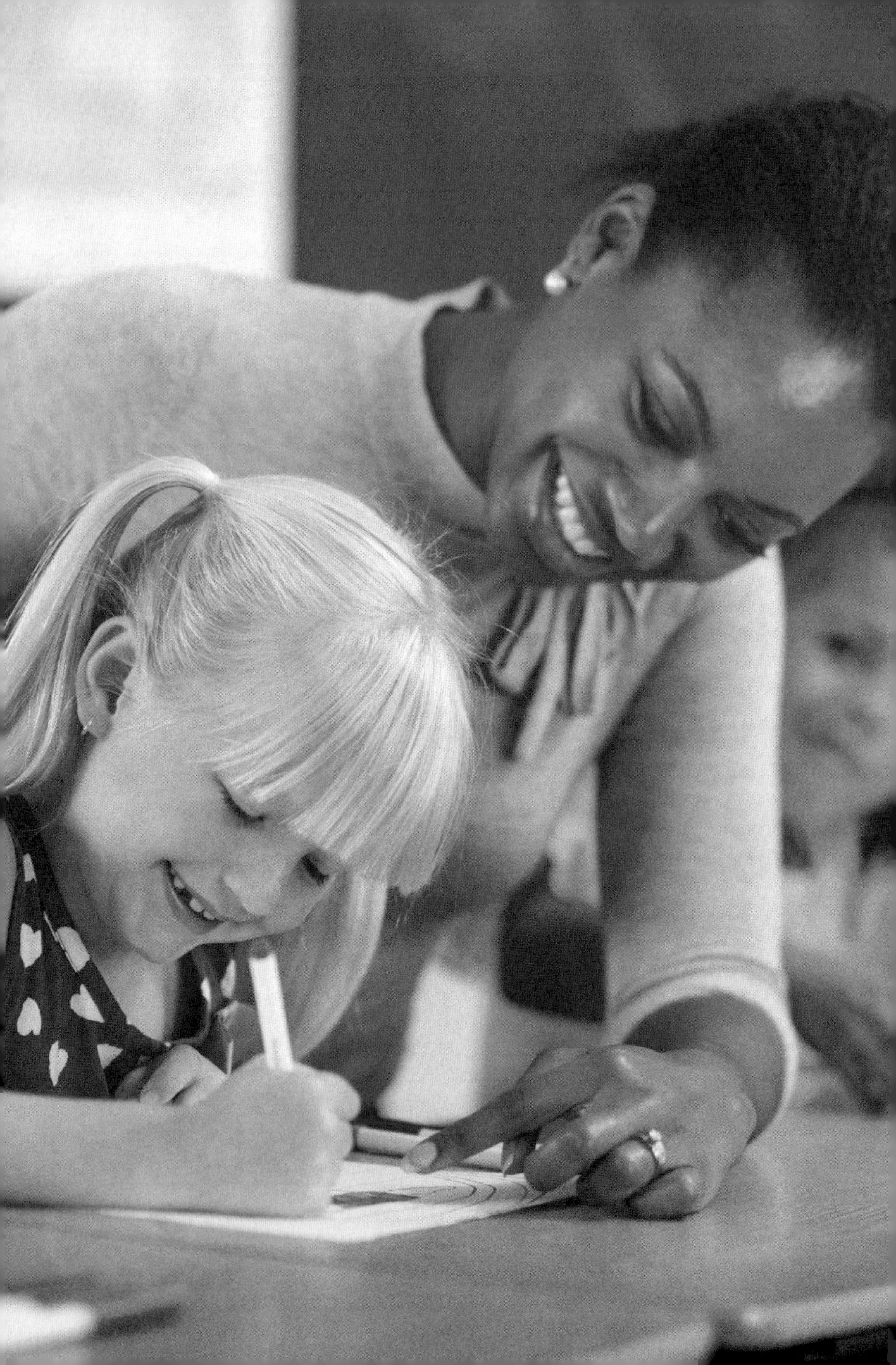

第3章

发挥人的优势

概 述

设想一下，某个时间或者某种情形，你在比赛中得到最高分。现在，回过头来解释一下，你在那个情境中为什么会那么高效。你或者你表现自己的方式，哪些东西令你感觉良好？你做什么事情会产生这么好的效果？他人为什么会那么赞赏你？这些问题的答案都涉及你的优势——本章的中心主题。

我们每个人都拥有可以识别的领导优势，我们在相应领域很优秀或者取得了成功。但是，我们常常没有发现自己有这些优势。结果，很多时候没有有效利用我们的优势，或者，完全没有利用这些优势。我们的同事和下属的优势也是如此，有时他们的优势是大家知道的，但是他们的优势常常没有发挥作用。作为领导者，我们面对的挑战是，发现自己的优势，也要发现他人的优势；然后，利用这些优势，使组织和下属变得更加高效，更加多产，也更加满意。

识别个人优势是一种特殊挑战，因为人们常常感到拘谨，不好意思承认他们的积极方面。在美国文化中，展示积极的自我属性常常被看成是自吹自擂或者自我服务。事实上，张扬自我在很多文化中都会受到鄙视，而表现谦虚和低调常常被看成是美德。在本章中,你将会被要求不要抑制自己的优势,而是要更好地了解这些优势在领导他人和与他人共事的过程中所能发挥的不可分割的作用。

本章目的是探讨如下问题:认识和理解优势如何使一个人变成更优秀的领导者。首先,我们将通过定义优势和描述基于优势的领导(理论)的历史背景来解释这一概念。我们还将审视如何识别优势,然后,介绍几种可以用来评估优势的不同测量工具。本章最后一节将着眼于实践中的基于优势的领导概念,包括领导者可以采用哪些具体策略来利用优势,以使自己成为更加高效的领导者。

基于优势领导理论的阐释

在讨论优势领导的发展历程和基本原理之前,我们首先需要澄清优势的涵义。**优势**(strength)是一种属性或者品质,能解释个体的成功表现。它是我们的绩效处于最佳状态时我们所表现出来的一种特征或者一系列特征。优势领域的研究人员(Buckingham & Clifton, 2001; Rath, 2007)认为,优势是一贯表现出卓越工作的能力。同样,林利(Linley, 2008)把优势定义为一种既存的能力,具有真实性、充满活力,能使绩效达到顶峰。简单地说,优势是我们自己的积极特征,它会使我们工作有成效,帮助我们蓬勃发展。例如,安东尼奥在绘画和设计方面具有很高的天赋,他在大学学习建筑学的同时,曾经有好几年在工地做一名建筑工人。结果,当安东尼奥成为建筑师的时候,过去的建筑经历使他的设计技能变得更强,因为他能更充分地理解实际施工的概念。他的客户常常评论说,他的优势之一是:他交付的是"建筑友好型"设计。

历史背景

从优势的角度研究领导是一个崭新的角度，随着两个研究进展的叠加，到了20世纪90年代末，它业已成为了前沿领域。首先，盖洛普组织的研究人员发起了一项大规模的研究，其中包括访谈200多万人，要求描述人们在哪些方面是正确的——他们的天赋和他们所擅长的方面——而不是人们在哪些方面是错误的（Rath, 2007）。

其次，学术研究人员对心理学长久以来偏重人类问题一面的疾病模型提出了挑战，于是，开始了对身心健康之人进行研究，研究是什么原因导致了他们有这种好的状态和表现。自此，一种被称为积极心理学的新领域应运而生（Peterson & Seligman, 2003）。上述两个方面的研究，每一个都有助于解释基于优势的领导（理论）为什么越来越受欢迎。

盖洛普咨询公司

盖洛普咨询公司（Gallup Organization）是开展政治民意测验的最著名的公众舆论研究机构，它也在社会科学的其他领域开展研究。近40年来，人的优势已经成为盖洛普研究的一个重点。这项工作是由已故的唐纳德·克利夫顿（Donald O. Clifton）开创的。在他的领导下，研究人员访谈了数以百万计的对象，内容涉及他们的绩效和人的优势。基于这些访谈资料，盖洛普的研究人员编制并发表了"优势识别问卷"（StrengthsFinder profile），对人的天赋（才干）和潜在优势进行在线评估。该问卷后来被称为"克利夫顿优势识别器"（Clifton StrengthsFinder），以纪念其首席设计师。自2007年以来，开始称之为"优势识别器2.0版"（StrengthsFinder 2.0）。在本章的后面篇幅中，我们将更加全面地讨论优势识别器及其所具体测量的以天赋为基础的优势。

优势识别器是全世界使用最广泛的自我评估问卷之一，目前为止已有超过一千万人填写过该问卷。该测评方法已经被许多大学和组织用于帮助个体识别自己的优势，进而使之能够承担更多责任，提高绩效。盖洛普尚未出版有关优势的理论，但是，优势识别器的广泛使用，使得优势在解释有效领导力的发展以及讨论绩效中被提升为一个关键变量。

积极心理学

在盖洛普的优势识别问卷越来越受欢迎的同时，心理学学科发生了一个重大变化。研究人员对传统学科提出了挑战，拓展了该学科的研究重点，倡议不仅要研究人有问题和弱点的一面，还要研究人健康和积极的属性。这一研究重点的拓展是由马丁·塞利格曼（Martin Seligman）于1998年在美国心理学协会大会演讲中发起的（见Fowler, Seligman, & Kocher, 1999），很快就变成了被称之为积极心理学的专题领域。自十多年前建立以来，积极心理学飞速成长，已经发展成为心理学研究中一个可信赖的重要领域。

具体来说，**积极心理学**（positive psychology）可以定义为"关于什么使得生命最有价值的'科学'研究"（Peterson, 2009, p. xxiii）。积极心理学并不研究个体的弱点和缺陷（疾病模型），而是关注个人的优势以及导致他们茁壮成长的因素（Fredrickson, 2001; Seligman, 2002; Seligman & Csikszentmihalyi, 2000）。它讨论人们的积极经验，例如他们的幸福和快乐；人的积极特质，例如他们的特征和天赋；以及人的积极机构，例如影响他们的家庭、学校、企业（Cameron, Dutton, & Quinn, 2003）。

最重要的是，积极心理学致力于研究人的积极特征——他们的优势。这使得它对于理解基于优势的领导理论是非常宝贵的。积极心理学将有关人的优势的分析推入了科学研究的主流（Linley, 2008）。积极心理学领域的概念和理论，与基于优势的领导机制的认识具有直接联系。

识别和测量优势

正如历史背景所指出的那样，关于优势的大部分研究都是由与盖洛普咨询公司有联系的学者以及研究积极心理学的学者实施的。这个研究领域已经产生了很多方法来识别优势，并得到一个有关个体优势的、范围广泛的清单。本节要探讨三个重要团队使用什么方法来确定优势，这三个团队是：（1）盖洛普咨询公司，（2）价值实践中心，（3）英国应用积极心理学中心。虽然他们的工作有很多重叠，但是，每个研究团队都提供了确定和测量个体优势的独特视角。总的来说，这方面的研究发掘出大量具体优势，提供了优势测量方法的明确图景，拓展了如何利用优势来认识人类行为的广阔视角。

盖洛普与优势识别问卷

盖洛普的研究人员访谈了大量高管、销售员、教师、医生、护士和其他专业人员，内容涉及他们的优势以及什么因素导致他们对于所做之事非常擅长。访谈的目的是要确定高绩效个体的品质。盖洛普研究人员根据访谈，提炼出了可以解释优异绩效的34种模式或主题（见表3.1）。这34个项目是"人类天赋研究中出现的最普遍的主题"（Buckingham & Clifton, 2001, p. 12）。在过去的十年中，这些主题一直是讨论职场优势的基准。

盖洛普研究人员确定的是**人类天赋主题**（themes of human talent），而不是优势，指出这一点是非常重要的。天赋与个性特质相似——它们都是相对稳定的、固定的特征，不容易改变。优势则是在天赋的基础上产生的。开发优势的公式是：天赋乘以投资（见图3.1）。优势来源于拥有某些天赋，然后通过获得更多的知识、技能和实践来进一步开发这些天赋（Rath, 2007）。例如，你可能拥有能与他人轻松沟通的天赋。如果你投入时间学习更多有关有效沟通的原理，并在"国际演讲会"（Toastmasters International）的帮助下进行实践锻炼，那么你就能增强

表 3.1 34 种天赋主题

执行力	影响力	建立关系	战略思维
成就	行动	适应	分析
统筹	统率	伯乐	回顾
信念	沟通	关联	前瞻
一致性	竞争	同理心	理念
审慎	完美	和谐	搜集
纪律	自信	包容	思维
专注	追求	个别化	学习
责任	取悦	积极	战略
排难		交往	

资料来源：*Strengths Based Leadership: Great Leaders, Teams, and Why People Follow*, by Tom Rath and Barry Conchie, 2008, p. 24. Copyright © 2008 Gallup, Inc. All rights reserved. The content is used with permission; however, Gallup retains all rights of republication.

图 3.1 优势等式

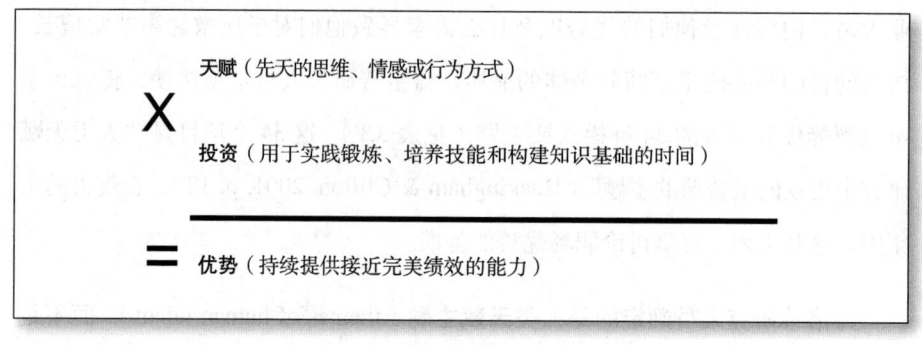

$$\frac{\text{天赋（先天的思维、情感或行为方式）}\times\text{投资（用于实践锻炼、培养技能和构建知识基础的时间）}}{} = \text{优势（持续提供接近完美绩效的能力）}$$

资料来源：StrengthsFinder 2.0, by Tom Rath, 2007, p. 20. Copyright © 2007 Gallup, Inc. All rights reserved. The content is used with permission; however, Gallup retains all rights of republication.

沟通优势。这里提到的国际演讲会，是一个帮助个体培养公开演讲技能的俱乐部。同样，如果你天生就有创造天赋，你可以把它进一步开发为你的优势之一，具体方法就是学习如何"跳出框框思考"，然后在你的组织中实践这一思维过程。总之，天赋本身并不是优势，但是，它们提供了培养优势的基础，还需把天赋与知识、技能和实践结合起来才行。

从盖洛普的角度来看，如何测量优势呢？盖洛普的优势识别器包含 177 个项目，用于确定"可以最大潜力培养你的优势的领域"（Rath, 2007, p. 31）。填写完这个调查问卷之后，你会得到你的五个最强天赋的清单。你可以在这些天赋的基础上进行构建，促进个人成长和发展。问卷大约需要 30 分钟完成，盖洛普出版的优势书籍背面附有登录密码。也可在该组织的网站 www.strengthsfinder.com 获取密码。

领导者如何在其领导过程中利用这些优势？在《基于优势的领导》一书中，拉特和康奇（Rath & Conchie, 2008）介绍了如何解释领导者在优势识别问卷中的得分。为了便于理解，他们开发了一个结构，用以描述领导优势的四个领域（见表 3.2）。这四个领域分别是执行力、影响力、建立关系和战略思维。这些领域的提取，根据的是对数以千计的高管团队的访谈，以及对盖洛普天赋数据库进行的因素分析。综合来看，这四个领域分别代表有助于创建成功团队的四种优势。

有效的团队拥有优势的不同组合。如果一个团队拥有领导优势的所有这四个领域，那么团队绩效就会达到最佳水平（Rath & Conchie, 2008）。有效团队一般都是全面发展的，他们有不同的成员，能满足团队的不同需求。领导者为团

表 3.2　领导优势的四个领域

领导优势的四个领域
执行力
影响力
建立关系
战略思维

资料来源：*Strengths Based Leadership: Great Leaders, Teams, and Why People Follow,* by Tom Rath and Barry Conchie, 2008, p. 23. Copyright © 2008 Gallup, Inc. All rights reserved. The content is used with permission; however, Gallup retains all rights of republication.

队带来了独特优势，但是，领导者并不需要在所有四个领域都表现出优势。强大而有凝聚力的团队能发挥每个人的优势，从而使团队高效运转。

例如，玛丽亚·洛佩兹拥有一家成功的婚纱店已经10年，她在填写了优势识别问卷后发现她的主导优势在于战略思维领域。玛丽亚最知名的特点就是未来思维和精心策划。她在预测婚纱趋势方面是出色的，她能帮助她的团队驾驭不断变化的婚纱市场。玛丽亚聘请了克劳迪娅，其主导优势则是建立关系。克劳迪娅是最活跃的人，与每个人都相处得很好。克劳迪娅在店里像"家庭"成员一样接待顾客。在商店日常运作方面，玛丽亚聘请了克里斯蒂娜，她工作勤奋，利用她在执行力方面的优势来完成日常工作。她训练有素，也很有动力把这家店打造成这座城市的最佳婚纱店。最后，玛丽亚还聘请了布丽安娜，因为她在影响力方面有优势。布丽安娜经常在社区抛头露面，推广这家婚纱店。在店外，她被其他店主认为是值得信任的专业人员，因为她自信，见多识广。在店内，大家喜欢布丽安娜，因为她愿意承担责任，能对其他人的工作提供指导。综上所述，店主玛丽亚这个领导者在一个领域拥有优势，但是，她明智地聘请了几位分别在其他领域拥有优势的人才。一句话，正是因为有玛丽亚及其团队的优势组合，理所当然使得她们拥有了一家非常成功的婚纱店。

价值实践中心与优势问卷

在优势识别问卷获得很高知名度的同时，由马丁·塞利格曼和克里斯托弗·彼得森领导的价值实践中心（Values in Action Institute）的研究人员正致力于一个研究项目，为积极心理学领域开发一个框架，对品格优势进行定义并使之概念化。他们的分类评价系统关注的重点是人的最大优点，而不是他们的弱点和问题。为了制定分类评价系统，他们阅读了大量的哲学和宗教著作，包括儒家、佛教、印度教、犹太教—基督教、古希腊和伊斯兰教，以确定美德是否存在跨文化一致性（Peterson & Park, 2009; Peterson & Seligman, 2004）。通过文献综述，他们确定了六种普世的核心美德：勇气、公正、仁慈、节制、超越和智慧。这六种美德描绘了一个基本结构，塞利格曼和彼得森在这个基本结构的基础上了编制出了"价值实践品格优势分类系统"（Values in Action Classification of Character Strengths）（见表3.3）。"价值实践（VIA）分类系统"包括根据这六种基本美德

表 3.3　价值实践品格优势分类系统

分类	优势
智慧与知识 认知优势	1. 创造力 2. 好奇心 3. 开放的心智 4. 好学 5. 洞察力
勇气 情绪优势	6. 真诚 7. 勇敢 8. 毅力 9. 热情
仁慈 人际优势	10. 善良 11. 爱 12. 社会智力
公正 公民优势	13. 公平 14. 领导力 15. 团队合作精神
节制 对抗过度的优势	16. 宽恕 17. 谦逊 18. 谨慎 19. 自律
超越 意义优势	20. 对美和卓越的欣赏 21. 感恩 22. 希望 23. 幽默 24. 信仰

资料来源：Adapted from *A Primer in Positive Psychology*, by Christopher Peterson, 2006, pp. 142–146.

而组织起来的 24 种优势。

正如表 3.3 说明的那样，VIA 分类系统确定的 24 种品格优势与盖洛普优势识别问卷确定的优势有所不同（见表 3.1）。例如，与盖洛普列表中确定的优势"关联"和"理念"相比，VIA 分类系统中的优势"公正"和"爱"似乎包容面更广，美德倾向更强。此外，优势识别器概括出的优势与职场具有更加密切的联系，有助于个体更好地工作；而 VIA 优势更直接地关注人的品格和如何培养更多美德。

从 VIA 的角度来看，可以采用"价值实践优势问卷"（VIA-IS）来测量品格优势，编制该问卷的目的是要勾画出你的品格优势的轮廓。填写该问卷大约需要 30 分钟时间，可以从 www.viacharacter.org 免费获取该问卷。问卷填写完之后，你将会收到报告和反馈，指出你最强的五个品格优势，同时，也给出了你在所有 24 种品格优势上得分的等级次序。

应用积极心理学中心与"实现 2"评估

根据积极心理学的原理，英国应用积极心理学中心（CAPP）的研究人员开发了一种优势测量方法，该方法不同于盖洛普的优势识别器，也不同于价值实践优势问卷。CAPP 的研究人员并不是仅仅关注于确定具体数量的优势，而是创建了优势的动态模型，强调优势不断变化的性质（见图 3.2）。他们还审视了不同类型的优势和弱点。CAPP 认为，与人格特质相比，优势更易变，我们在一生所经历的不同情境中会表现出不同的优势。

从 CAPP 的视角来看，优势被概括为"我们所擅长的事情，若能善加利用，它们能为我们提供能量"（Linley & Dovey, 2012, p. 4）。这个定义的三个核心要素是 CAPP 问卷（实现 2 问卷）测量优势的判断标准：(1) 绩效——我们所做事情的优良程度；(2) 能量——我们能从中获得动力的程度；(3) 使用率——

图 3.2 "实现 2" 4M 模型

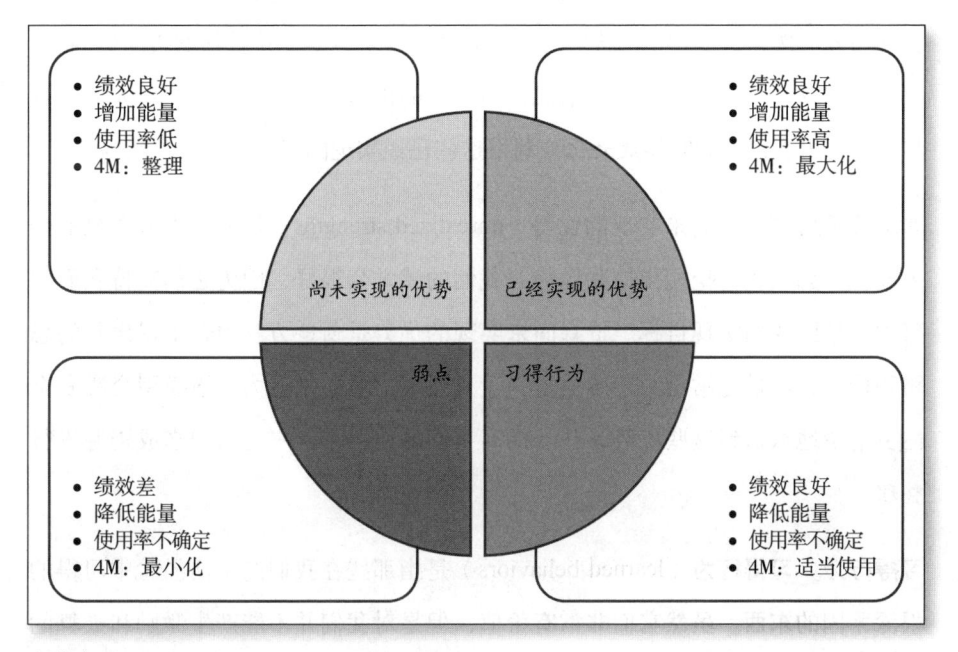

• 绩效良好 • 增加能量 • 使用率低 • 4M：整理 尚未实现的优势	• 绩效良好 • 增加能量 • 使用率高 • 4M：最大化 已经实现的优势
• 绩效差 • 降低能量 • 使用率不确定 • 4M：最小化 弱点	• 绩效良好 • 降低能量 • 使用率不确定 • 4M：适当使用 习得行为

资料来源：Centre of Applied Positive Psychology (CAPP), Coventry, UK: CAPP Press. Available from http://www.cappeu.com/Realise2/TheRealise24MModel.aspx

我们能利用它的频率。因此，"实现 2"（Realise2）测量了与绩效、能量和使用率这三个维度相关的 60 种优势。根据每个人在这些维度的综合得分，CAPP 提供的反馈信息包括个人已经实现的优势、尚未实现的优势、习得行为和弱点。大约需要 20 分钟可答完"实现 2 问卷"，该问卷在 www.cappeu.com 网站付费后可以使用。

CAPP 优势理论可以用"实现 2 象限模型"（见图 3.2）进行描述。该模型分为四个象限，名称分别是：已经实现的优势、尚未实现的优势、习得行为和弱点。正如你在图 3.2 中看到的，每个象限都列出了基于绩效、能量和使用率三个维度的属性。每个象限代表了不同的个人属性以及如何利用这些属性。

已经实现的优势。 已经实现的优势（realized strengths）代表我们最强资源的个

人属性。如果我们利用它们，我们就会增加能量，因为它们能够帮助我们获得良好绩效。例如，雷切尔的优势之一就是叙述者。她是一位很棒的讲故事的人，并能利用这些故事来传递她的信息，表达她的价值观。该模型认为，人们应该尽一切努力在恰当的时候最大化地利用这些已经实现的优势。

尚未实现的优势。尚未实现的优势（unrealized strengths）指的是不太明显的个人属性。如果我们挖掘出这些优势，我们的感觉会很好，因为它们支持我们的努力，帮助我们实现目标。贾森尚未实现的优势是创造力。他善于提出新的思路和概念，但是他常常跟着感觉走，没有表现出他的创造力。该模型会激发个体更清楚地意识到这些优势，并且提高它们的使用率——把它们当成资源进行整理。

习得行为。习得行为（learned behaviors）是指那些在我们的生活经验中习得的根深蒂固的东西。虽然它们非常有价值，但是对我们并不能产生激励和鼓舞的作用。例如，苏尼尔的习得行为是启动者。作为五个孩子中年龄最长者，他在自我推动下完成了大学学业。苏尼尔的自我激励程度很高，不断要求自己在所做的每件事情上都争取成功，以至于常常会因此对自己的健康造成损害。很多时候，苏尼尔并没有意识到他的一些目标不现实，而这些事情不成功会导致他产生自我怀疑和无价值感。该模型的建议是限制或适当使用这些行为，因为它们只会消耗我们的精力，而不会为我们提供能量。

弱点。弱点（weaknesses）是我们的限制性属性。它们往往会消耗我们的精力，导致绩效不佳。凯莉的弱点是太苛求、太绝对化。她发现自己很难真正接受他人的表现，不加判断、不加区别地总是希望别人按照她的理念进行改变。作为一个领导者，她总是对他人不满，因为他们在许多方面不符合她的标准。该模型建议，有效能的人尽量最小化他们的弱点，目的是使弱点变得关系不大或者不太重要。

与前面优势测量方法不同的是，CAPP模型具有指导性和实用性。"实现2

模型"提出了具体方法，人们采用这些方法可以增强优势并使弱点最小化，使得工作更有效能。该模型建议，人们应该尽可能地去使用已经实现的优势，同时也要寻找机会和途径去使用他们尚未实现的优势。换句话说，我们应该最大化我们的优势，同时设法表现我们的那些尚未实现的优势。此外，该模型还建议，我们应该尝试着适度使用我们的习得行为，减少使用我们的弱点。我们的优势（上面两个象限）会为我们提供能量。如果我们展现我们的弱点和习得行为（下面两个象限），我们就会失去能量。

利用CAPP模型的一个很好的例子是塔马利雅，她最近在团队中承担项目经理的角色，为她的公司创建新网站。塔马利雅已经实现的优势是她关注细节和协调能力；她的弱点是她的技术熟练程度赶不上团队的部分成员。在她是一个孩子的时候，塔马利雅在学校学习刻苦，她的一个优点之一就是爱提问题，这样，她就能彻底理解功课。走上工作岗位之后，爱提问题已经成了她的习得行为。最后，塔马利雅尚未实现的优势是她的解决问题和调解冲突的能力。

为了让她的团队成功，塔马利雅需要最大化利用她在协调和关注细节方面的优势，即，为项目勾画任务轮廓和设置截止日期等细节。关于她在技术技能方面的弱点，她需要最小化介入网站的技术开发，而是依靠团队其他成员的技术技能。她还运用了她的习得行为，向团队成员提出了很多问题，内容涉及他们在做什么，为什么这么做。塔马利雅可能会拖慢团队进度，也可能会挫伤团队成员的积极性，因为他们可能会觉得她事无巨细都要掺和。在这种情况下，她需要适当使用她的好奇心，找出那些她真正需要答案的问题，或者，设法自己研究这些问题。最后，团队工作可能会导致不同的意见和想法，塔马利雅需要整理她在调解冲突和问题解决方面尚未实现的优势，这样才能使团队合作顺利，在截止日期之前，创建出一个充满活力的网站。

综上所述，研究人员已经开发出了用于识别优势的三种特殊的评估工具：(1) 优势识别器，(2) 价值实践优势问卷，(3) "实现2问卷"（见表3.4）。这

表 3.4　识别优势的途径

途径	目的	优势数量
胜任力优势 **盖洛普**	识别最佳绩效的特质／优势	24
品格优势 **价值实践（VIA-IS）**	识别美德／道德品格优势	36
完全实现的优势 **CAPP 实现 2**	识别优势和弱点以提高绩效	60+

三种评估工具中的每一个都提供了发现优势的独特途径，它们都有助于定义和明确优势的意义。所有这三种问卷都可以在线访问，它们是识别和探索你的个人优势的很有价值的自我评估工具。

基于优势的领导理论的实践

如何在领导中利用优势？虽然没有既定的领导理论涉及如何根据优势理论来实践领导，但是，可以将很多优势研究的成果有效地应用到日常领导情境中去。在本节中，我们将讨论通过几种具体的方法，来整合你在个人生活和工作情境中的优势。这些步骤包括：（1）发现你的优势，（2）发挥你的优势，（3）识别和利用他人的优势，（4）在你周围培育积极的基于优势的环境。这些步骤并不是灵丹妙药，无法保证你一定会成为完美的、基于优势的领导者，但是，它们肯定会有助于你最大限度地利用你的优势以及发挥他人的优势。

发现你的优势

正如我们在本章前面所讨论的，优势来自我们基本的个性特质。我们每个人都有独特的人格特质，因此，我们每个人都有独特的优势。没有一个人没有优势。正如心理学家霍华德·加德纳（Gardner, 1997）所述，杰出人物"之所以卓越，并不是因为他们拥有引人瞩目的'原始力量'，而是因为他们能识别自己的优势并加以利用"（p. 15）。我们面临的挑战是，如何确定这些优势，以及如何在我们的领导过程和个人生活中有效地利用它们。

发现你的优势，需要你格外留意你的积极属性，认真审视你感觉受到激励的那些时刻。要做到这一点，你需要聚焦于你的成功，而不要太在意自己的弱点或失败。例如，你的竞技状态在什么时候达到巅峰？在你自身或你与他人的互动中，什么要素导致了这种巅峰体验？什么因素可以解释你的最佳绩效？当你春风得意时，成功背后的原因是什么？回答这些问题将会有助于你发现自己的优势。这是实践基于优势的领导理论的第一步，也是最重要的一步。

有几种方法可以用来发现你的优势。首先，你可以填写网上能够得到的有关优势的一个或多个问卷（例如，优势识别器 2.0、价值实践优势问卷和"实现 2 问卷"）。每一种问卷都为你的最强优势提供了独特的快照。其次，你可以填写本章末的"领导优势问卷"。这份问卷将为你提供你在执行、创新、激励、分析以及调解这五个领域的相对优势的具体反馈。第三，你可以完成"反思最佳自我练习"（RBSE）（Quinn, Dutton, & Spreitzer, 2003），可在 http://www.bus.umich.edu/positive/PDF/reflectedbest_exercise_preview.pdf 网页上找到。RBSE 可以帮助你确定尚未识别和尚未探索的优势领域（Roberts et al., 2005）。第四，你可以完成"发现你的优势练习"（见本章最后的"反思与行动"清单 3.4）。这个练习可以让熟悉你的人告诉你，他们认为在你表现最佳时，你的优势是什么。这是一个非常有效的练习，你可以利用它来进一步了解自己的优势，帮助你了解一些自己尚未发现的优势。第五，你可以进行自我评价，你认为自己的最大特点是什么。直观地说，我们每个人都能感觉到我们在哪些方面做得很好，但花点时间有目的地思考和分析自己的优势，会使我们对此有个更加充分的认识。

发现优势的这些方法可以让你毫不费力地挖掘出你的主要优势。这个过程不仅具有启迪作用，而且是发展基于优势的领导力的重要的第一步。

发挥你的优势

一旦发现了你的优势，你会怎样处理这些信息呢？你如何利用这些信息来帮助你成为高效领导者？发挥一个人的优势包含多个方面的过程，涉及几个步骤。首先，你必须了解你的优势，准备好将优势展示给他人。正如我们在本章开始已经讨论过的，与他人分享我们的优势并不容易，因为公开口头承认自己的积极方面，我们可能会感到有些难为情。但是为了让他人知道我们的领导力，表达出我们的优势是至关重要的。

把我们的优势告知他人之所以重要，是因为这有助于他们了解，在工作或合作的时候，我们在哪方面最能发挥作用。这有助于他们弄清楚，我们能够对他们和工作做出哪些独特贡献。从本质上说，展露优势就是宣称"这是我能提供的，这是我最擅长的，这是我能为你做的"，这能让他人知道他们可以对我们有什么期望。例如，当坦尼娅让他人知道她最强的品质是"她是一个成就导向型的人"，他人就会明白，坦尼娅不太可能允许他们工作表现平庸。她要求很高，推动他人走向卓越。同样，当杰森告诉他的员工，他的优势是倾听，员工就知道杰森的大门是敞开的，愿意听取他们的难题或疑虑。把我们的优势放在明处，使我们对他人来说变得更加透明，这将有助于他人预测我们将如何行动，以及他们可能想怎样对待我们。

人们采用各种方式来展示他们的优势。有人在脸书（Facebook）或领英网（LinkedIn）上贴出了他们自己的前五大优势，将它们添加到自己的电子邮件签名中，或者列在简历中，以使他们的优势更加显而易见。图 3.3 介绍了两个独特例子，涉及有些人分享优势的方式。向他人展露自己的优势，并不是一项艰巨或尴尬的任务，可以采用相当简单、直截了当的方式来完成。

图 3.3 优势展示方法举例

简·多伊，博士 咨询师 **优势** 组织协调 同理心 问题解决 讨论领导者 成就导向	约翰·史密斯，注册会计师 咨询师 **优势** 适应性强 积极 行动者 最大化者 统筹者

除了展示优势，还可以根据你的优势来与他人合作共事。例如，如果你的优势是创新，你就可以在领导中想方设法表现出创造性。例如，毫不犹豫地参与头脑风暴讨论，以及为团队或组织构建愿景。同样，如果你的优势是审慎，那么你就将自己安排在这样一个位置，使得你为项目赋予结构和秩序的优势在此能得到发挥。如果你周围的人提出了从来没有得到检验的想法，那么你就以警觉和实用的姿态，把你经过深思熟虑的观点提出来。关键是，你应该根据你的优势进行领导；你的优势意味着你可以表现出自己最好的一面来影响他人。正如盖洛普的安德森（Anderson, 2004）所说："发展和应用优势的最好的方法，就是将其运用在想要提高、实现和变得更有效能的领域"（p. 7）。

实践优势的一个很好的例子是沃伦·巴菲特，世界上最富有的人之一。巴菲特广为人知的特点是耐心、务实和信任。他利用这些优势把跨国集团伯克希尔·哈撒韦公司运营得非常成功（Buckingham & Clifton, 2001）。他的耐心成就了其独特、著名的"20 年视角"投资法，发现并投资那些他认为长远来看将会成功的公司。他的务实表现在他只选择他了解其服务和产品的特定公司（例如，美国运通公司）。最后，巴菲特的信任使他选择知名和可靠的资深经理人来运营他的公司。显然，巴菲特确立了自己的优势，并给自己划定了一个角色，使他每天都能实践和充分发挥他的这些优势（Buckingham & Clifton, 2001）。

领导快照：史蒂夫·乔布斯，苹果公司的前首席执行官和创始人

史蒂夫·乔布斯无疑才华横溢，但是他不具备成为电脑天才的技术能力。事实上，乔布斯不知道如何编写计算机代码，也不知道如何为电脑编程。但是，他成功了两次，创建了全世界最成功、最赚钱的电脑公司。

乔布斯有许多显著优势，包括他的创造力、团队建设能力、战略远见和影响力。他具有超凡的直觉想象力，其对产品的想象与应用是其他任何人都望尘莫及的。当他在20世纪80年代与合伙人史蒂夫·沃兹尼亚克创建苹果公司时，他试图创造一种吸引人的、简单的、价格低廉的电脑，作为第一台家用电脑进行销售。乔布斯事无巨细地管理着创造电脑的每个细节，从特殊的操作软件，到外壳颜色。

乔布斯是一位具有影响力的人，在几乎所有的事情上，他都能用坚强意志和魅力来说服自己和他人。他认为规则注定要被打破。1984年苹果公司就发生了这样的事情，推出了真正革命性的产品"麦金塔"电脑。它使用图形、图标、鼠标以及点击式技术，这些直到今天仍然是标准配置。这就是创新和影响力。

但是乔布斯并不完美。他强硬、好对抗，这个品质最终导致他被苹果董事会逐出他自己创建的公司。

但是乔布斯并未止步，利用他的想象技能和追求完美的激情创造了NeXT计算机——被认为是史无前例的伟大产品，消费者从来没有用过这种产品。

通过收购皮克斯动画工作室，乔布斯无所畏惧地把业务范围扩大到影视动画行业，把他的想象、激情和影响力技能带入这个产业。在他的领导下，皮克斯公司给动画电影业带来了一场革命性变化，这也使得乔布斯本人成了亿万富翁。

然而，他的老公司苹果公司运营状况不佳。乔布斯离开十年后，苹果公司濒临破产。苹果公司决定收购NeXT电脑，聘请乔布斯担任顾问。但是乔布斯很快就接任了苹果公司的首席执行官。他的第一个动作就是利用他的另一个优势——专注。他把苹果正在生产的20来种产品——打印机、计算机和软件等淘汰掉，只留下供专业人员使用和家庭使用的笔记本电脑和台式电脑。

乔布斯并没有就此停止。在接下来的14年里，他又创造出了iPod、iPad和iPhone。苹果公司通过结合创意、技术

> 和工艺，生产出了消费者不曾想过甚至都不知道他们需要的新设备。乔布斯坚持这些设备应该直观和易于使用，他监督设计的每个细节，从为屏幕创制特种玻璃，到金属外壳的宽度。
>
> 最终，乔布斯的远见导致了七大产业发生了革命：个人电脑、动画电影、音乐、电话、平板电脑、数字出版和零售商店。1997年当他回到苹果公司的时候，他亲自创作了公司的新广告语——"不同凡想"——这是他作为领导者的优势的表述，也是苹果公司使命的表述。

识别和利用他人的优势

除了利用自己的优势，领导者还需要识别和发挥下属的优势。他们需要确定下属擅长什么，并帮助下属去做这些事情。研究团体动力学和个体在高效团队中的作用的教育工作者常说"人应该做自己最擅长的事情"。这句话的意思是，如果让个体做最擅长的事情，他们在工作过程中就会感到舒适，个体就会非常投入，就会对团队做出积极贡献。如果能够利用优势为团队做贡献，人们在团队中也会感到更惬意。

领导者怎么知道人们擅长哪些方面呢？人们有时会非常坦率和大大方方地叙述自己的优势。例如，当米娅加入新的工作项目时，她经常说："我是一名很好的记录员，因此，你可以安排我做会议记录。"同样，乔希常常在铺盖屋顶工程的第一天就说："我射钉枪蛮快的，所以你可以安排我到屋顶上去钉木瓦。"很显然，有时候下属会将自己的优势坦诚地告知领导者。当这种情况发生时，很重要的一点是，领导者尽可能认可这些人的优势，把他们安排到能够在工作中最大限度发挥这些优势的岗位上去。

虽然认可优势听起来很简单，但是，领导者忽视下属优势的情形并不少见。通常情况下，下属的优势可能并不十分明显，领导者不一定注意到，甚至下属自己也没有注意到。这就成为一个具有挑战性的情形，因为领导者需要通过观察来辨别下属的优势,而不是下属明确向领导者告知。丽莎是一位很刻苦的研究生,只是进步得有些慢,还不太清楚自己的方向和目标。当她在具有挑战性的考卷上获得了A++的时候,她显得很激动,惊讶地发现她的优势竟是创造力,特别是写作。丽莎和她的导师都从分派给她的任务中意识到了她在写作方面的优势。胡安擅长解决办公室的电脑故障,这意味着他的优势在技术方面。当他在帮助一位下载网上文件遇到难题的员工时,他发现他喜欢解决这类问题。再说阿什利,她是一位好同事,从不缺席,从不提反对意见。她是一位极好的团队成员,其优势是一致、友善、风趣。她在体育中心的工作,还为她培养出了团队精神。上述每个例子中,高效领导都试图识别下属的优势,然后把下属的优势整合起来以创建更加有战斗力的团队。

然而,重要的是要注意到,他人的优势可能并不总是可以直接识别。下属的优势有时可能是无法观察到的,因为他们所处情境使得其整体能力的许多侧面并不能都表现出来。因此,重要的是要在日常的工作或活动范围以外寻找可以表现下属优势的机会。例如,杰夫在高尔夫球车制造商的流水线上工作,把座位固定至高尔夫球车的底座。这个岗位重复性很强,结构化程度高。像其他流水线工人一样,杰夫的大部分工作时间都花在了工作岗位上,与其他工人的互动很少。然而,托上司的福,杰夫最近被授权在工厂组建一支垒球队,参加本地的垒球联赛。杰夫招募团队成员,安排所有训练,通知团队成员训练和比赛时间,组织购买队服,在工厂内通过传单和简报来宣传垒球队的比赛。结果,与杰夫共事的许多人都发现他的优势是组织、包容和沟通。这些优势在其流水线上的日常工作中是观察不到的。

正如我们在本章前面所讨论的,高绩效团队和工作小组在四个领域拥有优势:执行力、影响力、建立关系和战略思维(见表3.2)。当领导者弄清楚了下属以及自己的优势,他们就可以利用这些信息来设计工作团队,让团队成员分别拥有这四个领域的优势。了解下属的独特优势,使得领导者在分配工作时能够让每个人对团队整体目标的贡献最大化（Rath & Conchie, 2008）。如果领导者的执行力比较强,也知道如何使新的想法取得成果,但是在建立关系方面不太强,那么，领导者就应该寻找在这一领域优势较强的下属。或者，如果领导者的优势是与人建立联系，善于指挥，那么，领导者就要寻找在执行力和战略思维方面优势较强的下属。了解下属的优势是帮助领导者构建高效团队的宝贵工具。

培育基于优势的积极环境

实践基于优势的领导的最后一个方法是创造和促进积极的工作环境，在这种环境中优势发挥着不可或缺的作用。积极组织学领域的学者经过大量研究发现，创造积极的工作环境的企业和组织能对员工产生积极的生理影响，并进而能对他们的绩效也产生有利的影响（Cameron, 2012; Dutton & Ragins, 2007）。同样，研究表明，当员工有机会使用自己的优势，他们会更高效，更忠诚，公司的离职率也会比较低（Clifton & Harter, 2003）。总之，如果工作气氛是积极的，那么，人们就会感觉更好，工作得更好。

卡梅伦（Cameron, 2012）在其著作《积极领导学》（*Positive Leadership*）中认为，想要创造良好的工作环境，领导者应该注意四个方面：氛围、关系、沟通和意义。为了营造积极氛围，领导者应该在他们的员工中培养诸如同情、宽恕和感恩等美德。当公司里面出现了这些品质的时候，人们会受到鼓舞，生产效率就会大大提高。领导者还可以提倡和赞美员工的优势。这样做有助于人们感到自己是有价值的个体，感到自己对组织的贡献受到了尊重。为了创建积极关系，领导者需要多多强调每个人的积极形象和优势，而不是他们的消极形象和弱点。认可和发挥他人的优势，会激励其他人也这样做，这将导致环境中积极关系的繁盛。为了增进积极沟通，领导者必须具有支持性，要多用积极性语言，少用消极性语句,对他人少用负面评价。积极沟通有助于人们感到人际关系密切，这会激发他们充分发挥优势。最后，领导者可以通过强调员工价值观与工作长期效果之间的联系,在组织中培育积极意义。如果员工能在工作中发现意义并珍视它,那么他们就会更加投入,工作就会更加富有成效。

培育积极的基于优势的工作环境已为众多组织所接受。例如,500多所学院和大学已经把基于优势理论的要素综合起来应用于学生学习、教职员工和校园文化,这些学校包括贝勒大学、得克萨斯农工大学、阿兹塞太平洋大学、阿肯色大学、得克萨斯理工大学、圣何塞州立大学和明尼苏达大学。有些公司已率先把优势作为系统工程加以利用,其中有很多是世界500强企业,例如,辉瑞、希尔顿、脸书、福来鸡(Chick-fil-A)、可口可乐、思科、微软和百思买。

小 结

基于优势的领导近年来颇受重视,研究人员认为它能显著影响领导者选择如何领导的方式,影响下属的绩效。在本章中,我们探讨了人的优势以及领导者如何利用这些优势,以便使自己成为更加高效的领导者。虽然我们每个人都有优势,但是,它们往往并不为人所知,因而也没有得到利用。认识优势、发挥优势,可以使人成为更优秀的领导者。

优势被定义为可以用来解释个体具有能够带来成功绩效的属性或品质。简单来说,我们干什么在行,什么就是我们的优势。优势往往起始于与生俱来的天赋,且可以通过知识、技能和实践得到进一步发展。开发优势的公式是天赋乘以投资(Rath, 2007)。

由于两方面的研究发展,基于优势的领导近年来已经成为前沿领域。首先,在唐纳德·克利夫顿的带领下,盖洛普公司访谈了数以百万计的人,内容涉及他们的优势,以及什么因素使得他们擅长于他们所做的事情。盖洛普根据访谈资料,提炼出了最能解释卓越绩效的34种主题。其次,学术研究人员创立了一个被称为积极心理学的新领域，该领域较少关注疾病模型，而是更多关注健康人群以及导致他们幸福的原因。这个新领域最突出的是研究人的积极特征——他们的优势。综合来看，盖洛普研究和积极心理学研究能解释基于优势的领导为什么越来越受欢迎。

人的优势可以采用不同方法进行测量，其中最著名的工具是盖洛普的优势识别器，该问卷由177个项目组成，用于确定四个领域（即，执行力、影响力、建立关系和战略思维）中的五项最强天赋。优势也可以采用价值实践优势问卷来进行测量，该问卷提供了一个人最强的五个品格优势，以及他在24种品格优势上得分的等级次序。第三种测量工具是实现2问卷，评估与个体的能量、绩效和使用率相关的60种优势，反馈的信息包括已经实现的优势、尚未实现的优势、习得行为和弱点。

虽然没有公认的理论涉及基于优势领导的实践，但是个体有几种直接方式可以把优势整合进领导力。首先，领导者需要发现自己的优势。他们可以通过填写问卷和其他自评活动来发现优势，目的是列出个人优势的明确清单。其次，领导者需要做好准备承认自己的优势并把这些优势展示给其他人。虽然我们对于展露优势给他人可能感到有些不好意思，但是这对于使他人意识到我们的能力又是必不可少的。我们需要让自己对于他人来说是透明的，并在我们优势的基础上从事领导活动。第三，领导者必须努力认识和发挥他人的优势。因为"人们（应该）做他们最擅长的事情"，领导者有义务帮助发现他人的优势，然后将这些优势融入到建设更加有战斗力的团队中。最后，领导者可以通过培育一种工作环境来实践基于优势的领导，在这种工作环境中人们的优势发挥着不可或缺的作用。领导者为下属营造积极氛围、积极关系、积极沟通和积极意义，通过这些措施领导者就能创建良好的工作环境（Cameron, 2012）。研究表明，如果工作环境是积极的，人们感觉会更好，工作的绩效也更好。

总之，基于优势的领导是一个新的研究领域，该领域提供了一种独特方法，帮助个体成长为更加高效的领导者。虽然不是万能的，但是优势概念提供了一种创造性和有价值的观点，可以丰富我们的领导工具箱。

本章术语

优势　　　　　　　　　　　　已经实现的优势

盖洛普咨询公司　　　　　　　尚未实现的优势

积极心理学　　　　　　　　　习得行为

人类天赋主题　　　　　　　　弱点

3.1 案例研究

准备成为首席执行官？

克里斯蒂娜·约根思（Christine Jorgens）在非营利组织"开创未来基金会"（Begin the Future Foundation）工作。当董事会要求她申请该组织的首席执行官职位时，她感到很吃惊。40年来，开创未来基金会在九个郡的区域内提供项目，以帮助生活在贫困中的城市和农村孩子在学校和生活中取得成功。首席执行官则是一个责任重大的工作。

克里斯蒂娜从来没有奢望成为一名首席执行官。她在一个小农场长大，是七个孩子中的一个，家庭经济困难。在上高中时，她曾在当地一家餐馆打工，先是当洗碗工，后来做服务员。她进入大学攻读社工专业后仍在那里打工。

在读大学四年级的时候，她在开创未来基金会找到一份实习工作，负责管理初中生课外项目。克里斯蒂娜后来在开创未来基金会又工作了12年，她的许多同事开玩笑说她是"从来没有离开的实习生"。她亲切友好、平易近人，会非常热心地完成组织交办的各项工作。她当过接待员，做过经费申请起草人，协助做过公关和推广工作，后来又被安排到一个新岗位，负责开发和创始新项目，同时还要与捐助者打交道，为这些项目募集资金。

她能够出色地应对项目开发，想方设法利用经常被忽视的社区资源。她有一个"学习伙伴"（Study Buddies）项目，把来自当地大学的志愿辅导者与儿童配对，每周见面三次，每次半小时辅导，半小时娱乐和游戏。克里斯蒂娜还发起了"女孩力量"（Girl Power）项目，该项目让初中女生每星期花一个下午跟踪研究当地一位女性专业人士或女企业家，这些人士的职业是女初中生感兴趣的。

克里斯蒂娜的热情具有感染力，尤其是对捐助者。她的项目都能成功获得捐助，潜在的捐助者经常会带着他们的新项目创意找到克里斯蒂娜，他们愿意提供资金。

虽然很成功，但克里斯蒂娜不能确定她是不是首席执行官的材料。她把自己看成是幸运得到一些极好机会的本地女孩。董事会非常清楚新首席执行官必须具备的条件：战略思维、运作非营利性组织的经验、与从最贫穷到最富裕的社会各阶层人士打交道的能力、管理人的能力，以及有为帮助孩子摆脱贫困的组织使命而献身的精神。克里斯蒂娜没有领导非营利性组织的直接经验，她觉得自己还需要在日常组织管理方面得到更多历练。

应用

在董事会成员的建议下，她做了优势评估，得知她的优势是战略规划、建立关系、创造力、同情心和影响力。此外，董事会成员还指出，她非常了解该组织，对该组织和所服务的儿童具有献身精神。虽然克里斯蒂娜有点犹豫，但是董事会确信克里斯蒂娜是这一首席执行官的合适人选。

问题

1. 优势被认为是先天特质，但是可以通过经验来增强优势。克里斯蒂娜的背景中有什么经验有助于她发展她的那些优势？

2. 评估所确定的优势中，哪些可以在克里斯蒂娜的工作中直接观察到？哪些不能？

3. 克里斯蒂娜承认自己有一些弱点，尤其是在组织日常管理方面。她可以采用哪些优势来帮助她解决这个问题，具体怎么做呢？

4. 克里斯蒂娜应该在他人身上寻找哪些优势来弥补自己的不足？

3.2 领导优势问卷

目的

1. 深入了解你的领导优势
2. 在选定的绩效领域对你的优势进行排序

指导语

1. 请回答下面的陈述是否能描述你是一个什么样的人。
2. 对于每个陈述,圈出数字以表示你觉得与你相像的程度。

陈述	非常不像我	不像我	中立	像我	非常像我
1. 我与他人合作时,是一个充满活力的参与者。	1	2	3	4	5
2. 头脑风暴是我的优势之一。	1	2	3	4	5
3. 当同事对工作感到灰心的时候,我善于鼓励他们。	1	2	3	4	5
4. 我想知道"为什么"要做我们正在做的事情。	1	2	3	4	5
5. 我能在他人的不同意见中找到我们的共同点。	1	2	3	4	5
6. 我喜欢落实项目细节。	1	2	3	4	5
7. 我喜欢探索能创造性地解决问题的方法。	1	2	3	4	5
8. 我想方设法帮助他人对自己的成就感觉良好。	1	2	3	4	5
9. 审视复杂的难题或议题是我的优势之一。	1	2	3	4	5
10. 我是冲突情境的调解者。	1	2	3	4	5
11. 我会坚持工作,直至任务完成。	1	2	3	4	5
12. 在与他人合作的时候,如果需要,我能够发起变革。	1	2	3	4	5

3.2 领导优势问卷
（续）

陈述	非常 不像我	不像我	中立	像我	非常 像我
13. 我爱关心他人的幸福。	1	2	3	4	5
14. 我喜欢思考做事情的各种选项。	1	2	3	4	5
15. 我能与那些固执己见的人进行有效沟通。	1	2	3	4	5
16. 我竭力坚持主见，以便完成工作。	1	2	3	4	5
17. 我喜欢为工作项目创建愿景。	1	2	3	4	5
18. 我是"胶水"，能把团队凝聚在一起。	1	2	3	4	5
19. 我喜欢在努力解决问题之前，深入探索问题的细节。	1	2	3	4	5
20. 我能在拥有不同意见的人群中找到最佳答案。	1	2	3	4	5
21. 我喜欢做任务列表，这样有利于工作完成。	1	2	3	4	5
22. 我能够"跳出框框思考"。	1	2	3	4	5
23. 鼓励他人对我来说很容易。	1	2	3	4	5
24. 我喜欢在从事工作项目之前把事情彻底想清楚。	1	2	3	4	5
25. 出现冲突时我善于寻找共同点。	1	2	3	4	5
26. 我喜欢日程安排和协调活动，以便完成工作。	1	2	3	4	5
27. 我善于提出新想法让他人思考。	1	2	3	4	5
28. 我善于鼓励他人参与项目。	1	2	3	4	5
29. 我喜欢从多个不同角度探索问题。	1	2	3	4	5
30. 在帮助同事达成共识方面我是有办法的。	1	2	3	4	5

3.2 领导优势问卷

（续）

计分

1. 第 1、6、11、16、21、26 项目的分数相加（执行者分数）。
2. 第 2、7、12、17、22、27 项目的分数相加（创新者分数）。
3. 第 3、8、13、18、23、28 项目的分数相加（鼓励者分数）。
4. 第 4、9、14、19、24、29 项目的分数相加（分析者分数）。
5. 第 5、10、15、20、25、30 项目的分数相加（调解者分数）。

总分

_____　_____　_____　_____　_____
执行者　创新者　鼓励者　分析者　调解者

分数解释

领导优势问卷设计的目的是测量你在执行、创新、鼓励、分析和调解领域的优势。通过评估得分排序，你可以确定你的最强优势领域和较弱领域。某领域的分数高表示该领域是你的强项，而分数低表示该领域是你的弱项。正如本章讨论的那样，每个人都有多项优势。除了这份"领导优势问卷"所表现出来的优势外，你可能还想填写其他优势评估表，以便对你的优势有更全面的了解。

如果你的分数是 26~30，你处于非常高的范围。

如果你的分数是 21~25，你处于较高的范围。

如果你的分数是 16~20，你处于中等的范围。

如果你的分数是 11~15，你处于较低的范围。

如果你的分数是 6~10，你处于非常低的范围。

3.3 观察练习

优势

目的

1. 学习识别人的优势
2. 理解优势在领导过程中的作用

指导语

1. 在这个练习中，你的任务是观察行动中的领导者。领导者可以是教师、主管、教练、管理人员或者拥有领导职位的任何人。
2. 根据你对行动中的领导者的观察，找出领导者在哪些领域拥有优势以及下属在哪些领域拥有优势。

问题

1. 根据表 3.3 列出的基于美德的那些优势，找出你观察到领导者表现出来的其中两种优势。这些优势如何影响他或她的下属？

2. 讨论团队成员表现出哪些优势，这些优势如何辅助或干扰领导者？

3. 你认为这种情境中的下属向他人展示自己的优势会感觉舒服吗？请讨论。

4. 如果你在这种情境中对领导者进行教练和指导，他或她可以做哪些具体事情，从而能够创造一个积极的环境，以便在其中表达优势会受到欢迎？

3.4 反思与行动清单

优势

反思

1. 本练习要求你访谈了解你优势的几个人。说明：

   - 首先，确定三个人（例如，朋友、同事、同行、家人），你感觉可以很自在地要求他们对你提供反馈意见。

   - 其次，要求他们当中的每个人做以下几件事情：

     a. 思考一下，在什么时间或情境中，他们认为你表现最佳。

     b. 就你当时所做的事情，讲一个简短的故事。

     c. 说明为什么他们认为你在这种情境中表现良好。

     d. 根据这个故事，描述在这种情境中你能向他人提供哪些独特优势。

   - 第三，在他们的回答中，确定提及次数最多的两三个主题。这些主题代表着你的优势。

2. 对于（步骤1中）他人所认识的你的优势，你的反应是什么？他人所认识的你的优势与你自己认识的优势是否一致？它们与你在优势领导问卷上的得分一致程度如何？

3. 本章提出，重要的是领导者要向他人表达自己的优势。作为领导者，对于展露优势给他人，你的感觉如何？如果他人向你表达他们的优势，你有什么反应？

行动

1. 根据本章问卷和你自己的理解，为自己创作一张商业名片，列出你的五大显著优势。

2. 在领导优势的四个领域（见表3.2）中，哪个是你最强的领域？描述你如何能够获得下属支持，以补充这些领域的优势。

3. 假设你是课堂团队的领导者，需要做一个跨越整个学期的服务培训项目。确定并讨论你能够做哪些具体事情，从而创建积极氛围、积极关系、积极沟通和积极意义。

参考文献

Anderson, E. C. (2004). *StrengthsQuest: Curriculum outline and learning activities*. Princeton, NJ: Gallup Organization.

Biswas-Diener, R. (2010). *Practicing positive psychology coaching: Assessment, activities, and strategies for success*. Hoboken, NJ: John Wiley & Sons.

Buckingham, M., & Clifton, D. (2001). *Now, discover your strengths*. New York: Free Press.

Cameron, K. S. (2012). *Positive leadership: Strategies for extraordinary performance* (2nd ed.). San Francisco: Berrett-Koehler.

Cameron, K. S., Dutton, J. E., & Quinn, R. E. (2003). Foundations of positive organizational scholarship. In K. S. Cameron, J. E. Dutton, & R. E. Quinn (Eds.), *Positive organizational scholarship* (pp. 3–14). San Francisco: Berrett-Koehler.

Clifton, D. O., & Harter, J. K. (2003). Investing in strengths. In K. S. Cameron, J. E. Dutton, & R. E. Quinn (Eds.), *Positive organizational scholarship* (pp. 111–121). San Francisco: Berrett-Koehler.

Dutton, J. E., & Ragins, B. R. (2007). *Exploring positive relationships at work*. Mahwah, NJ: Erlbaum.

Fowler, R. D., Seligman, M. E. P., & Kocher, G. P. (1999). The APA 1998 annual report. *American Psychologist*, 54(8), 537–568.

Fredrickson, B. L. (2001). The role of positive emotions in positive psychology: The broaden-and-build theory of positive emotions. *American Psychologist*, 56, 218–226.

Gardner, H. (1997). *Extraordinary minds: Portraits of exceptional individuals and an examination of our extraordinariness*. New York: Basic Books.

Kaplan, R. E., & Kaiser, R. B. (2010). Towards a positive psychology for leaders. In P. A. Linley, S. A. Harrington, & N. Garcea (Eds.), *Oxford handbook of positive psychology and work*. Oxford: Oxford University Press.

Lewis, S. (2011). *Positive psychology at work: How positive leadership and appreciative inquiry create inspiring organizations*. Oxford, UK: Wiley-Blackwell.

Linley, A. (2008). *Average to A+: Realising strengths in yourself and others*. Coventry, UK: CAPP Press.

Linley, A., & Dovey, H. (2012). *Technical manual and statistical properties for Realise2*. Coventry, UK: CAPP Press.

Luthans, F., & Avolio, B. J. (2002). Authentic leadership development. In K. S. Cameron, J. E. Dutton, & R. E. Quinn (Eds.), *Positive organizational scholarship* (pp. 241–258). San Francisco: Berrett-Koehler.

Peterson, C. (2006). *A primer in positive psychology*. New York: Oxford University Press.

Peterson, C. (2009). *Foreword*. In S. J. Lopez & C. R. Snyder (Eds.), Oxford handbook of positive psychology (p. xxiii). New York: Oxford University Press.

Peterson, C., & Park, N. (2009). *Classifying and measuring strengths of character*. In S. J. Lopez & C. R. Snyder (Eds.), Oxford handbook of positive psychology (pp. 25–34). New York: Oxford University Press.

Peterson, C., & Seligman, M. E. P. (2003). Positive organizational studies: Lessons from positive psychology. In K. S. Cameron, J. E. Dutton, & R. E. Quinn (Eds.), *Positive organizational scholarship* (pp. 14–28). San Francisco: Berrett-Koehler.

Peterson, C., & Seligman, M. E. P. (2004). *Character strengths and virtues: A handbook and classification*. New York: Oxford University Press; Washington, DC: American Psychological Association.

Quinn, R. E., Dutton, J., & Spreitzer, G. (2003). *Reflected Best Self Exercise: Assignment and instructions to participants* (Product number 001B). Ann Arbor: University of Michigan Regents, Positive Organizational Scholarship Research Group.

Rath, T. (2007). *Strengths Finder 2.0*. New York: Gallup Press.

Rath, T., & Conchie, B. (2008). *Strengths based leadership: Great leaders, teams, and why people follow*. New York: Gallup Press.

Roberts, L. M., Spreitzer, G., Dutton, J., Quinn, R., Heaphy, E., & Barker, B. (2005, January). How to play to your strengths. *Harvard Business Review*, pp. 75–80.

Seligman, M. E. P. (2002). *Authentic happiness: Using the new positive psychology to realize your potential for lasting fulfillment*. New York: Free Press.

Seligman, M. E. P., & Csikszentmihalyi, M. (2000). Positive psychology. *American Psychologist*, 55, 5–14.

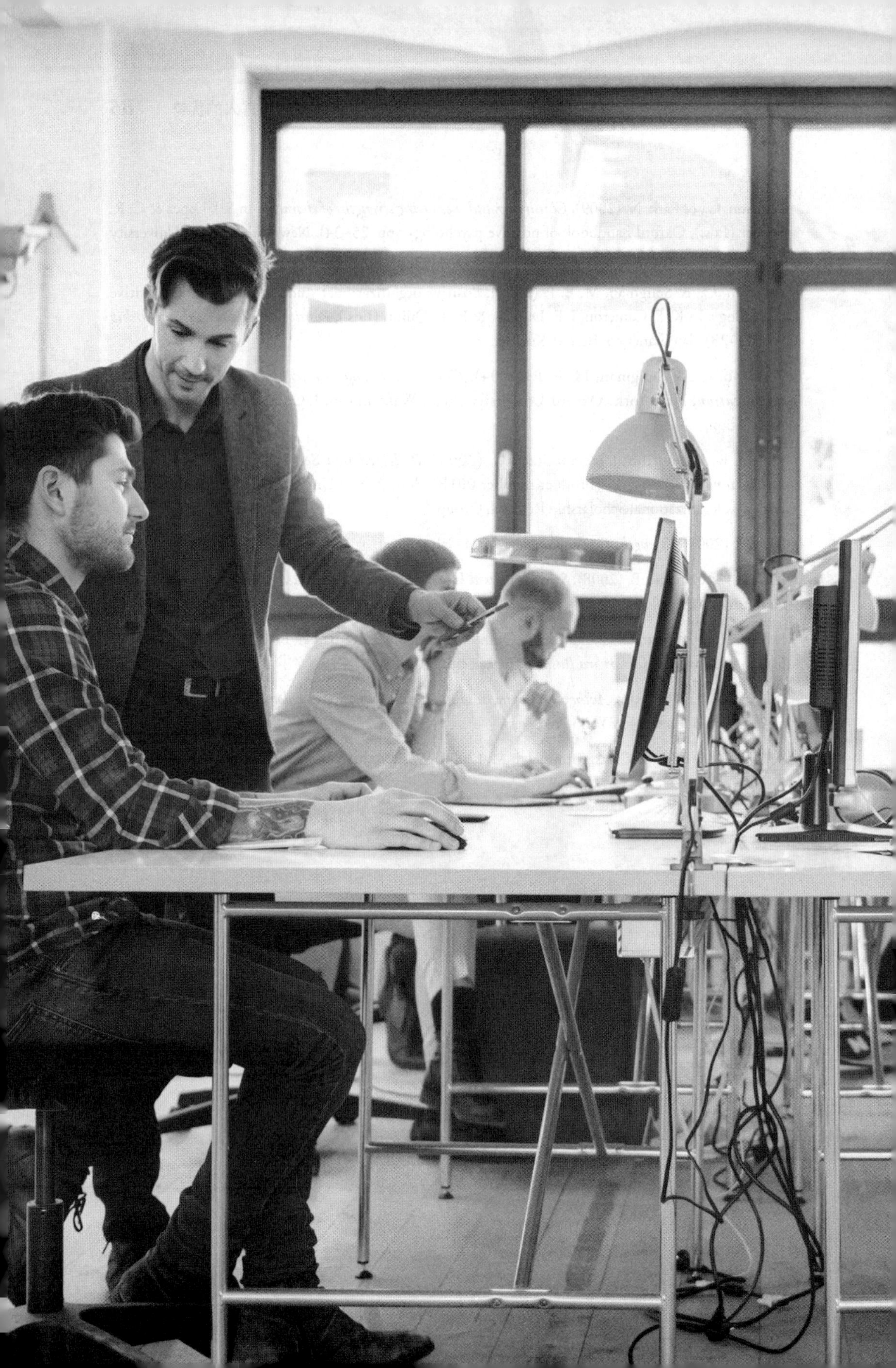

第 4 章

认识领导理念和风格

概 述

你的领导理念或哲学是什么？你是密切监督下属的控制型领导者，还是把很多控制权赋予下属的随和型领导者？无论你是哪种类型，或者介于前两者之间，清楚认识你个人的领导理念是非常重要的。这种理念会影响他人应对你的方式，影响他们应对自己工作的方式，并最终影响你作为领导者的效能。

在本章中我们将讨论一个人关于人、工作和人性的观点如何构成其个人的领导理念或哲学。此外，本章将审视领导理念如何表现为三种常见的领导风格：威权型、民主型和放任型。我们将讨论这些领导风格的本质，以及每种风格对领导绩效有何影响。

领导理念的阐释

我们每个人对人的本质和工作的本质都拥有一套独特的信念和态度。这是我们**领导理念**（philosophy of leadership）的基础。例如，有些人认为人性本善，只要有机会就很乐意工作。也有人认为人天性懒惰，需要推动才会完成工作。这些关于人和工作的信念对个人的领导风格具有显著影响，并可能在一个人的领导行为的各个方面表现出来。

你认为人们喜欢工作吗？或者，你认为人们觉得工作不愉快吗？这是道格拉斯·麦格雷戈（Douglas McGregor）在他的那部经典名著《企业的人性面》（*The Human Side of Enterprise*）（1960）中讨论的核心问题之一。麦格雷戈认为，管理者需要了解他们关于人性的核心假设，并进而评估这些假设与自己的管理实践的联系。

特别是，麦格雷戈感兴趣于管理者如何看待员工的工作动机和工作态度。他认为，了解这些动机对于知道如何成为高效管理者是重要的。为了解释管理者与员工的相处方式，麦格雷戈提出了两个概括性理论：X 理论和 Y 理论。麦格雷戈认为，通过探索这些理论的主要假设，人们可以更好地了解他们自己有关人类行为的观点，以及这些观点与其领导风格之间的关系。以下是对这两种理论的描述。当你阅读这些理论时，问问自己，这个理论的各种假设与你的领导态度和理念是否一致。

X 理论

X 理论（Theory X）由有关人性和人类行为的三个假设组成（见表 4.1）。综合来看，这些假设代表了很多领导者或多或少地表现出来的领导理念。

假设 1：普通人不喜欢工作，只要有可能就逃避工作。

这个假设认为，人们不喜欢工作；他们把工作看成是不愉快的，无趣的，工作只是一个"必要之恶"，不得不做的事情。根据这一假设，如果给予机会，人们会选择不工作。这个假设的一个例子是，员工说："我去上班完全是为了薪

表 4.1 麦格雷戈的 X 理论的假设

麦格雷戈的 X 理论
1. 人们不喜欢工作。
2. 人们需要接受指导和控制。
3. 人们想要的是安全，而不是责任。

水。如果没有那么多账单需要支付，我永远不会去工作。"持有这种理念的人只要有可能就会逃避工作。

假设 2：人们需要接受指导和控制。

这个假设是从第一个假设直接推导出来的。由于人们天生不喜欢工作，管理者应该对必须完成的工作建立起一整套报酬和奖励制度，因为员工往往不愿或不能自我激励。这种假设认为，如果没有外部的指导和激励，人们是没有动机去工作的。这方面的一个例子是，高中老师要求学生上交家庭作业，采用的方法是威胁学生，告诉学生不做作业就会影响课程分数。老师之所以强迫学生做作业，是因为老师认为在没有督促的情况下学生是不愿意或者不会做作业的。从 X 理论的角度来看，领导者在鼓励他人完成工作的过程中发挥着重要作用。

假设 3：人们想要的是安全，而不是责任。

这个假设描绘的图景是，员工希望领导者照顾他们，保护他们，使他们感到安全。因为给自己定目标对员工来说太难了，员工们希望管理者来给他们设定目标。只有当管理者为员工确定了行动指南，员工们才感到目标明确。在快餐店可以观察到这个假设的一个例子，快餐店里的员工需要集中精力完成摆在面前的具体任务（例如，清洁搅拌机或者炸薯条），并不需要自我创新。在一般情况下，快餐店很多员工并不需要接受许多具有挑战性的职责。相反，他们被告知做哪些事情，如何做和何时做。与这个假设相一致的是，这个例子突出了有些员工胸无大志，只是希望工作能带来安全感。

如果一个人的领导风格或者理念与 X 理论相似，那么它意味着什么呢？它意味着，这些领导者倾向于把员工看成是懒惰的和对工作不感兴趣的，因为他们认为工作没有价值。其结果是，X 理论的领导者往往采用指导和控制的方式。他们严密监督下属，只要机会合适就立刻对下属进行表扬和批评。有时，这些领导者会向工人提醒他们的目标（例如，薪水），或者用惩罚来威胁，以说服他们完成任务。作为主管人，X 理论的领导者认为他的领导角色对于完成工作来说是工具性的。X 理论的领导者认为激励下属是自己的任务，因为工人几乎没有自我激励。由于这种信仰，这些领导者对下属的行为负有责任。从 X 理论的角度来看，很显然，下属需要受到领导。

Y 理论

像 X 理论一样，Y 理论（Theory Y）是以人性和行为的一些具体假设为基础的（见表 4.2）。综合起来看，Y 理论的假设与 X 理论完全不同。在一定程度上，Y 理论的观点在今天许多领导者身上是可以观察到的。

假设 1：普通人并非天生不喜欢工作。工作与玩一样也是人的天性。

Y 理论并不认为工作是一种负担或者是不舒适的事情，而是认为人们把工作视为满足而不是惩罚。工作对他们来说是一种天性、自然的活动。事实上，只要有机会，人们就乐意工作。这方面的一个例子是美国前总统吉米·卡特在退休之后所做的事情。他将大量时间和精力投入"人类家园"（Habitat for Humanity）组织的活动，在整个美国和世界各地建造住宅。毫无疑问，前总统

表 4.2 麦格雷戈的 Y 理论的假设

麦格雷戈的 Y 理论
1. 人们喜欢工作。 2. 人是自我激励的。 3. 人们接受和寻求承担责任。

客观上并不需要工作：他之所以去工作，是因为对他来说工作是天性，是自然而然的事情。卡特的一生都在为他人的幸福作贡献。参加"人类家园"活动，是他作出贡献的又一机会。有些人认为工作是其生命的天然组成成分。

假设 2：人们会对他们致力于的目标展现出责任和自我控制。

X 理论认为人们需要接受指导和控制。与 X 理论截然不同的是，Y 理论认为，人们能够而且愿意自行选择去工作。

人们能够致力于他们的工作目标。就拿体育界的例子来说，成功的运动员往往高度致力于自己的目标，通常不需要严格的控制和监督。教练为这些运动员设计了训练计划，但是运动员会自己完成训练。一名成功的长跑运动员在为马拉松比赛备战期间，每周训练要跑 60 英里，并没有外人推动，因为运动员是在自我激励之下长跑。同样，奥运游泳运动员并不需要外人强迫才在上午 5:00 去做每天 3 英里的泳池训练，因为游泳运动员会自行选择这么去做，并不需要教练催促。这些运动员是自我指导的，因为他们致力于自己的目标。这是 Y 理论的观点。当人们发现自己致力于他们的工作时，他们将无须领导者的激励或劝说。换句话说，当人们对他们的工作拥有热情的时候，即使没有外界的指导和监督，他们也会做好工作。

假设3：在适宜的环境中，普通人会学着接受和承担责任。

X理论认为，人们缺乏抱负，喜欢接受指导，希望得到安全。但是，Y理论假设，普通人有内在动力和资源，只要有机会，就会寻求承担责任。如果有机会，人们有能力从事各种目标明确的、创造性的问题解决活动。Y理论认为，只要有机会，人们将独立行事，并富有成效。

例如，两位大学生在图书馆主库部工作，他们需要在正确完成各种分类和上架工作之后，填写一份清单。然而，该清单冗长、繁琐、单调乏味。由于老清单工作效率不佳，学生们就自己设计了一个全新的简化清单。分类和上架的新清单非常清晰、简洁和美观。新清单经过审查和短期试用，图书馆管理层采用了这个新清单，并要求整个图书馆都使用新清单。在这个例子中，图书馆管理层提供的环境，让学生乐意提出有关如何完成工作的一项重要变革。此外，管理层也愿意接受和采纳学生提出的工作变革。这些学生将会变得更有信心在未来其他的工作中提出新想法或者承担新挑战，这并不是不切实际的幻想。

因此，如果领导理念与Y理论相似意味着什么？这意味着，领导者认为人有能力、有兴趣工作。虽然Y理论的领导者可能会界定工作要求，但是他们没有试图去控制员工。对于这些领导者来说，下属是不会偷懒的；相反，他们自然而然地想要工作。此外，这些领导者认为，他们没有必要去激励下属或者驱使他们去工作，因为下属都能够自我激励。采用高压或者外部强化方案，这不是他们的领导哲学和戏码。Y理论的领导者非常乐意协助下属发现工作激情。这些领导者知道，当下属对工作做出承诺时，他们会更主动地做好工作。对Y理论的领导者来说，让下属自己寻找和承担责任是很容易的。总之，Y理论的领导者意味着在不需要指导或控制的情况下支持下属工作。

综上所述，我们所有人对于人性和工作拥有一些基本信念和假设，它们构成了我们的领导理念。下一节将讨论这些理念对于你作为领导者的行为或者你的领导风格具有什么样的影响。一个人的领导理念无论与 X 理论还是与 Y 理论相同，它都会影响他的领导风格。你所面临的挑战是要去认识你的领导风格的理念基础。

领导风格的阐释

你作为领导者会表现出什么样的行为？你喜欢控制下属，监督下属的活动？或者，你认为在领导他人时应更少干涉，放手让他们自己做决定？

无论你作为领导者的行为是什么，它们均显示出你的领导风格。**领导风格**（leadership style）可以被定义为领导者的行为，重点在于领导者做什么以及他们如何行事。这包括领导者在各种情境中如何对待下属。正如前一节中提到的，你的领导风格受到你个人领导理念的驱动。下面我们将讨论与 X 理论和 Y 理论有关的最常见的领导风格：威权型、民主型和放任型。这些风格中没有哪一个直接来自 X 理论和 Y 理论，但威权型和民主型的风格分别与这两种理论的思想非常接近。

关于领导风格的基础工作是勒温、利比特和怀特（Lewin, Lippitt, & White, 1939）完成的，他们分析了各种领导风格对小团体行为的影响。他们使用的是 10 岁男孩团体，这些男孩放学以后一起参加业余兴趣活动。研究人员感兴趣的是，如果成年领导者运用威权型、民主型或放任型这三种领导风格之一，那么各自会产生什么效果。男孩团体在 6 周时间里面体验了三种领导风格。

勒温及其同事的研究结果对三种领导行为的特征进行了详细说明（White & Lippitt, 1968）。他们还描述了这三种风格分别对团体成员具有什么影响。

下面几节详细介绍了他们的研究结果以及采用这些领导风格的意义。要注意的是，这些领导风格并不是完全独立的实体（例如，像人格特质）。它们彼此重叠。也就是说，在特定情境中领导者可能表现出一种以上的领导风格。例如，一名领导者可能在某些问题上是威权型，在其他问题上则是民主型。或者，一名领导者可能在一个项目的某些时间点上是威权型，而在其他时间点则是民主型。作为领导者，我们可能会表现出所有这些领导风格的某些方面。

威权型领导风格

威权型领导风格（authoritarian leadership style）在许多方面与 X 理论非常相似。例如，威权型领导者认为下属需要接受指导。威权型领导者需要控制下属和他们所做的事情。威权型领导者强调，他们要对整个团体成员负责，要对他们施加影响和控制。他们确定团队成员的任务和步骤，刻意不参与团队讨论。威权型领导者不鼓励团队成员相互交流，相反，他们更喜欢下属多与他交流。在对他人进行评估时，威权型领导者直率地给予表扬或提出批评，但是这基于他们自己的个人标准，而不是客观评论。

有些人认为，威权型领导代表着对于他人相当悲观、消极和沮丧的一种看法。例如，威权型领导者可能会这样说："因为我的员工都很懒惰，我需要告诉他们应该做什么。"另外一些人则认为，威权型领导是一种非常必要的领导形式——它服务于一个积极的目标，特别适用于那些寻求安全感高于责任感的人。在许多情境中，威权型领导被用于提供指导、设定目标和组织工作。例如，当员工刚开始学习新工作，威权型领导者便让他们知道他们所做事情的规则和标准。威权型领导者能非常有效和成功地激励他人去完成工作。在这些情境下，威权型领导相当有效。

威权型领导的效果会是什么样的呢？威权型领导既有长处又有短处。从积极的一面来看，它是高效的和多产的。威权型领导能对人们的工作给予明确指导和清晰说明，能在较短时间内完成较多工作。此外，威权型领导在设置目标和工作标准方面非常有效。从消极的一面来看，它不可避免地带来了依赖、顺从和个性丧失。下属的创造力和个人成长可能会因此受阻。很有可能的结果是，随着时间推移，下属就会对自己正在做的事情丧失兴趣，并对自己的工作感到不满意。如果发生这种情况，威权型领导就会导致不满、敌意，甚至攻击。

虽然威权型领导的消极方面似乎多于积极方面，但是不难想象威权型领导是很多情境下首选的领导风格。例如，在医院繁忙的急诊室里，负责对患者进行分类的领导者在处理各类急诊时可能非常适合采用威权型领导。在其他情境下可能同样如此，例如初中生划船旅行的监护者，或者高中球队参加州篮球决赛的教练。虽然威权型领导有一些消极面，但是这种形式的领导在很多情境中是常见的和必要的。

民主型领导风格

民主型领导风格（democratic leadership style）与Y理论的假设非常类似。民主型领导者认为下属完全有能力依靠自己完成工作。民主型领导者不想控制下属，而是与下属共同工作，尽量公平对待每个人，不把自己置于下属之上。从本质上说，他们把自己看成是向导，而不是指挥者。他们提供建议给下属，但是从来没有想着去改变他们。对于民主型领导者来说，帮助每位下属实现其个人目标是非常重要的。民主型领导者不采用"自上而下"的沟通；相反，它们与下属在同一水平上进行对话。重要的是要确保听到每个人的心声。他们以支持的方式倾听下属，协助下属逐渐学会自我指导。此外，他们促进团队成员之间相互交流，对那些不善表达的团队成员循循善诱，使他们能够吐露心声。民主型领导者提供信息、说明和建议，而不是发号施令与施加压力。在评价下属时，民主型领导者会给予客观的表扬和批评。

民主型领导的效果大多是正面的。首先，民主型领导能给团队成员带来较高的满意度、承诺和凝聚力。第二，在民主型领导者的带领下，会有更多的友善、相互赞赏和团队意识。下属往往会和睦相处，心甘情愿地参与团队事务，更多地说"我们",而更少说"我"。第三,民主型领导会导致员工积极性更高,创造力更强。在民主型领导的支持性结构下,人们会更加积极地发挥自己的聪明才智。最后,在民主型领导下,团队成员更多参与团队决策,更愿意执行团队决策。民主型领导也有消极面,它需要花费更多时间,需要领导者更加投入。因此,民主型领导在完成任务方面不像威权型领导那样高效。

放任型领导风格

放任型领导风格(laissez-faire leadership style)与 X 理论和 Y 理论都不同。放任型领导不像 X 理论领导者那样试图去控制下属,也没有像 Y 理论领导者那样试图培育和引导下属。放任型领导者忽视员工和他们的工作动机。放任型领导是一种特殊风格的领导;有些人给这种风格贴上非领导(nonleadership)的标签。放任型领导者是名义上的领导者,采取的是最低限度的领导。正如法语词汇"*laissez-faire*"的涵义那样,放任型领导意味着领导者对下属采取"放手,顺其自然"的态度。这些领导者了解下属,但是非常随和,并没有试图影响下属的活动。在放任型领导下,下属可以自由地在任何时间做很多自己想做的事情。放任型领导并不会去评价或控制下属的进步。

鉴于放任型领导涉及名义上的影响力,那么,放任型领导的效果怎么样呢?放任型领导产生的结果基本上都是负面的。主要的负面效果是任务完成量很少。因为人们缺乏指导,不知道该做什么。给予完全自由之后,大多数下属发现工作杂乱无章。下属喜欢某种程度的指导;如果彻底放开让他们完全依靠自己,他们的工作就很难有成效。没有目的感和方向感,团队成员难以找到工作的意义;他们变得没有积极性,缺乏工作热情。其结果自然是生产效率下降。

只有在极少情况下,放任型领导才有可能取得成功,因为它给予下属完全的自由。在某些情况下,人们会因为自由而获得发展。但是,在大多数情况下,放任型领导是不会成功的,也是没有生产力的。

领导快照：维多利亚·兰塞姆，野火首席执行官

"我不相信等级制度，也不相信需要创建等级制度。我相信赢得尊重至关重要。"

这段话来自维多利亚·兰塞姆，社交媒体软件公司"野火"（Wildfire）的创建人之一。野火已经从一个理念成长为一家拥有 400 名员工和 2.1 万客户的企业。该公司在 2008 年由兰塞姆和艾伦·查得共同创建，以帮助企业在社交网络上接触客户。在 2012 年，它以 3.5 亿美元被谷歌收购。

野火的成功在很大程度上得益于兰塞姆的领导风格和理念，她在该公司担任首席执行官。兰塞姆出生于新西兰一个名叫斯科茨费里的乡村。她的父亲是种植芦笋的农场主，她的母亲是农业设备公司的办公室管理人员。兰塞姆曾经下地干活，正是在那里，她逐渐树立起了努力工作、以身作则和谦虚谨慎的价值观，并把这些价值观带到了野火。

野火实际上是后来产生的想法。创建野火的最初目的只是为了解决兰塞姆和查得在运营他们创建的第一家公司所面临的难题。他们的"通往旅行"（Access Trips）是一家探险旅游公司，服务对象是年龄在 20 ~ 45 岁之间的小团队游客，带他们去往遥远的目的地，而兰塞姆和查得想办法在脸谱网（Facebook）上面赠送旅行以推销他们的"通往旅行公司"。然而，他们发现，没有现成软件可以做他们想要做的事情，所以他们自己开发软件，设计了抽奖、竞赛和其他能够在脸谱网上运行的促销活动。

该软件和野火在一年内就实现盈利。客户范围很快就扩展到从两人餐饮企业到索尼和联合利华（Coster, 2012）。

公司的成长速度非常快，它使根植于兰塞姆价值观基础上的企业文化经受住了考验。

"在公司成长的过程中，我也在学习进步，你必须与属下的领导者一样优秀，"她说。"你可能会认为，因为你反映了我们的价值观，那么公司中的其他人就会体验到这些价值观……直接主管是影响公司员工最重要的力量。因此，领导的很大一部分工作就是你要挑选和引导合适的人"（Bryant, 2013）。

为了找到那些合适人选，至关重要的是，野火首先要向那些刚从外面招聘进来的新员工清楚地说明本公司的价值观和企业文化。为了做到这一点，兰塞姆和查得首先要确认野火员工的价值观，然后以小组形式与所有员工见面，得到他们对这些价值观的反馈。结果得到了

> 公司灌输和展示出来的一系列价值观：热情、团队精神、谦虚和诚信。另外，价值观列表中还包括有勇气吐露心声和好奇心。
>
> "我们真正做到鼓励人们不断提出问题，以便我们在行业变革的浪潮中始终位居前列，了解公司里其他人正在做什么。我们的希望是打破'他们与我们'这些壁垒，"兰塞姆说（Bryant, 2013）。
>
> 兰塞姆说，他们确定的终极价值观是"每个人都做好事，做正确的事"（Bryant, 2013）。
>
> 但是，公司声称拥有的价值观，并不那么容易维持。价值观和文化都必须得到普遍接受，否则迟早会崩溃。
>
> "我认为，破坏公司价值观的最好办法就是把不坚守价值观的人安排到领导岗位，"当兰塞姆发现有人不再忠于公司价值观时，她如是说。"直至你采取行动，将这些人清除出去，然后每个人才会对价值观产生信任"（Bryant, 2013）。
>
> 兰塞姆说，该公司展示其价值观的一种方式是，如果不遵守公司价值观，公司就请这种员工走人。即使这些人绩效良好，也要做出这种艰难的人事决策。它会向员工展现："是的，这家公司用钱来证明它说话算数"（Bryant, 2013）。

实践中的领导风格

每位领导者都有独特的领导风格。有些人严格要求和坚持己见，而另一些人则具有较多的开放性和参与性。同样，一些领导者可以被称为微观型管理者，而另一些领导者则可以被归为非指导型领导者。无论情况如何，弄清楚你在威权型、民主型或放任型领导风格上的程度将是颇为有益的，它具有启发作用。

重要的是要注意到，这些领导风格并非各自独立的实体，最好是把它们看成处于连续体上的某一点，该连续体包含领导者从高到低的影响力（见图4.1）。影响力较高的领导者其威权性程度也比较大。影响力中等的领导者是民主型的。几乎没有影响力的领导者则是放任型领导者。虽然我们往往主要表现出一种风格，但是，我们个人的领导风格并不是固定不变的，会随着具体情况而发生变化。

图 4.1 领导风格

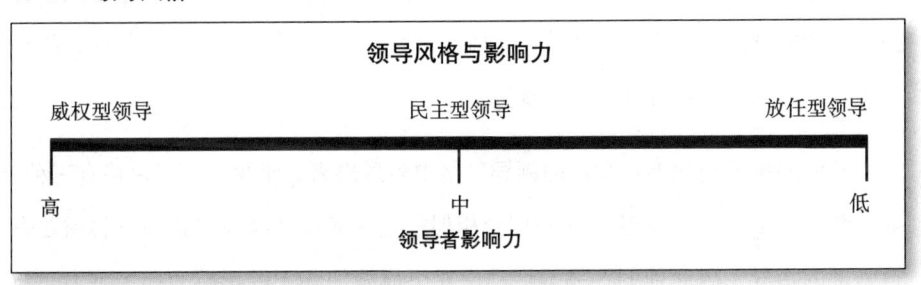

```
            领导风格与影响力
威权型领导         民主型领导         放任型领导
├─────────────────┼─────────────────┤
高                 中                 低
            领导者影响力
```

请思考一下，你在"领导风格问卷"上的结果表明你的领导风格如何。你的主要风格是什么？你对威权型、民主型或放任型领导风格哪个感到最舒适？如果你喜欢为工作建立结构体系，喜欢为他人制定基本规则，喜欢严密监督下属，认为自己有责任确保下属做好他们的工作，想要"掌控"局面，或者希望知道他人在做什么，坚信奖励和惩罚下属是必要的，那么，你就是威权型领导风格。如果你很少向下属发号施令和发出最后通牒，而是试图与下属共同工作，帮助他们弄清楚如何着手处理任务，如何完成工作，那么你基本上是民主型领导风格。帮助下属实现其个人目标对于民主型领导者来说是重要的。

在某些个别情况下，你可能会发现你表现出的是放任型领导。虽然这种风格不是首选，但是，重要的是要意识到，一个人应该在什么时机下采用放任型领导风格。放任型领导者采取非常低调的领导方式。下属完成任务的程度取决于他们自己。如果你认为下属在完全自由状态下能有高绩效，那么放任型可能是适合你的领导风格。然而，在大多数情况下，放任型领导会妨碍成功和生产率。

小　结

我们每个人都有以我们关于人性和工作信念为基础的领导理念。有些领导者的理念与 X 理论相似：他们认为员工没有工作的动机，需要指导和控制。有些领导者的理念则与 Y 理论相似：他们认为员工会自我驱动、自我指导，能独立工作，而无须领导者强有力的直接影响。

我们的领导理念能在我们的领导风格中表现出来。常见的领导风格有三种：威权型、民主型、放任型。与 X 理论相似的是，威权型领导者认为下属需要来自外部的指导，因此他们在领导活动中对下属施加强大的影响力和控制力。与 Y 理论相似的是，民主型领导者认为下属能自我指导，因此他们在领导活动中向下属提供咨询和支持。放任型领导者让下属自己工作，既不提供指导，也不提供鼓励。

高效领导要求我们了解自己的领导理念，了解它如何构成了我们领导风格的基础。这种认识是成长为见多识广和能干称职的领导者的第一步。

本章术语

领导理念　　　　　　　　　　　　威权型领导风格

X 理论　　　　　　　　　　　　　民主型领导风格

Y 理论　　　　　　　　　　　　　放任型领导风格

领导风格

4.1 案例研究

风格各异的管理者

凡妮莎·米尔斯最近受聘于湖岸银行（Lakeshore Bank）某分行，担任个人理财顾问。该分行非常繁忙，工作人员很多，其中包括三位现场管理者。作为一名新员工，凡妮莎正试图设法成为成功的个人理财顾问，同时也想满足三位差异很大的管理者的期望。

凡妮莎的工作是有薪水的，同时有些业务还收取佣金，包括开设新账户、向客户销售新服务，例如，信用卡、信贷额度、贷款、股票开户。个人理财顾问要求每月开立一定数量的账户，还要调查客户的各种银行业务需求，并提供服务以满足这些需求，以此与客户建立关系。

马里昂·伍兹是凡妮莎所在分行的三位管理者之一。她曾为湖岸银行工作10年，她为分行的成功而感到自豪。马里昂会根据开户数或者建立关系的数量公开谈论员工的进步，然后根据业绩称赞或者训斥下属。马里昂向凡妮莎强调遵循工作程序和使用脚本的重要性，这些脚本是马里昂提供的，用来成功说服客户开立新账户或接受新服务。

作为新的银行从业者，凡妮莎开立的账户还不多，对自己的胜任力也很不确定。她感受到来自马里昂的威吓，她认为这位管理者不断地观察和评价她。有几次马里昂公开批评凡妮莎，评论她作为个人理财顾问的缺点。凡妮莎努力工作以提高销售额，这样她就可以避免马里昂的烦扰。

凡妮莎所在分行的另一位管理者布鲁斯·德克斯特已在湖岸银行工作14年。布鲁斯刚开始是做出纳，通过努力升任分行经理。作为一名管理者，布鲁斯负责召开银行员工的周一晨会。在这些员工会议上，布鲁斯会报告当前新账户数量以及新账户的目标数量。他还列出了个人理财顾问已经建立起来的新关系的数量。会议结束后，布鲁斯返回办公室，伏案工作，他很少与他人互动。凡妮莎喜欢布鲁斯回到他的办公室，因为这样她就不用担心她的业绩会受到审查。但是，有时当凡妮莎试图帮助客户解决的问题超出了她有限的银行知识，她会感到有压力，因为布鲁斯并没有给她提供任何管理上的支持。

分行的第三位管理者是希瑟·阿特伍德。希瑟去年刚开始在湖岸银行工作，但是此前在另一家银行已经工作了9年。凡妮莎发现希瑟经常能给下属提供帮助。当凡妮莎向客户介绍自己的时候，希瑟经常会过来，确认一切都进展顺利。当希瑟与不满的客户或拥有复杂要求的客户通电话的时候，希瑟允许凡妮莎旁听，所以凡妮莎可以学到如何处理类似的问题。希瑟信任员工，喜欢看到他们成长，她激励他们的方式是组织比赛，看看谁开户数量最多，并能在他们与客户互动不合要求时提供有益反馈。凡妮莎非常感激来自希瑟的建议和支持。凡妮莎非常尊敬希瑟，因为她既能干又和善。

凡妮莎即将结束三个月的考查期，她很紧张的是，她可能会被解雇，依据是她的销售业绩很差，布鲁斯和马里昂对她的表现给予的是负面反馈。凡妮莎决定请教希瑟，内容涉及即将到来的考查以及可能会有怎样的预期结果。希瑟让凡妮莎确信，她工作表现良好，很有希望，即使她的业绩数量没有达到经验丰富的银行从业者的水平。不过，凡妮莎仍然担心布鲁斯和马里昂。她与布鲁斯的说话次数几乎没有超过两次，她很怕马里昂，她感觉马里昂这位管理者总是到处走动，嚷嚷着工作业绩。

问题

1. 根据 X 理论和 Y 理论的假设，你会如何描述三位管理者的领导理念和领导风格？他们对凡妮莎的态度会以何种方式影响他们的领导？

2. 在这种类型的客户服务情景中，哪种领导风格对于银行实现其目标是最有效的？从银行的角度来看，哪位管理者表现出最恰当的领导行为（如果有的话）？请讨论。

3. 你会对每位管理者提出什么建议以提升他们在银行内的领导技能？

4. 你觉得凡妮莎为 3 个月考查期能够做哪些准备？

4.2 领导风格问卷

目的

1. 确定你的领导风格
2. 审视你的领导风格与其他领导风格有何联系

指导语

1. 对于以下每句陈述，圈出数字以表示你同意或者不同意的程度。
2. 凭第一印象回答，答案没有对错之分。

陈述	完全不同意	不同意	中立	同意	完全同意
1. 员工需要严密监管，否则他们不可能做好自己的工作。	1	2	3	4	5
2. 员工想参与决策过程。	1	2	3	4	5
3. 在复杂情境中，领导者应该让下属靠自己独立解决问题。	1	2	3	4	5
4. 公平地说，在一般人群中，大多数员工是懒惰的。	1	2	3	4	5
5. 成为优秀领导者的关键是提供指导、不给压力。	1	2	3	4	5
6. 在下属工作的时候，领导者不要干涉。	1	2	3	4	5
7. 通常来说，要想激励员工实现组织目标，必须对他们实行奖励或者惩罚。	1	2	3	4	5
8. 大多数员工喜欢来自领导者的支持性沟通。	1	2	3	4	5
9. 通常来说，领导者应该允许下属对他们自己的工作进行评价。	1	2	3	4	5
10. 大多数员工对工作感到没有把握，需要接受指导。	1	2	3	4	5
11. 领导者需要帮助下属承担责任以完成工作。	1	2	3	4	5
12. 领导者应该给下属完全的自由，靠他们自己解决问题。	1	2	3	4	5
13. 领导者是团队成员绩效的主要评判者。	1	2	3	4	5
14. 帮助下属激发出他们的工作"热情"是领导者的职责。	1	2	3	4	5

4.2 领导风格问卷

（续）

陈述	完全不同意	不同意	中立	同意	完全同意
15. 在大多数情况下，员工希望领导者尽量少地介入他们的工作。	1	2	3	4	5
16. 高效的领导者都要下达命令，给出详细说明程序。	1	2	3	4	5
17. 人们基本上都是称职的，如果给了任务都会做好工作。	1	2	3	4	5
18. 在一般情况下，最好让下属独自完成工作。	1	2	3	4	5

计分

1. 第 1、4、7、10、13、16 项目的分数相加（威权型领导）。
2. 第 2、5、8、11、14、17 项目的分数相加（民主型领导）。
3. 第 3、6、9、12、15、18 项目的分数相加（放任型领导）。

总分

威权型领导 _____

民主型领导 _____

放任型领导 _____

分数解释

该问卷旨在测量三种常见的领导风格：威权型、民主型、放任型。通过比较你的分数，你可以确定在你自己的领导风格中哪些风格是主要的，哪些是次要的。

如果你的分数是 26~30，你处于非常高的范围。

如果你的分数是 21~25，你处于较高的范围。

如果你的分数是 16~20，你处于中等的范围。

如果你的分数是 11~15，你处于较低的范围。

如果你的分数是 6~10，你处于非常低的范围。

4.3 观察练习

领导风格

目的

1. 认识威权型、民主型、放任型领导风格
2. 比较三种领导风格的相同之处和不同之处

指导语

1. 在过去 10 年你接触的所有教练、教师、音乐指挥和管理者中，选出一位威权型领导者、一位民主型领导者、一位放任型领导者。

   威权型领导者（姓名）_____

   民主型领导者（姓名）_____

   放任型领导者（姓名）_____

2. 在另一页纸上，简要介绍每位领导者的独特特征。

问题

1. 你观察到每位领导者试图影响你的方式有何区别？

2. 领导者使用奖励和惩罚的方式有什么不同？

3. 你观察到其他人是如何应对每位领导者的？

4. 在哪位领导者之下你的工作效率最高？为什么？

4.4 反思与行动清单

领导风格

反思

1. 当你思考 X 理论和 Y 理论假设的时候，你如何描述你自己的领导理念？

2. 三种领导风格（威权型、民主型、放任型），哪种风格对你来说最容易做到？请描述当你采用这种风格时人们对你会有何反应。

3. 民主型领导的要素之一是帮助下属承担他们自己的责任。在帮助他人实现自助方面，你如何评价你自己的能力？

行动

1. 如果你尝试强化你的领导理念，在人性和工作的假设方面，你应该做出哪些改变？

2. 当你查看领导风格问卷的结果时，你最想改变哪些分数？你怎么做才能产生那些变化？

3. 列出你可以用来改善你的领导风格的三项具体活动。

4. 如果你做出这些改变，将会对其他人产生什么影响？

参考文献

Bryant, A. (2013, January 26). If supervisors respect the values, so will everyone else. *The New York Times*. Retrieved from http://www.nytimes.com/2013/01/27/business/victoria-ransom-of-wildfire-on-instilling-a-companys-values.html?_r=0

Coster, H. (2012, October 19). Victoria Ransom's wild ride. *Fortune*. Retrieved from http://tech.fortune.cnn.com/2012/10/19/victoria-ransom-wildfire/

Lewin, K., Lippitt, R., & White, R. K. (1939). Patterns of aggressive behavior in experimentally created "social climates." *Journal of Social Psychology*, 10, 271–299.

McGregor, D. (1960). *The human side of enterprise*. New York: McGraw-Hill.

White, R., & Lippitt, R. (1968). Leader behavior and member reaction in three "social climates." In D. Cartwright & A. Zander (Eds.), *Group dynamics* (pp. 318–335). New York: Harper & Row.

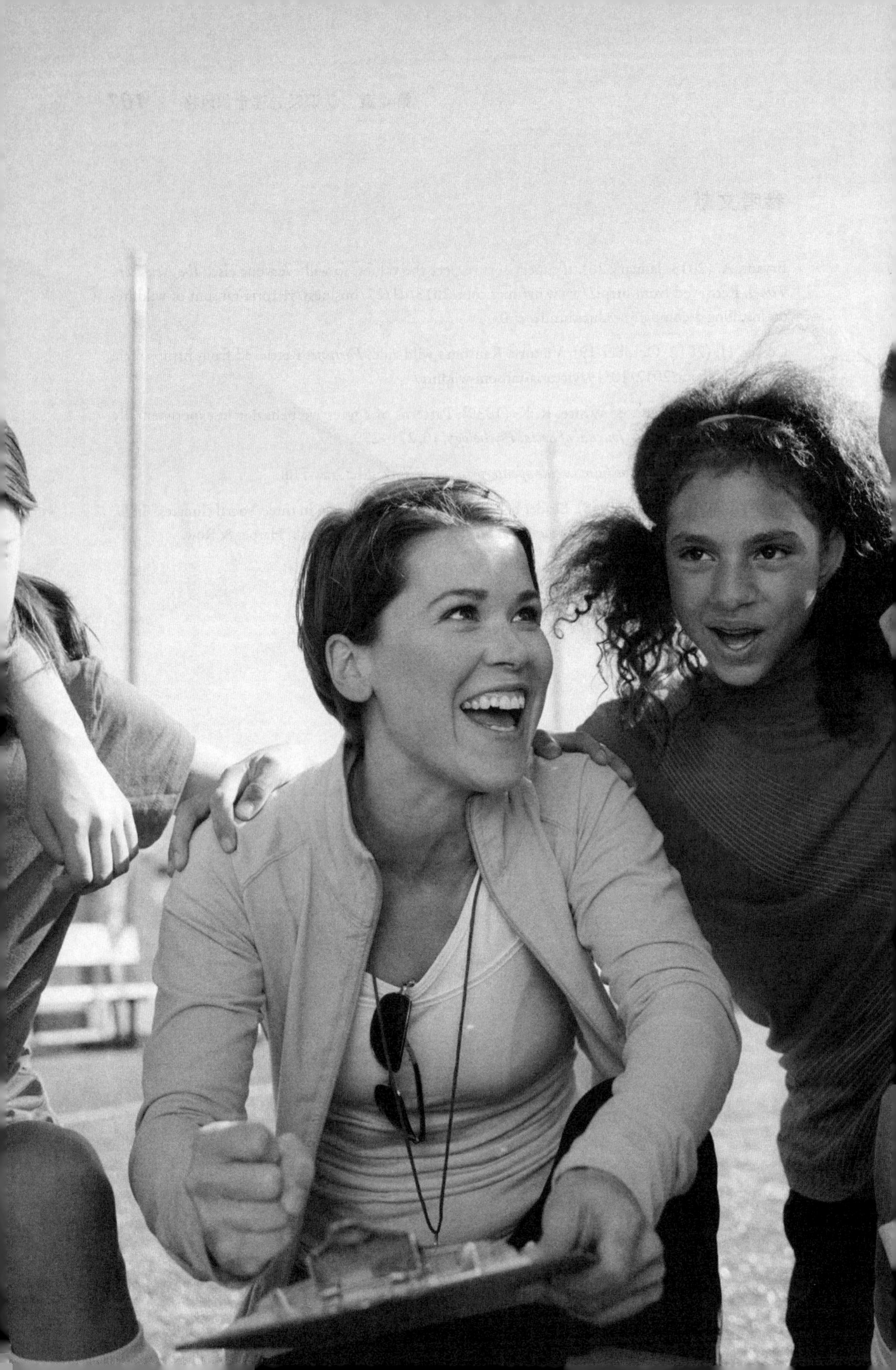

第5章

关注任务和关系

概　述

大多数人会同意，好医生是治疗疾病的专家，并且同时关心他们的病人。同样，好教师学科知识渊博，并且同时也体贴学生的个人生活。领导也是如此。优秀的领导者明白工作需要完成，并且同时能够与帮助他们完成工作的人和谐相处。

当我们考察领导者都做些什么，即观察他们的行为时，我们看到他们主要做两件事：（1）他们关注任务，（2）他们关注他们与他人的关系。领导者能否成功取决于这两种行为表现。情境可能会存在差异，但是每个领导情境既需要一定程度的任务行为，也需要一定程度的关系行为。

这些年来，许多文章和书籍撰写的内容涉及领导者的行为表现（Blake & McCanse, 1991; Kahn, 1956; Misumi, 1985; Stogdill, 1974）。对这些著作的回顾突出了本章的主题：领导行为在本质上有两个维度——任务行为和关系行为。某些情境下可能需要强烈的任务行为，其他情境下可能需要强烈的关系行为，但是每种情境都对每种行为有一定程度的需求。由于这两个维度紧密地联系在一起，因此领导者面临的挑战是：如何在自己的领导角色中整合和优化任务维度和关系维度。

为了探索我们领导行为的任务维度和关系维度，方法之一就是考察在这两个领域中我们的**个人风格**（personal styles）。我们所有人都已经形成了有关工作和娱乐的独特习惯，很多年来已经根深蒂固，其发端时间很可能追溯到小学阶段。这些与工作和娱乐有关的习惯源于过去，构成了有关我们是什么样的人以及我们如何发挥作用非常真实的一个部分。多年以来的习惯一直陪伴着我们，影响着我们目前的个人风格。

在思考个人风格时，更详细地描述你的任务导向和关系导向行为是有帮助的。你对任务和关系的倾向或偏好如何？在你的个人生活中，你更关注工作还是更关注人？你觉得"做事情"或"与人相处"，哪个能得到更多回报？我们每个人的个人风格都是工作和娱乐的某种组合。填写本章最后的"任务和关系问卷"可以帮助你识别你的个人风格。虽然这些描述意味着一个人要么是这种风格要么是那种风格，但是，重要的是要记住，我们每个人在这两种行为上都会有一定程度的表现。

任务和关系风格的阐释

任务风格

任务导向的人是指向目标的。他们希望实现目标。他们的工作是有意义的，他们喜欢的事物包括"待办事项"清单、日程表和每日计划。完成任务和做事情是这类人存在的理由。也就是说，这些人存在的理由来自做事。他们的"收件箱"从来都不会空着。即便在度假的时候，他们也试图尽量地多看和多做。在他们的生活道路上，他们在做事中寻求意义。

精神病学家杰伊·罗里奇在他的著作《工作和爱情：重要的平衡》（*Work and Love: The Crucial Balance*）（1980）中，清晰地展示了工作如何帮助人们组织、规范和构建自己的生活。做事给人以控制感和自主感。成就能强化自我形象，帮助我们定义自我。达到目标，例如跑完一段路程或完成一个项目，会使人感觉良好，因为这是对自己的肯定和证明。

任务导向型的人会有如下表现：在日常计划中使用颜色代码，家里每个房间都有记事贴，周六上午10:00已经完成洗车、洗衣和房间清洁等工作。任务导向型的人也很可能为每件事情都要写一个清单，从超市购物到做几组举重练习。这些人的共同特点是：他们都对实现目标和完成工作感兴趣。

关系风格

关系导向型的人与任务导向型的人是不同的，因为他们不受目标引导。关系导向型的人在存在中而非做事中发现意义。关系导向型的人不是要找到任务，而是要与人接触、建立联系。他们喜欢庆祝已经建立的关系，喜欢关系给他们带来的乐趣。

此外，关系导向型的人往往注重当下。他们善于发现此刻的意义，而不是在未来要完成的目标中发现意义。在团队情境中，感觉到有其他人的陪伴能够吸引这些人。他们被有些人描述成"关系迷"。他们是飞机起飞前最后关闭手机的人，是飞机降落后最早开机的人。总之，他们时刻处在与人的联结之中。

在工作环境中，关系导向型的人希望联络或接触其他人。例如，关系导向型的人不怕打断正在一项任务上努力工作的人，然后与对方谈论天气、体育或者其他任何话题。在解决问题的时候，关系导向型的人喜欢与他人讨论问题，与他人一起解决问题。他们在与他人保持联结的过程中获得满足感。一位任务导向型的朋友巧妙地描述了一位关系导向型的人，他说："他是这种类型的人，

领导快照：米克·威尔兹，Sur-Seal 企业卓越事业部总监

创新是制造业生存的关键，而米克·威尔兹证明了这一点，他因此而获得荣誉。威尔兹是美国俄亥俄州辛辛那提市 Sur-Seal 企业卓越事业部总监，他在制造流程方面的变革，使得该公司于 2012 年获得 AME 制造业卓越奖。在这个行业中，任务和程序绝对至关重要，事实上，正是威尔兹完成任务采用的独特关系取向产生了重大影响。

威尔兹从小患有阅读障碍，阅读、写作和拼写都非常困难。在他成长的 20 世纪 50 年代末和 60 年代中期，人们对该病症的了解并不多。威尔兹说，他的童年是孤独和艰难的。但是母亲和老师非常支持和鼓励他，帮他先后转学到五所语法学校，以便能找到最佳帮助。

高中毕业后，威尔兹开始在家族企业 Sur-Seal 做建筑维护，该公司制造橡胶和塑料垫片。在 20 世纪 90 年代，他成为运营部负责人。2006 年，他接任企业卓越事业部总监职位，该部门承担的任务是要使制造流程的效率达到最高。他做出的努力之一是启动工厂布局的重新设计，把工作组转移到生产车间的新位置，以提高生产效率（www.sur-seal.com）。

因为有阅读困难，所以威尔兹主要依靠视觉沟通，这也是他决定采用展示而不是讲述的方式向员工传达重新设计事项的原因之一。他使用儿童乐高（Lego）积木装配出工厂当前布局的模拟版本，使用乐高小人来代表每个工人。他在员工面前改变了乐高布局，展示了新设计。由于员工就站在演示面前，他们能够看懂计划，提出建议，并参与到重新设计之中。

威尔兹在工厂的其他场合也努力采用视觉沟通，使得 Sur-Seal 成了视觉化工厂。每台机器上都张贴了提供安全指示的大幅招贴和标志、设备操作说明以及产品图解。

威尔兹的奋斗和成长经历，使他成了一个很有同情心的老板。"因为我年轻的时候遇到过困难，我相信，应该以我喜欢被他人对待的那种方式来对待他人。我会给员工第二次机会，因为我知道奋斗是一种怎样的过程，"威尔兹说。例如，他谈到当年公司的一名维修工人被给予几次机会来改善其工作习惯，最后他成功了，还当上了部门负责人，成为了 Sur-Seal 公司制造创新的领导者。

"我们雇佣了很多高中毕业生，他们不想去上大学，因为他们觉得那太难了，"威尔兹说，"你必须在巴士上为每个人都找到座位。我就是一个很好的例子"（Wilz, 2012）。

站着和你说话，手里捧着一杯咖啡，而此刻的你，却正在努力做着诸如修剪草坪或者打理你的小船之类的事情。""做事"对于关系导向型风格的人来说恰恰不是最重要的。

实践中的任务和关系风格

在上一节中，我们要求你思考有关任务和关系的个人风格。在本节中，我们将思考你的领导风格的任务和关系维度。

图5.1显示了沿着任务—关系连续体的领导维度。**任务导向型领导**（task-oriented leadership）显示在连续体最左端，代表主要关注程序、活动和目标实现。**关系导向型领导**（relationship-oriented leadership）显示在连续体最右端，代表主要关注下属的福祉、他们之间如何相处以及他们的工作氛围。大多数领导处于任务导向和关系导向这两种极端之间的某个位置。这种领导风格代表中间型（midrange）领域，是两种领导类型的混合。

正如本章开头讨论的，优秀领导者理解需要完成的工作，同时也需要理解将要完成这些工作的人。"做事"的领导过程需要领导者同时关注任务和关系两个方面。对于领导者来说，其面临的具体挑战是在特定情境中分别需要多少任务和多少关系。

图5.1 任务—关系领导连续体

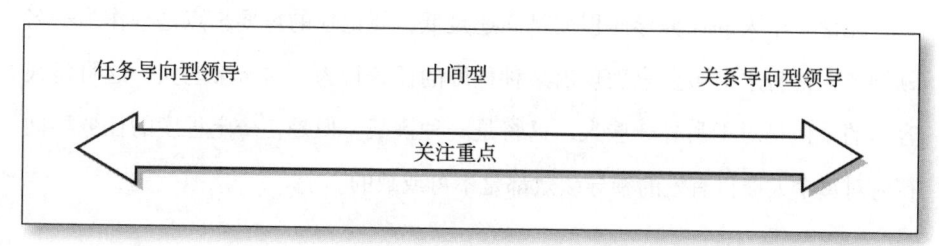

| 任务导向型领导 | 中间型 | 关系导向型领导 |

关注重点

任务型领导

任务型领导行为有利于目标实现——这些行为有助于团队成员实现其目标。研究人员发现，任务型领导表现出很多行为，这些行为常常被贴上不同标签，但是都涉及任务完成。例如，有些人给任务型领导贴的标签是**创建结构**（initiating structure），这意味着领导者需要组织工作、定义岗位职责、规划工作活动（Stogdill, 1974）。另一些人给任务型领导贴的标签是**生产导向**（production orientation），这意味着领导者强调工作的生产和技术方面（Bowers & Seashore, 1966）。从这个角度来看，领导者注重新产品开发、工作量、销售额等方面。任务型领导的第三个标签是**关心生产**（concern for production）（Blake & Mouton, 1964）。它包括政策制定、新产品开发、工作量、销售额，或者组织试图完成的任何事宜。

总之，只要领导者做事以帮助团队实现目标，这时就出现了任务型领导。这些事情可以简单到为即将召开的会议散发会议议程，也可以复杂到描述产品开发过程中的多个质量控制标准。任务型领导表现出许多行为，但所有行为的共同点都是影响人们去实现目标。

正如你所预料的，不同人表现出任务导向型领导的能力有差异。有些人的任务导向程度非常高，也有些人的任务导向程度比较低。个人风格在这里起着重要作用。在个人生活中是任务导向型的人，在领导（行为）中自然比较具有任务倾向或偏好。相反，在个人生活中任务导向程度较低的人，其担任领导者时会发现难以表现出任务导向。

无论一个人的任务导向程度是高还是低，要记住的重要一点是，作为一名领导者，他将永远被要求表现出某种程度的任务行为。对于某些人，这将是很容易的；但是对于另外一些人，这将是一种挑战。但是，一定程度的任务导向行为对每个人取得有效的领导绩效都是不可或缺的。

关系型领导

关系型领导行为有助于下属自我感觉良好，彼此之间感觉良好，对自己所身处的情境感到舒适。例如，在课堂上，当老师要求每位学生知道其他学生的姓名时，老师正在展示的就是关系型领导。老师帮助学生自我感觉良好，对其他学生感觉良好，对他们的环境感到舒适。

研究者已经用几种方式来描述关系型领导，帮助澄清其含义。它被一些研究人员贴的标签是**关怀行为**（consideration behavior）（Stogdill, 1974），其中包括在领导者和下属之间建立友爱、尊重、信任和关心。也有一些研究人员把关系型领导描述为**员工导向**（employee orientation）（Bowers & Seashore, 1966），其中包括格外强调把员工作为人来看待、重视个人独特性，以及特别关注他们的个人需求。另外一系列研究直接把关系型领导定义为**关心人**（concern for people）（Blake & Mouton, 1964）。在组织内，关心人包括建立信任、提供良好工作条件、维护公平的薪酬结构和促进良好的社会关系。

从本质上讲，关系型领导行为涉及三件事情：（1）给予下属以尊严和尊重，（2）建立良好关系和帮助人们和睦相处，（3）把工作环境变成愉悦的场所。关系型领导行为是取得有效领导业绩不可或缺的组成部分。

在我们这个快节奏和高度多元化的社会，领导者面临的挑战是如何腾出时间和精力来倾听所有下属，做些必要的事情，以便与每个人都建立有效关系。对于个人生活中关系导向程度高的人来说，要使领导过程具有关系导向相对容易；对于那些高度任务导向的人来说，要使领导过程具有关系导向就会面临较大挑战。不管你的个人风格怎样，每个领导情境都需要一定程度的关系型领导行为。

正如本章开头讨论的，任务和关系领导行为紧密地联系在一起，领导者所面临的挑战就是如何以最佳方式结合两种风格，同时又能有效地适应下属的需

专栏 5.1　学生对任务和关系风格的观点

以下例子是大学生撰写的个人观察笔记。这些小短文阐述了实际生活经验中任务导向和关系导向的显著差异。

嗜好任务

我绝对是任务导向型的人。我母亲告诉我她喜欢列清单，我父亲向我灌输了事情一旦开始就要完成的价值观。结果，我在生活各个方面都是高度组织化的。我有一本彩色编码的记事簿，上面记录了所有待办事情，我喜欢从待办清单中把事情依次划掉。我的一些朋友说我是工作狂，但我不这样认为，只是有很多事情我必须要做。

然而，我的室友斯蒂芬与我完全不同。她口头念叨着每天要做的事情，但通常不会都完成[列出的项目]。这些影响到我的生活时就会让我发疯。例如，当我们搬进宿舍时，房间里到处是盒子，这样大概持续了一个月。斯蒂芬每天都说她会整理，但是很不幸，她一直未能做到。她很容易分心，一次次放过机会，没有整理房间就与朋友外出，登陆 Facebook 发信息，或者在 YouTube 看视频。

不管斯蒂芬的生活使我承受了多大的压力，我还是从中学到了一些东西。通常，我做事情都要安排在最佳时间和恰当地点，但是我越来越意识到，其实我并不需要如此严苛的规划和安排。不管你多么仔细地做计划，事情总是会出差错。不知道是斯蒂芬教会我这些还是我长大了，但是我很高兴，不管怎样还是有所收获。

——杰西卡·伦布克

存在而不是做事

我是一个极端以关系为导向的人。虽然我知道，完成任务很重要，但是我相信，人们所做工作的质量，与他们如何感觉自己，如何感觉他们的领导者有直接联系。

去年我有幸在课外项目中与五年级学生一起做事情。我们处理的问题很多，包括学术问题、行为问题和情绪问题，也有些孩子家庭环境不安全（例如，没有自来水和电，身体和精神受虐待，以及药物成瘾）。我们项目的"目标"是为了帮助这些孩子在学校里取得进步。

政府部门的任务导向型领导者强调通过学校作业、快闪卡和重复测验来提高学生成绩。对于这些学生而言，提高他们的成绩是重要的，因为这是可以用来衡量我们项目是否成功的惟一统计方法。鉴于这些年轻人还是要经历一些个人磨练，在我的"关系导向"思维中的最后一件事才是安排他们在学业上做一些工作。一味地要求这些年轻人盲目完成那些学业任务，致使他们那么多的潜力和智慧被扼杀。此外，在他们的发展道路上有那么多的生活障碍，他们不知道如何自我激发、自我鼓励，不知道如何完成工作。

我的大部分学生都不得不挣扎着去完成作业，他们已经对此感到厌恶，我则没有把重点放在学校作业上，而是花精力搞好我与学生们之间的关系，以及同学与同学之间的关系。我们使用讨论、角色扮演、舞会和领导项目来建立他们的自信和情商。学生们把服务项目整合起来，以改善他们的学校和社区，包括在学校发起垃圾捡拾和回收利用的倡议，为附近养老院制作生日贺卡。到今年年底，我的学生几乎每个人都显著提高了成绩。更重要的是，在我们每天"互相加油"的见面会上，学生们为自己和他人的成功感到骄傲而笑逐颜开。

我想我讲这个故事的一个要点是，对我来说，关系导向型领导要比任务导向型领导更重要。我更重视"存在"而不是"做事"。我不是一个有组织的、目标导向的人，每次走出房子而不需要回去两三次拿遗忘的东西的情况很少。我的注意广度比果蝇还要窄。不过，我觉得我对人际关系和与人联结的热情是激励我的力量。

——伊丽莎白·马修斯

两者交融

风格取向把领导者分为任务导向和关系导向。虽然我同意存在这些领导风格，但是我不同意每个人都只能具体归入其中一种。俄亥俄州立大学的研究很好地指出了存在"两个不同的连续体"。当谈到要确定我在每一个连续体上的位置时，我不得不说，我大概是均衡的。毫不奇怪，我在"任务和关系问卷"上的结果反映了这种想法：我在任务和关系导向两种风格上的得分是相同的，都是 41；我的任务和关系导向是均等的，在某些情境下其中某种风格可能会多一些。

当我真正享受周围有其他人，确保每个人都开心，大家都享受我们的时光，与此同时，我也很专注，而且是目标导向的。如果我与朋友一起看电影，我就不再关心待办事项清单；同样，如果我为学校的团队项目工作，我就不去关注与团队成员交朋友。

完成任务对我很重要。我任何时候都带着日程表，部分原因是因为，如果没有它，我从来不会记起任何事情；还有一部分原因是因为，它带来了满足感和内心的平静。我自己写待办事项清单：超市购物、家务琐事、家庭作业和各种目标。忙碌的时候我很快乐，但是，如果杂乱无章我就不快乐了。例如，这学期我要修 20 学分，向研究生院提交申请，参加研究生入学考

> 试，还要在书店打小工。对于我来说，要承担这么多责任，是令人欣慰的。如果我处于停工状态，我通常会浪费时间，我讨厌那种感觉。
>
> 不过，我也觉得，我也是极为关系导向的。我的任务导向特点并没有真正影响到我与人互动。我想确保人们在所有情况下都自在舒适和充满信心。当我给自己施压把事情做完并遵守日程表时，我从来没有想要把这些压力加到他人身上。如果我是团队领导者，团队事情没有做完，我会以身作则，而不是告诉其他人应该做什么。
>
> 对于我来说，"两个连续体"的观念真的很有道理。我关注任务还是关系，这要视情况而定。虽然我当然想愉快地与他人相处，但是我支持"时间和地点"的态度，根据这种态度，人们要记住在什么时间进行社交是恰当的，以及在什么时间完成工作是恰当的。
>
> ——莎莉·约翰逊

求。例如，一家公司或一个组织拥有大量新雇员工，或者，一所特许学校的主体是新聘人员，那么，任务型领导就是至关重要的。成人健身课教练推出一项新练习也需要运用任务型领导。或者，思考一下，有位病人做了心脏大手术之后回家了，病人家属必须学习如何更换包扎物，如何给病人服药。他们希望医护人员确切地告诉他们该做哪些事情，怎么做。在这些情境下，人们感到不清楚自己的角色和职责，他们希望有一位领导者来澄清自己的任务，告诉他们外界对他们的期望是什么。事实上，几乎每一个团队或情境都有一些个体希望和需要从领导者那里获得任务方向，在这些情况下，领导者展现出强有力的任务导向就显得至关重要。

另一方面，许多团队或情境中都有一些这样的人，他们希望与其他人建立联系和沟通的意愿要多于希望得到指导，这也是事实。例如，在工厂中，在教室里，甚至在像麦当劳这样的工作场所，都会有个体希望领导者与他们交朋友，在人性层面与他们相处。下属愿意工作，但是他们的首要兴趣是得到认同，感觉到与他人和睦相处。一个例子是参加癌症支持小组的个体。他们喜欢从领导者那里接收信息，但是更重要的是，他们想要领导者与他们友好相处。社区赞助的阅读俱乐部的参加者也是如此。他们想谈论书籍，但是他们也希望领导者能以更亲近的方式关怀他们。显然，在这些情况下，领导者需要利用关系导向型行为来与这样的追随者们建立联系。

在社会中，最有效的领导者能识别并适应追随者的需求。无论他们是团队领导者、教师还是管理人员，都应当适当表现出一定程度的任务领导和关系领导。这是个不小的挑战，因为不同的下属和情境需要不同程度的任务领导和关系领导。如果下属不清楚、感到困惑或迷失了方向，那么领导者必须指明方向，表现出任务导向型领导。与此同时，领导者必须能够看到下属具有归属和依恋的需要，领导者要能够满足这些需求，同时又不以牺牲任务的完成为代价。

最后，最佳的领导者应是可以帮助下属实现目标的领导者，既关注任务，又关心作为人的下属。我们都认识这样的领导者：他们是教练，为了提高我们的体能，强迫我们训练，直到我们都累得气喘吁吁；但另一方面，又贴心地倾听我们的个人难题。他们是这样的管理者，一刻都不允许我们偷懒，但是，同时又让工作感到有趣。这样的例子不胜枚举，但是，最低限度是，最佳的领导者既要完成工作，同时又要在工作过程中关心他人。

小　结

优秀领导者既是任务导向型又是关系导向型。了解你在工作和娱乐方面的个人风格有助于更好地认识你的领导行为。任务导向型的人能在做事过程中发现意义，而关系导向型的人能在与他人交往的过程中发现意义。有效领导要求领导者既要有任务导向又要有关系导向。

本章术语

个人风格　　　　　　　　关心生产

任务导向型领导　　　　　关怀行为

关系导向型领导　　　　　员工导向

创建结构　　　　　　　　关心人

生产导向

5.1 案例研究

从二到一

马克·施密特经营着 Co-Ed 清洁公司，该企业雇用大学生在夜间清扫办公室和学校。由于经济低迷，Co-Ed 清洁公司已经失去一些客户，虽然马克在他能想到的所有岗位都进行了裁员，但是，他得出结论，还必须进一步削减。这就需要让两位管理者之中的某一位走人，然后将其工作合并到另一位管理者的领导之下。

丹·卡利管理着清扫学校建筑的学生团队。丹总是四处奔走，在清扫团队正在工作的时候，他会去看望他们。他的员工形容他是一位很有效率的工头，丹制定了工作核查表，员工都必须遵守，完成每项工作都要签字。丹根据效率提出了改进工作流程的很多想法。当工作出了问题，丹坚持要求要向他汇报，让他亲自来解决问题。"丹是一位极为任务导向型的家伙，"他团队的一位成员说，"没有人工作比他更努力，对于我们的工作没有人知道得比他更多。这个家伙一个小时完成的工作量比大多数人一天完成的工作量还要大。我在这里工作的两年时间里，我认为我从来没有看见他停下来休息一下，或者甚至喝杯咖啡。"丹的努力付出帮助 Co-Ed 清洁公司连续三年被评为"最优专业清洁服务公司"。

阿舍·罗兰是清扫小型办公室和商业设施的学生团队的管理人员。阿舍每个晚上有多达 10 支团队工作，他依靠员工自己完成工作，如果有问题则向他报告。他轮流与他的团队一起工作，以便了解他们可能面临的挑战和每一位员工的工作进度。每月一次，他把团队带到餐馆享用"非常工作早餐"，在那里他们谈论体育、天气、政治以及他们的关系和家庭，如果他们有时间，还谈论工作问题。他的一位员工这样描述他："阿舍是一个真正的好人，没有比他更好的老板。如果我有问题，我首先会去找阿舍。他总是支持我们，当我们有想法或问题时他愿意倾听，但是允许我们以自己认为的最佳方式来处理我们自己的工作。他相信我们会做好正确的事情，我们相信他对我们是公平和真诚的。"

马克既喜欢丹也喜欢阿舍，他们都是优秀的管理者，各有特色。但是马克发愁的是，每位管理者的个人风格是否会影响其承担另一位管理者原有的工作职责。他必须让一位管理者走人，但是他不知道该如何选择。

问题

1. 运用本章理论,描述丹和阿舍的领导风格。

2. 阿舍的员工习惯于按照他们自己的方式来管理自己,他们对丹的任务导向型风格会做出什么反应?

3. 丹的员工习惯于接受明确的指导和程序,他们对阿舍的关系导向型风格会做出什么反应?

4. 如果你是 Co-Ed 清洁公司的员工,你希望马克让丹还是阿舍走人?解释你的选择。

5.2 任务和关系领导问卷

目的

1. 确定你在生活中强调任务和关系行为的程度
2. 探索你的任务行为与关系行为有什么关系

指导语

对于以下每个项目，在量表上指出你在多大程度上表现出所描述的行为。尽量快速答题。不要试图把自己归入这种类型或者那种类型。

陈述	从未	很少	有时	经常	始终
1. 把必须完成的事情写入"待办事项"清单。	1	2	3	4	5
2. 尽量让他人感到工作有乐趣。	1	2	3	4	5
3. 敦促他人专注于手头工作。	1	2	3	4	5
4. 对于他人的个人幸福表现出关心。	1	2	3	4	5
5. 给必须完成的工作设置时间表。	1	2	3	4	5
6. 帮助团队成员和睦相处。	1	2	3	4	5
7. 在核查表上标注哪些工作已经完成。	1	2	3	4	5
8. 倾听团队每位成员的特殊需要。	1	2	3	4	5
9. 向他人强调项目的规则和要求。	1	2	3	4	5
10. 花时间探索其他人关于项目的想法。	1	2	3	4	5
11. 密切注意项目的最后期限。	1	2	3	4	5
12. 友好对待团队其他成员。	1	2	3	4	5
13. 明确团队每个成员的工作职责。	1	2	3	4	5
14. 对团队其他成员的想法表示支持。	1	2	3	4	5
15. 强调团队的绩效标准。	1	2	3	4	5
16. 与团队其他成员谈论他们的个人关切。	1	2	3	4	5
17. 使团队其他成员关注目标。	1	2	3	4	5
18. 重视每个人对团队的独特贡献。	1	2	3	4	5
19. 严格遵守规则和章程。	1	2	3	4	5
20. 对团队中的其他人表达出积极情感。	1	2	3	4	5

5.2 任务和关系领导问卷
（续）

计分
1. 奇数项目的分数相加（任务分数）。
2. 偶数项目的分数相加（关系分数）。

总分
任务分数：_____

关系分数：_____

分数解释

该问卷旨在测量你的任务导向型和关系导向型的领导行为。通过比较你的分数，你能够确定哪种风格在你自己的领导风格中更占优势。如果你的任务分数高于关系分数，你倾向于更多关注实现目标，在某种程度上较少注意与人有关的事情。如果你的关系分数高于任务分数，则说明你首要关注的是人际关系，然后你的关注点才指向任务。如果你两方面的分数非常接近，这意味着你的领导风格是平衡的，包含着等量的两种行为。

如果你的分数是 45~50，你处于非常高的范围。

如果你的分数是 40~44，你处于较高的范围。

如果你的分数是 35~39，你处于稍高的范围。

如果你的分数是 30~34，你处于稍低的范围。

如果你的分数是 25~29，你处于较低的范围。

如果你的分数是 10~24，你处于非常低的范围。

5.3 观察练习

任务和关系

目的

1. 了解领导如何同时包含任务行为和关系行为
2. 比较不同领导者的任务行为和关系行为的差异

指导语

1. 接下来几天，观察两位不同领导者（例如，教师、体育教练、合唱团指挥、餐厅经理、工作主管）的领导风格。
2. 记录你对每个人风格的观察。

领导者 1（姓名）_____

任务行为	关系行为
• _____	• _____
• _____	• _____
• _____	• _____
• _____	• _____

领导者 2（姓名）_____

任务行为	关系行为
• _____	• _____
• _____	• _____
• _____	• _____
• _____	• _____

问题

1. 你观察到两位领导者之间有何差异？
2. 对于任务导向程度最高的领导者你观察到了什么？
3. 对于关系导向程度最高的领导者你观察到了什么？
4. 你认为如果你处于这些领导职位中的各个职位，你的有效性程度有多高？

5.4 反思与行动清单

任务和关系

反思

1. 思考本章讨论的内容和你自己的领导风格,你如何描述在任务导向和关系导向方面你自己的风格?你的优势和弱点是什么?

2. 关于任务风格和关系风格你有何偏见?你的偏见如何影响你的领导力?

3. 领导者所面临的最困难的挑战是如何把他们的任务行为和关系行为结合起来。你认为这在你自己的领导行为中是一个挑战吗?你如何结合任务和关系行为?

行动

1. 如果你要努力改善你的领导力,你将改变你风格中的哪个方面?你会尝试变得更加任务导向还是更加关系导向?

2. 确定你能实施的三个具体的任务或关系的变化。

3. 当你试图做出这些改变的时候你会遇到什么障碍?

4. 假如你相信这种改变将会提高你的整体领导力,你可以做哪些事情(即,你可以采用哪些策略)来克服你在行动项目 3 中提到的障碍?

参考文献

Blake, R. R., & McCanse, A. A. (1991). *Leadership dilemmas: Grid solutions*. Houston, TX: Gulf Publishing.

Blake, R. R., & Mouton, J. S. (1964). *The managerial grid. Houston*, TX: Gulf Publishing.

Bowers, D. G., & Seashore, S. E. (1966). Predicting organizational effectiveness with a four-factor theory of leadership. *Administrative Science Quarterly*, 11, 238–263.

Kahn, R. L. (1956). The prediction of productivity. *Journal of Social Issues*, 12, 41–49.

Misumi, J. (1985). *The behavioral science of leadership: An interdisciplinary Japanese research program*. Ann Arbor: University of Michigan Press.

Rohrlich, J. B. (1980). *Work and love: The crucial balance*. New York: Summit Books.

Stogdill, R. M. (1974). *Handbook of leadership: A survey of theory and research*. New York: Free Press.

Wilz, M. (2012, December 29). Don't just talk about change. Show it [as told to P. R. Olsen]. *The New York Times*. Retrieved from http://www.nytimes.com/2012/12/30/jobs/the-visual-workplace-and-how-to-build-it.html

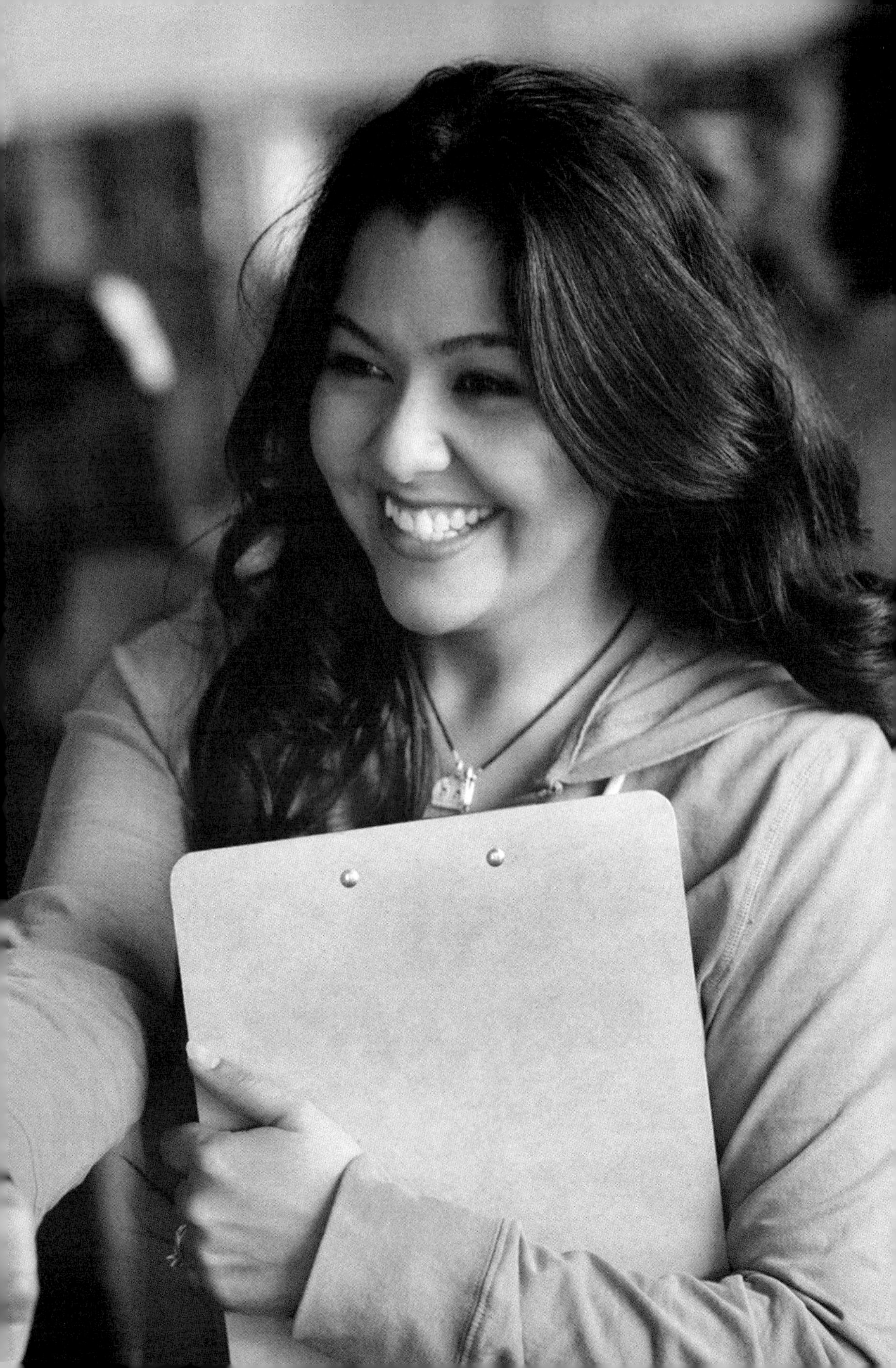

第6章

培养领导技能

概 述

无论是弹吉他，玩视频游戏，还是投资股票市场，如果我们想要取得成功，生活中的大部分活动都需要我们拥有技能。这也同样适用于领导（活动）——技能是必需的。正如我们在第1章中讨论到的，领导技能是指领导者能够在绩效中表现出来的、习得的（工作）胜任力（Katz, 1955）。领导技能给人以影响他人的能力。它们是成功领导的重要组成部分。

虽然技能在领导过程中起重要作用，但是很少受到研究人员关注（Lord & Hall, 2005; T. Mumford, Campion, & Morgeson, 2007）。100多年来研究的重点一直是领导特质，而不是领导技能。然而，在过去10年里，研究重点已经发生变化，领导技能正在受到研究人员和从业人员越来越多的关注（M. Mumford, Zaccaro, Connelly, & Marks, 2000; Yammarino, 2000）。

虽然有许多不同的领导技能，但是，它们经常被视为技能群。在本章中，领导技能分为三类：行政技能、人际技能和概念技能（见图6.1）。下一节详细介绍每种技能，并探讨其影响领导过程的独特方式。

图 6.1 主要领导技能模型

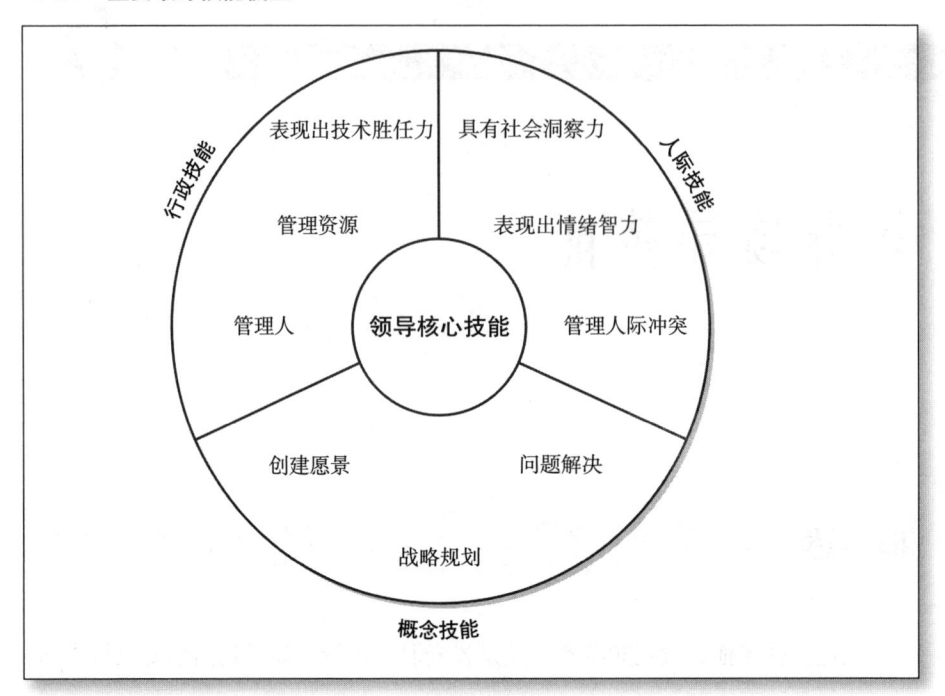

```
                     行政技能
        表现出技术胜任力    具有社会洞察力
                                      人际技能
         管理资源         表现出情绪智力

         管理人    领导核心技能    管理人际冲突

         创建愿景         问题解决

                  战略规划
                  概念技能
```

行政技能的阐释

虽然行政技能经常因为缺乏魅力和刺激性而不受重视,但是,**行政技能**(administrative skills)对有效领导发挥着重要作用。行政技能可以帮助领导者完成日常工作,而且它是展现领导力非常重要的方面。有些人甚至认为行政技能是领导者所有必备技能中最根本的技能。

什么是行政技能?行政技能是指领导者运行组织以实现组织宗旨和目标的胜任力。这些技能涉及规划、组织工作、分配正确任务给正确的人以及协调工作活动(Mann, 1965)。

实践中的行政技能

为了便于讨论，行政技能又被分成三组具体技能：(1) 管理人，(2) 管理资源，(3) 表现出技术胜任力。

管理人

如果被问到什么占据了大部分时间，无论营利性组织还是非营利性组织，任何领导者都会回答："管理人。"很少有领导者没有能力管理员工还能把领导工作做好。走动式管理（management by walking around）这种说法捕捉住了管理人的精髓。有效领导者要与人接触、联系，并且要了解需要完成哪些任务、完成任务必须具备哪些技能，以及人们工作所处的环境。知道这些情况的最好办法就是参与进去，而不是做旁观者。对于领导者来说，与人有效相处需要多种能力，例如，帮助员工以团队形式一起工作，激励他们尽自己所能，提升员工关系的满意度，应对员工的请求。领导者也必须找时间处理员工的紧急事务。员工问题是任何领导者都不能回避的现实。员工来找领导者询问某个问题如何解决，领导者必须给予恰当的回应。

领导者还需要注意招聘和留住员工。此外，领导者还须与其董事会进行有效沟通，需要沟通的还包括外部支持者，例如，公众、股东或者持有公司股权的任何外部群体。

思考一下内特·帕克的领导（活动），他是课后娱乐项目的负责人，该项目提供服务给大都会社区的 600 名儿童。内特的项目得到政府 80 万美元拨款的资助。它为缺少支持的儿童及其家庭提供学业、健身和强化训练活动。内特有管理人员帮助他在五个不同的公立学校运营课后项目。内特自己的职责包括安排和举办员工会议、招募新员工、更新合同、撰写新闻稿、与员工一起工作，并与外部支持者建立联系。内特感到非常自豪的是，他已经与市政府和他工作所在学区建立了崭新和密切的联系。在他负责这个项目之前，学校与市政府之间的关系很紧张。通过与不同群体进行有效沟通，内特能够把整个社区团结在一起，共同服务于儿童。他现在正在研究建立全市系统课后支持项目的可能性。

管理资源

虽然非领导者可能并不太清楚，也不太关注，但是，领导者往往必须花费大量时间用于解决资源问题。资源是组织的命脉，包括人员、资金、物资、设备、空间或者组织运营所需的任何其他东西。管理资源需要领导者在获取和分配资源两个方面具有胜任力。获取资源包括许多不同活动，如订购设备、寻找工作空间或者为特别项目筹集资金。例如，一所初中越野赛跑教练想更换团队过时的制服，但是没有资金。为了购买新制服，教练与体育主任商议追加资金。教练还鼓励后援俱乐部的一些家长给予几位成功的资金募集者以更多的支持。

领导者除了获取资源，还需要分配资源给新员工或者新的员工激励计划，或者更换旧设备。虽然领导者可能经常聘请工作人员协助自己管理资源，但是，资源管理的最终责任在于领导者。正如美国前总统哈里·杜鲁门的办公桌上写着："责任止于此。"

表现出技术胜任力

技术胜任力（technical competence）是指拥有与我们的工作或者要求他人做的工作相关的专业知识。在组织情境中，它包括了解组织运行的机制。拥有技术胜任力的领导者已经掌握了组织的专门技能，即了解组织运行的所有复杂的方面。例如，大学校长应该熟悉教学、科研、招生和学生续读；篮球教练应该熟悉运球、传球、投篮和抢篮板球的基本知识；销售管理人员应该透彻了解销售人员所销售的产品。总之，如果领导者对于要求下属所执行的活动拥有相应的知识和技术胜任力，那么该领导者就是有效能的。

技术胜任力有时称为"职能胜任力"，因为它是指一个人在一个特定的职能或领域是有胜任力的。没有人被要求能够胜任生活的各个方面。因此，领导者不需要在每种情境中都具有技术胜任力。拥有技术技能意味着在特定工作领域，即一个人担任领导的领域，拥有胜任力。

从乐队指挥的例子中可以看到技术胜任力的重要性。乐队指挥的工作是指导乐队排练和表演。为了做好这份工作，乐队指挥需要的技术胜任力涉及节奏、音乐合成和所有乐器以及如何演奏这些乐器。技术胜任力向乐队指挥提供了必需的洞察力，以指挥众多不同的音乐家成功地一起演奏。

人际技能的阐释

除了行政技能，有效领导还需要人际技能（见图6.1）。**人际技能**（interpersonal skills）是与人有关的技能，即帮助领导者与下属、同事和上级一起有效工作以实现组织目标的那些能力。虽然有些人不重视人际技能的重要性，甚至贬低它们为"感情用事"和无关紧要，但领导学研究一致指出人际技能对于有效领导至关重要（Bass, 1990; Blake & McCanse, 1991; Katz, 1955）。

实践中的人际技能

人际技能可以分为三个部分：(1)具有社会洞察力，(2)表现出情绪智力，(3)管理人际冲突。

具有社会洞察力

为了成功地领导组织进行变革，领导者需要对自己与他人的想法是否一致具有敏感性。**社会洞察力**（social perceptiveness）包括领悟和意识到对于他人来说什么是重要的，他们是如何受到激励的，他们所面临的难题是什么，以及他们对变革有什么反应。它涉及认识组织不同支持者的独特需求、目标和要求（Zaccaro, Gilbert, Thor, & Mumford, 1991）。具有社会洞察力的领导者拥有敏锐直觉，知道员工将会对组织拟议中的变革做何反应。在某种意义上，你可以说社会洞察力强的领导者在任何时候、任何问题上都能号准员工的脉搏。

领导要进行变革，组织中的人往往抗拒变革，因为他们喜欢事物保持不变。新奇想法、不同规则或者做事情的新方式经常被视为具有威胁性，因为它们与人们的习惯做法不一致。具有社会洞察力的领导者如果能清楚地认识到，他所提出的变革将会对相关者产生怎样的影响，那么他就可以更有效地创造变革。

有一个例子能够很好说明社会洞察力的重要性，这就是 2008 年春天密歇根大学围绕毕业典礼所发生的事情。该校预期五千名学生将毕业，预计毕业典礼上会有三万名观众。前几年，该校春季毕业典礼传统上都在足球场举行，因为场地大小合适，所以它常被称为"大房子"。然而，由于球场正在进行大修，学校被迫变更场地，决定将毕业典礼举办地点移至附近的东密歇根大学露天体育场。当学校宣布地点变化后，学生、家长和校友立即做出负面回应。他们表达出强烈的反对意见，并进而引发了一场动荡。

显然，大学领导层没有意识到毕业典礼举办地点对于毕业生和家长的重要意义。在"大房子"里毕业是传统，因此变更地点对许多人来说是不愉快的。很多电话打到了校长办公室，有些评论发表在新闻媒体上。学生们不想在另一所大学的校园里毕业。他们认为应该在自己的校园里毕业。有些学生、家长和校友甚至威胁，声称未来将拒绝向学校提供赞助。

领导快照：科奎思·华盛顿，宾夕法尼亚州立大学女子篮球队主教练

科奎思·华盛顿显然很早就拥有了日后确立其地位的技能。她从小在美国密歇根州弗林特市长大，她在那里的高中演奏过七种乐器，曾经连续两年当选全州女子篮球选手，并获得奖学金进入圣母大学学习。她利用三年在圣母大学完成学业，获得历史学学士学位。她在家乡做了一年高中特殊教育教师之后，重返母校圣母大学，在法学院获得法学博士学位。

但是，她最终将在哪里……连她也没有想到会有今天。

华盛顿是位天才的篮球运动员，她在高中就擅长篮球运动，这使她能进入圣母大学打球。即便如此，她说她的梦想一直是做执业律师。

但是，法学院毕业后，她阴差阳错地被招募和选拔为美国篮球联盟（ABL）的波特兰动力队队员，该联盟是存在时间不长的女子职业篮球联盟。一年后，她加入了美国女子职业篮球协会（WNBA），先是为纽约自由女神队打球，然后转会到休斯顿，帮助彗星队赢得WNBA冠军。她被交换到印第安纳热队，指导该球队有史以来第一次进入淘汰赛，她成为WNBA历史上第一位带领三支不同球队参加季后赛比赛的球员和教练。

前队友丽贝卡·路宝介绍华盛顿是"一位聪明好学的队友。她能够融入任何人群，并且能够获得每个人的尊重，因为她能无须妥协地与大家融为一体"（Haverbeck, 2007）。

WNBA的赛季是在夏天，这使得华盛顿能在比赛淡季回到圣母大学担任前教练玛菲特·麦格劳的助手，开始她的教练生涯。"她没有任何经验，但是我认为她会干得很好，"麦格劳说，"我想给她这次机会，看看我是否能说服她试试看，而她做得很好。我想她发现了她的热情"（McKenna, 2013）。

正是在这期间，华盛顿的法律技能也发挥了作用。她曾经在纽约一家律师事务所担任律师，所以，当WNBA球员决定成立协会，她的法律技能发挥了作用。她成为WNBA球员协会筹备会主席，协调球员首次集体讨论章程。路宝说，协商过程有了她真是"上帝的恩赐"。"她头脑冷静，灵活机智，而且她还拥有法律学位"（Haverbeck, 2007）。

正是在法学院，她学会了研究和分析形势，制定策略。华盛顿承认，她一直以为她会重新成为一名律师，但是发

展道路发生了变化。

"我想'伙计，我喜欢教练工作，你知道的。我喜欢我所拥有的与球员的关系。我喜欢在体育馆里'，"华盛顿说，"我喜欢篮球。我喜欢身处篮球之中。我从来没有想过我会像现在这样喜欢教练工作，但是我真的很享受它"（McKenna, 2013）。

2007年，华盛顿经介绍，成为宾夕法尼亚州立大学女子篮球队主教练。她在那里一直干得很成功；到2013年，她带领女狮队连续三次出现在NCAA女子I组篮球锦标赛上。

但赢球不是华盛顿留在球场的主要原因，成为球员的导师和领导者让她留在了球场。

"指导她们，帮助她们学习成为强健的、充满活力的女性——这是我最喜爱的事情。"

"我们将篮球作为载体，但是我感到骄傲的是队员实现成功的能力。多年来我认识到技能是培养出来的，不是天生的。毅力、坚持、信念——一个人需要培养这么多的技能方能成为成功者"（Nilsen, 2009）。

她的球员对她的理念做出了回应。"我认为教练做的最重要的事情，不仅仅是告诉我们要做什么，而是她自己首先做到了"，宾夕法尼亚州立大学的球员亚历克斯·本特利如是说，"她一直在WNBA打球，她一直在顶尖高校担任教练。她了解这项运动，自从我在大学一年级踏上球场开始，我一直在向她学习。"

"她是伟大女性的典范。我们恰恰看到了这方面，我们希望成为那样的人，她是一个榜样和导师。作为女性，我们希望有一天成为她那样的人"（McKenna, 2013）。

为了纠正这种情况，该校再次变更毕业典礼地点。密歇根大学不在东密歇根大学举办毕业典礼了，而是花费180万美元在自己校园的中心搭建了一个临时露天舞台，舞台周围环绕着密歇根大学的教学楼和图书馆。毕业生和他们的家人满意了，毕业典礼的举办地点会给他们留下深深的记忆，重温学校的传统。学校最终是成功的，因为它响应了学生及其家人根深蒂固的信念。显然，如果学校在一开始就具有更高的社会洞察力，是可以避免最初发生的不满和动荡的。

表现出情绪智力

领导者的另一种重要技能是能够表现出情绪智力。虽然情绪智力作为一个概念出现还不到 20 年，但是它已经引起了领导学中许多学者和从业者的兴趣（Caruso & Wolfe, 2004; Goleman, 1995; Mayer & Salovey, 1995）。**情绪智力**（emotional intelligence）涉及一个人认识自己和他人的情绪并将这种认识应用于生活任务的能力。具体来说，情绪智力可以定义为感知和表达情感、利用情绪促进思考、理解和推断情绪，以及在自身内部和人际关系中有效控制情绪（Mayer, Salovey, & Caruso, 2000）。

情绪智力研究的基本假设是，对自身情绪以及自身情绪对他人的影响具有敏感性的人将能成为较为有效的领导者。由于表现出情绪智力与有效领导具有正相关，领导者应该怎么做才能提高自己的情绪技能呢？

首先，领导者要能觉察到自己的情绪，把握自己的情绪脉搏，在情绪发生时能确定他们的感受。无论是疯狂、高兴、悲伤或者害怕，领导者必须能立即评估出他的即时感受，知道是什么原因造成了这些情绪。

其次，领导者应该培养觉察他人情绪的能力。知道如何解读他人情绪的领导者能够更好地恰当应对这些人的希望和需求。换句话说，领导者必须对他人拥有同理心。他应该理解其他人的感受，就好像这些感受是他自己的。沙洛维和梅耶（Salovey & Mayer, 1990）认为，同理心是情绪智力的重要组成部分。同情心以及如何表现同理心，将在第 9 章"倾听外群体成员"中进一步讨论。

第三，领导者必须学会调节他的情绪，并很好地利用它们。无论什么时候做出重大决策，领导者的情绪都会卷入其中。因此，情绪需要得到接纳和管理，这有利于团队或组织。当领导者对其他人是敏感的，并能恰当管理自己的情绪，那么该领导者就有更多机会提高团队决策的有效性。例如，某高中校长感到，她对部分学生非常生气，因为这些学生在晨会中搞恶作剧。但是她没有表达出她的愤怒——"失控"——她保持镇静,帮助学生把恶作剧变成学习经历。这里的关键点是,拥有情绪智力的人能理解情绪,能把情绪整合成领导者应有的表现。总之,拥有情绪智力的领导者能倾听自己和他人的感受,并善于调节这些情绪,为共同利益服务。

处理冲突

领导者也必须拥有处理冲突的技能。冲突是不可避免的。冲突为变革创造了需求,而且也是变革的结果。冲突可以定义为在实质性问题(例如,必须遵守的正确程序)或者关系问题(例如,在相互关系中各人的控制量)上感知到差异的两个或两个以上个体之间发生的争执。当面临冲突时,领导者和下属经常会感到不适,因为伴随着冲突,会有紧张、争议和压力。虽然冲突是令人不适的,但是它并非不健康,也不一定是坏事。如果能以高效和高产的方式管理冲突,其结果就是减小压力,增加创造性的问题解决方式,还能加强领导者与下属以及团队与成员之间的关系。

因为冲突通常非常复杂,所以解决冲突从来都不是简单的事情,第 10 章 "处理冲突"全面地审视了冲突的成分,提供了几种实用的沟通方法,领导者可以采用这些方法建设性地解决分歧。

概念技能的阐释

行政技能是关于组织工作的技能,人际技能是关于有效与人相处的技能,而**概念技能**(conceptual skills)则是关于加工概念和理念的技能。概念技能涉及领导的思想或认知要素,对于为组织创建愿景或战略计划来说至关重要。拥有概念技能的领导者能够构思和传播思想,这些思想能够塑造组织,包括从创建组织的目标和使命，到发现如何最好地解决问题。

实践中的概念技能

领导者的概念技能大致可以分为三个部分：(1)问题解决，(2)战略规划，(3)创建愿景。

问题解决

我们都认识一些特别擅长问题解决的人。当出现问题或需要解决问题时，他们首先开始工作并着手解决问题。当问题出现时，问题解决者不会傻坐在那里不知所措。他们很快就会问："出了什么问题？"他们准备探索"如何解决这个问题"的可能答案。问题解决技能对于有效领导必不可少。

什么是问题解决技能？**问题解决技能**（problem-solving skills）是指领导者在问题情境中采取正确行动以达到预期目标的认知能力。这些技能包括识别问题、生成可选解决方案、从中选择最佳解决方案以及实施方案。这些技能并非在真空中运行，而是在特定环境或背景中发挥作用。

第1步：识别问题。问题解决过程的第一步是识别或认清问题。这一步的重要性不得低估。看到问题并处理问题是成功解决问题的核心。我们所有人每天都面临着很多问题，但是我们有些人没能看出那些问题，甚至不承认存在问题。

表 6.1 问题解决步骤

1. 识别问题
2. 生成可选的解决方案
3. 选择最佳方案
4. 实施方案

也有人发现是有些事情不对劲，但是他们没有采取任何行动。拥有问题解决技能的人能看出并处理这些问题。

有些问题很简单，容易界定；但是，也有些问题则很复杂，需要多多地仔细推敲。预期情况和实际情况出现差异时，问题就产生了。识别问题需要能够意识到这些差异。在问题解决的这个阶段，我们需要提出的议题是"问题是什么？""问题有多个方面吗？"以及"是什么原因引起了问题呢？"识别问题的确切性质位居问题解决过程的最前端。

第2步：生成可选的解决方案。在识别问题及其原因之后，问题解决的下一个步骤是生成可选的解决方案，解决方案往往不止一个。因为问题常常很复杂，通常有许多不同的方法能解决问题。在问题解决的这个阶段，重要的是要想出尽可能多的解决方案，不要把任何一个方案看成没有价值而予以忽视。例如，思考一下某位有严重健康问题的人（例如，癌症或多发性硬化症）。经常有很多方案可以用来治疗这种疾病，但是在选择具体疗法之前，重要的是咨询健康专家，探讨所有的可选择的治疗方案。每种治疗方法都有不同的副作用，不同的治愈率。在选择一个方案之前，人们往往想要确保自己已经充分考虑到了所有可能的治疗方案。问题解决同样如此。在解决问题之前，需要考虑到问题处理的所有可用方案，这一点很重要。

第3步：选择最佳方案。问题解决的下一个步骤是选择最佳的问题解决方案。不同方案在解决特定问题时的效果存在差异，所以需要探讨每种方案的相对优势和弱点。有些方案直截了当，易于实施；而另一些方案则比较复杂或难以驾驭。同样地，某些解决方案是廉价的，而另外一些则是昂贵的。当采用特定方案来解决给定问题时，有许多准则可用于判断方案的价值，选择最佳方案是有效解决问题的关键。

选择最佳方案的重要性，可以用一个例子来说明。假设一对面临婚姻问题的夫妻在婚姻中挣扎了两年多时间之后，夫妻俩决定，他们必须做些什么事情来解决他们的关系冲突。他们可以做的事情包括参加婚姻辅导、接受个别心理治疗、分居，即使他们在婚也可与他人约会，提出离婚。这些方案中的每一种方案都会对这对夫妻的生活及其婚姻关系产生不同影响。虽然列出的方案并不详尽，但是能体现出对于给定问题选择最佳解决方案的重要性。我们选择的方案，对于我们如何感受我们的问题解决的结果会产生重大影响。

第4步：实施方案。问题解决的最后一步是实施方案。界定问题和选择方案之后，是时候该把方案付诸行动了。实施方案意味着从思考问题转换为对问题做些什么。这是具有挑战性的一步：当试图做些新的和不同的事情用以解决问题的时候，会遇到来自他人的阻力，这种情形并非少见。实施变革需要与他人就变革进行沟通，对变革进行调整，以满足那些受到变革影响之人的希望和需求。当然，所选方案在解决问题时也许会失败，这种可能性总是存在的；甚至还有可能使问题变得更糟。尽管如此，在这个阶段没有回头路可走。实施变革总是要冒风险，但是，为了完成问题解决过程，就必须承担这种风险。

为了澄清问题解决技能的涵义，思考以下例子中史密斯夫妇以及他们的问题洗碗机。史密斯家的洗碗机已经用了5年了，洗完的碗碟不再清洁明亮。史密斯分析了这种情形，确定这个问题可能有几个原因：他们使用了清洁剂而不是清洁粉、洗碗机门上的密封条坏了、软水剂失效了、洗碗机安装错误或热水器存在缺陷。由于不知道问题出在哪里，约翰认为他们应该立即同时实施所有五种可能的方案。克里斯汀不同意，并提出他们一次实施一种可能方案以确定原因。他们尝试的第一种方案是更换清洁剂，但是这个方案并没有解决问题。接下来，他们更换了洗碗机门上的密封条——这个方案解决了问题。通过仔细和系统地处理问题，史密斯夫妇找到了洗碗机故障的原因并节省了大量资金。他们的这一问题解决策略是有效的。

战略规划

概念技能的第二个重要类型是**战略规划**（strategic planning）。与问题解决一样，战略规划主要是认知活动。领导者需要进行缜密的思考，能够对各种思路做出判断，为团队或者组织制定有效战略。战略规划要求根据实现目标的可用资源和人员来制定详尽的行动规划。它类似于作战时将军所做的：根据给定的资源、人员和须完成的使命，制定出击败敌人的详细计划。同样地，体育教练要根据他们对球员及其能力的了解，制定比赛计划，以便在与对方比赛中发挥出最佳水平。总之，战略规划涉及为了实现期望目标而设计行动计划。

在对战略领导的研究分析中，博阿尔和霍伊博格（Boal & Hooijberg, 2000）认为，战略领导者必须具有学习能力、适应能力和管理智慧。学习能力（ability to learn）包括为了实现新目标而吸收和应用新信息的能力。这是尝试新思想甚至接受失败的意愿。适应能力（capacity to adapt）涉及快速应对环境变化。领导者应该思维开放，接受变化。当竞争环境发生变化时，有效领导者将能够做出变革。管理智慧（managerial wisdom）是指领导者对共同工作的人和工作环境都拥有深刻认识。它涉及具有良好的判断力，能在正确时间做出正确决策，并有兴趣与所有相关人士共同做出这些决策。

为了说明战略规划的复杂性，思考以下例子中，"新设备公司"是如何使用战略思维来推销自己的。新设备公司是一家新创立的医疗供应企业。新设备公司开发出了手术扫描仪，以帮助手术团队在手术过程中减少错误。虽然当时市场上还没有这种扫描仪，但是有两家公司正在开发类似产品。该产品的潜在市场巨大，其中包括美国所有医院（近8000家医院）。很明显，所有医院都最终需要这种扫描仪，所以新设备公司知道，为了先于其他公司占领市场，将会存在竞争。

新设备公司是一家小企业，资源有限，所以管理层深知战略规划的重要性。

任何一次不慎都可能威胁公司生存。因为新设备公司的每个人，包括销售人员，在公司都拥有股份，所以，每个人都有强烈的工作动机，以使公司获得成功。销售人员愿意相互分享有效的销售方法，因为他们之间的关系不是竞争，而是有着共同目标。

每个周一上午管理团队会面 3 小时讨论公司的目标和方向。很多时间用来讨论为什么医院需要新设备公司的扫描仪而不是其竞争对手的类似产品。为了使这项工作更具挑战性，新设备公司扫描仪的定价比竞争对手更昂贵，因为它更安全。新设备公司在销售产品时要特别强调，该扫描仪从长远来看可以为医院节省资金，正是因为它更安全，所以将会减少医疗事故的发生率。

管理人员还制定了有关如何说服医院签约自己产品的策略。他们与医院联系，询问他们应该与医院中的谁签约新产品。是外科护理部主任还是医院的其他管理人员？此外，他们分析了应该如何分配公司的有限资源。他们应该花更多钱提升自己的网站吗？他们需要广告部主任吗？他们应该雇佣更多销售代表吗？所有这些问题都是分析和辩论的主题。新设备公司知道赌注是非常高昂的，管理层哪怕仅仅失误一次，公司都将失败。

这个例子说明，战略规划涉及多方面过程。然而，通过进行战略规划，领导者和他们的员工就更加能够实现自己和组织的目标。

创建愿景

与战略规划相似的是，创建愿景需要特殊类型的认知和概念能力。它需要领导者具备通过引人注目的未来愿景来向人们提出挑战的能力。要创建愿景，领导者需要提出比现在更好的未来图景，然后向他人灌输一套指向未来的新理念和价值观。领导者必须能够清楚地提出愿景，吸引他人追求这个愿景。此外，领导者还需要能够实施这个愿景，对于愿景中公布的原则要率先垂范。具有愿景的领导者必须"言出必行",而不仅仅是"光说不练"。创建愿景是一项重要的领导技能,第 7 章将对此进行深入讨论。

小　结

近年来,领导技能的研究已经引起研究者和从业人员的重视。要成为有效的领导者,技能是必不可少的。与天生的特质不同,领导技能都是习得的胜任力。每个人都可以通过学习来掌握领导技能。在本章中,我们分析了三种类型的领导技能:行政技能、人际技能和概念技能。

通常被认为平淡乏味的行政技能在有效领导中发挥着重要作用。它们是领导者运营组织和实现目标必须具备的技能。它们也是计划和组织工作所必须具备的技能。具体来说,行政技能包括管理人、管理资源和表现出技术胜任力。

第二类技能是人际技能或人事技能。这些是领导者与下属、同事和上司有效共同工作以实现组织目标必须具备的胜任力。研究明确显示,人际技能对于有效领导极为重要。人际技能可以分为具有社会洞察力、表现出情绪智力和管控人际冲突。

领导者也必须拥有概念技能。概念技能涉及提出概念和思路。它们是以领导者的思维能力为重心的认知技能。虽然这些能力包括一系列范围广泛的胜任力,但本章将概念技能分为问题解决、战略规划和创建愿景。

综上所述,行政技能、人际技能和概念技能在有效领导中发挥着重要作用。通过实践活动和勤奋工作,我们都可以提高这方面的技能,进而成为更优秀的领导者。

本章术语

行政技能
技术胜任力
人际技能
社会洞察力

情绪智力
概念技能
问题解决技能
战略规划

6.1 案例研究

甜美卡罗琳店

事情开始于蛋糕。作为"橡树园小学"的教师，卡罗琳经常会为学校的老师和职员做蛋糕。每个人都热情称赞她的烘焙技术。有位同事请求卡罗琳为她儿子的生日聚会制作蛋糕。这次招待很有冲击力，聚会上的许多家长询问了卡罗琳的电话号码，她很快发现自己一个星期要为多个聚会烘焙蛋糕。

为私人聚会烘焙蛋糕一年之后，卡罗琳得到了一个机会可以让她的事业更上一层楼。当地一家咖啡店停业了，卡罗琳签订了合同，租下了咖啡店的场地，开设了"甜美卡罗琳店"，这是一家烘烤食品店，专营蛋糕、松饼、丹麦食品和其他焙烤食品。

从为生日聚会和毕业活动提供小型服务开始，发展到为婚礼和宴会提供服务，甜美卡罗琳店迅速成为该市最抢手的餐饮承办商。由于承办蛋糕和正常供应时间以外蛋糕的需求增长了，卡罗琳扩充了员工和所提供的服务。在短短五年间，甜美卡罗琳店从一个小烘焙店渐渐成长为一家提供全面服务的餐厅和餐饮承办公司。

虽然卡罗琳原先并没有进入商界的打算，但是，甜美卡罗琳店一直非常成功。卡罗琳很有风度，为人真诚，这有助于建立庞大而忠实的客户群。此外，对于如何调整自身服务以适应社会需求，卡罗琳具有敏锐直觉，这推动了公司发展。虽然她成功了，但卡罗琳在运行甜美卡罗琳店的某些方面仍然在不断努力。

甜美卡罗琳店开业五年后，随着规模扩大，井然有序地维持运营成了一件非常复杂的工作。卡罗琳的全体工作人员已发展到40名，有些人在烘焙部工作，有些人在餐厅工作，也有人在这两个地方都要工作。店里有五位司机，每周有六天负责把纸杯蛋糕、大蛋糕和其他承办的货物运送到私人聚会和企业。此外，卡罗琳每周在当地媒体、电台和互联网上都打广告。她22岁的女儿管理公司的Facebook页面和Twitter账户，这里拥有3000多名追随者。

卡罗琳是一名熟练的烘焙师，但她发现，不断增长的业务和客户需求也带来了超出她专长领域的新挑战。其中许多属于行政领域，在管理企业的细节方面，她没有耐心，也缺乏专业知识。

例如，甜美卡罗琳店的送货司机戴尔经常感到沮丧，因为公司对于如何在整个城市送货缺乏一个系统。戴尔以前在另一家公司工作，那家公司有"区域系统"，每位司机在一天内仅在特定区域派送所有订单。此外,卡罗琳决定她的公司不使用电脑,因此所有派送订单都是手写的,订单准备好后再写到司机的剪贴板上。这样经常会出错,包括重复交付或者订单完全被忽略。

卡罗琳也努力参与调度。员工的工作日程表在工作周开始之前的周末才编制出来,员工往往不知道自己即将到来的轮班。这样一来,甜美卡罗琳店经常人手不足。食品和焙烤食品是如此之好,以致顾客对于等待很少抱怨,但是,没有及时通知日程安排表,没有人员配置表,员工感到沮丧,而这些问题引发了压力。

在承办活动方面,经常出现混乱,因为卡罗琳选择去准备食物,而让没有经过培训的员工去策划活动、管理客户的投诉和问题并执行活动。食品质量一向都很卓越,但是,客户往往对承办人员杂乱无章的风格感到吃惊。员工也有这种感觉;许多人表示,当他们来到活动现场,他们觉得自己是在"瞎跑",因为卡罗琳很少给予指导,当出现问题时,她往往不在周围提供帮助。

然而,卡罗琳与员工有着良好的工作关系,员工承认,甜美卡罗琳店是一个开心的工作场所。从卡罗琳的角度看,她知道,在烘焙店工作可能是不容易的,要求很高,她一直称赞员工的努力和奉献。卡罗琳对工作一直很投入,与工人一起制作纸杯蛋糕、大蛋糕和各种食品,来大订单时与他们并肩作战,同时为他们提供正面鼓励,这些都是卡罗琳做得非常好的方面。

卡罗琳真的喜欢作为企业老板的新鲜感,她也为公司处理会计和工资税等方面的所有事务。遗憾的是,这方面的工作要求越来越高,卡罗琳于此花费的时间也越来越多,不得不把越来越多的日常运作和活动承办交给了员工。

卡罗琳已经着手准备在邻镇开设第二家甜美卡罗琳店,虽然她想在成功的基础更上一层楼,但是,她有时感到当前的运营已经不堪重负,不能肯定她是否能承担更多。但她也知道扩大事业的机会机不可失。

问题

1. 根据基本领导技能模型(图6.1),你如何描述卡罗琳的技能?她在哪些技能方面是最强的,在哪些技能方面是最弱的?

2. 甜美卡罗琳店烘焙部和餐厅部似乎是突然开始起家的。卡罗琳在这方面发挥了什么样的作用？你觉得卡罗琳能通过更多战略规划来提升她的生意吗？

3. 你是否曾经在很成功但是让人感到相当混乱和无序的某个地方工作过？你又是怎么应对的呢？

4. 如果你是卡罗琳的顾问，你会建议她开第二家分店吗？如果是的话，你将会建议卡罗琳发展哪三项具体技能以帮助她更好地管理生意？

6.2 领导技能问卷

目的

1. 识别你的领导技能
2. 提供你的领导技能的概况，展示你的优势和不足

指导语

1. 在回答这份问卷时把自己置于领导者的角色。
2. 对于以下每句陈述，圈出数字以表示你觉得该句陈述的正确程度。

陈述	完全不正确	几乎不正确	偶尔正确	有点正确	非常正确
1. 我在工作细节方面是有效的。	1	2	3	4	5
2. 我通常事先就知道人们将会对新思想或建议做何反应。	1	2	3	4	5
3. 我在问题解决方面是高效的。	1	2	3	4	5
4. 填写表单和完成细节工作对我来说是容易的。	1	2	3	4	5
5. 了解组织的社会结构对我很重要。	1	2	3	4	5
6. 当问题出现时，我会立即处理这些问题。	1	2	3	4	5
7. 管理人与资源是我的强项之一。	1	2	3	4	5
8. 我能感觉到我的团队中的情绪暗流。	1	2	3	4	5
9. 纵观全局对我来说是容易的事情。	1	2	3	4	5
10. 在我的工作中，我喜欢回应人们的要求和关切。	1	2	3	4	5
11. 我用我的情感能量来激励他人。	1	2	3	4	5
12. 为公司制定战略规划对我具有吸引力。	1	2	3	4	5
13. 获取和分配资源是我工作中具有挑战性的方面。	1	2	3	4	5
14. 成功解决冲突的关键是尊重对方。	1	2	3	4	5
15. 我喜欢讨论组织的价值观和理念。	1	2	3	4	5

应用

6.2 领导技能问卷
（续）

陈述	完全不正确	几乎不正确	偶尔正确	有点正确	非常正确
16. 在获取资源来支持我们的项目这方面我是高效的。	1	2	3	4	5
17. 在冲突情境中我努力寻找共识。	1	2	3	4	5
18. 我对于组织变革是灵活变通的。	1	2	3	4	5

计分

1. 第 1、4、7、10、13、16 项目的分数相加（行政技能分数）。
2. 第 2、5、8、11、14、17 项目的分数相加（人际技能分数）。
3. 第 3、6、9、12、15、18 项目的分数相加（概念技能分数）。

总分

行政技能：＿＿＿＿＿＿＿＿＿＿

人际技能：＿＿＿＿＿＿＿＿＿＿

概念技能：＿＿＿＿＿＿＿＿＿＿

分数解释

领导技能问卷旨在测量三大类领导技能：行政技能、人际技能和概念技能。通过比较分数的差异，你可以确定你的领导优势是什么，领导弱势是什么。

如果你的分数是 26~30，你处于非常高的范围。

如果你的分数是 21~25，你处于较高的范围。

如果你的分数是 16~20，你处于中等的范围。

如果你的分数是 11~15，你处于较低的范围。

如果你的分数是 6~10，你处于非常低的范围。

6.3 观察练习

领导技能

目的

1. 深入了解不同类型的领导技能
2. 审视领导技能如何影响领导者的绩效

指导语

1. 你在本练习中的任务是观察一位领导者并评估这个人的领导技能。这位领导者可以是主管、经理、教练、教师、大学生联谊会或妇女联谊会的官员，或者处于领导位置的任何人。
2. 对于下列每组技能，写出你在这个领导者身上观察到了什么。

领导者姓名：_____

行政技能	1	2	3	4	5
管理人	很弱	较弱	中等	较好	很好
管理资源	很弱	较弱	中等	较好	很好
表现出技术胜任力	很弱	较弱	中等	较好	很好
点评：					

人际技能	1	2	3	4	5
具有社会洞察力	很弱	较弱	中等	较好	很好
表现出情绪智力	很弱	较弱	中等	较好	很好
管理冲突	很弱	较弱	中等	较好	很好
点评：					

6.3 观察练习
（续）

概念技能	1	2	3	4	5
问题解决	很弱	较弱	中等	较好	很好
战略规划	很弱	较弱	中等	较好	很好
创建愿景	很弱	较弱	中等	较好	很好
点评：					

问题

1. 根据你的观察，该领导者的优势和弱势分别是什么？

2. 这个领导例子是在什么情境中发生的？该情境会影响领导者所采用的技能吗？请讨论。

3. 如果你培训这位领导者，你会告诉该领导者他应该做哪些具体事情来提高其领导技能？请讨论。

4. 在另一种情境中，你觉得这位领导者会表现出同样的优势和弱势吗？请讨论。

6.4 反思与行动清单

领导技能

反思

1. 根据你对自己的了解以及你在领导技能问卷上所得到的三个技能领域（行政、人际和概念）的分数，你会如何描述你的领导技能？哪些具体技能是你最强的，哪些是你最弱的？你认为领导技能可能对你的领导者角色产生什么样的影响？请讨论。

2. 本章认为，情绪智力是一种人际领导技能。请讨论你同意还是不同意这种假设。当你思考自己的领导行为时，你的情绪会促进或者妨碍你作为领导者的角色吗？请讨论。

3. 本章把领导分为三种技能（行政、人际和概念）。你认为在某些类型的情境中，这些技能中的部分技能会比另外一些技能更重要吗？你认为基层领导（例如，部门主管）与高层领导（例如，首席执行官）所需要的技能是相同的吗？请讨论。

行动

1. 领导技能的一个独特方面是，它们可以通过实践来获得。列出并简要介绍你可以做哪三件事情以提高你的行政技能。

2. 领导者应该拥有社会洞察力。当你在这方面评估自己时，找出两种具体行动，这些行动将有助于提高你对他人及其观点的洞察力。请讨论。

3. 你是哪种类型的问题解决者？你处理问题情境的速度是快还是慢？总体来说，你能改变自己的哪两个方面以成为更有效的问题解决者？

参考文献

Bass, B. M. (1990). *Bass & Stogdill's handbook of leadership: Theory, research, and managerial applications* (3rd ed.). New York: Free Press.

Blake, R. R., & McCanse, A. A. (1991). *Leadership dilemmas: Grid solutions*. Houston, TX: Gulf.

Boal, K. B., & Hooijberg, R. (2000). Strategic leadership research: Moving on. *Leadership Quarterly, 11*, 515–549.

Caruso, D. R., & Wolfe, C. J. (2004). Emotional intelligence and leadership development. In D. V. Day, S. J. Zaccaro, & S. M. Halpin (Eds.), *Leader development for transforming organizations: Growing leaders for tomorrow* (pp. 237–266). Mahwah, NJ: Erlbaum.

Goleman, D. (1995). *Emotional intelligence*. New York: Bantam Books.

Haverbeck, M. J. (2007, December 19). The making of Coquese Washington: The Lady Lions' new coach goes from humble beginnings in Flint, Mich., to Happy Valley. *BlueWhite Illustrated*. Retrieved June 7, 2013, from http://www.personal.psu.edu/mjh11/Coquese Washington.html

Katz, R. L. (1955). Skills of an effective administrator. *Harvard Business Review, 33*(1), 33–42.

Lord, R. G., & Hall, R. J. (2005). Identity, deep structure and the development of leadership skill. *Leadership Quarterly, 16*, 591–615.

Mann, F. C. (1965). Toward an understanding of the leadership role in formal organization. In R. Dubin, G. C. Homans, F. C. Mann, & D. C. Miller (Eds.), *Leadership and productivity* (pp. 68–103). San Francisco: Chandler.

Mayer, J. D., & Salovey, P. (1995). Emotional intelligence and the construction and regulation of feelings. *Applied and Preventive Psychology, 4*, 197–208.

Mayer, J. D., Salovey, P., & Caruso, D. R. (2000). Models of emotional intelligence. In R. J. Sternberg (Ed.), *Handbook of intelligence* (pp. 396–420). Cambridge, MA: Cambridge University Press.

McKenna, K. (2013, March 1). Women's basketball: Coquese Washington transforms program with leadership. *The Daily Collegian*. Retrieved June 7, 2013, from http://collegian.psu.edu/archive/2013/03/01/WE_ARE_Coquese_Washington.aspx

Miller, C. C. (2010, October 10). Why Twitter's C.E.O. demoted himself. *The New York Times*, p. BU1.

Mumford, M. D., Zaccaro, S. J., Connelly, M. S., & Marks, M. A. (2000). Leadership skills: Conclusions and future directions. *Leadership Quarterly, 11*(1), 155–170.

Mumford, T. V., Campion, M. A., & Morgeson, F. P. (2007). The leadership skills strataplex: Leadership skill requirements across organizational levels. *Leadership Quarterly, 18*, 154–166.

Nilsen, D. (2009, November 13). Flint Hall inductee Coquese Washington followed folks' advice to explore, excel. *Flint Journal*. Retrieved June 7, 2013, from http://www.mlive.com/sports/flint/index.ssf/2009/11/flint_hall_inductee_coquese_wa.html#

Salovey, P., & Mayer, J. D. (1990). Emotional intelligence. *Imagination, Cognition, and Personality, 9*, 185–221.

Yammarino, F. J. (2000). Leadership skills: Introduction and overview. *Leadership Quarterly, 11*(1), 5–9.

Zaccaro, S. J., Gilbert, J., Thor, K. K., & Mumford, M. D. (1991). Leadership and social intelligence: Linking social perceptiveness and behavioral flexibility to leader effectiveness. *Leadership Quarterly, 2*, 317–331.

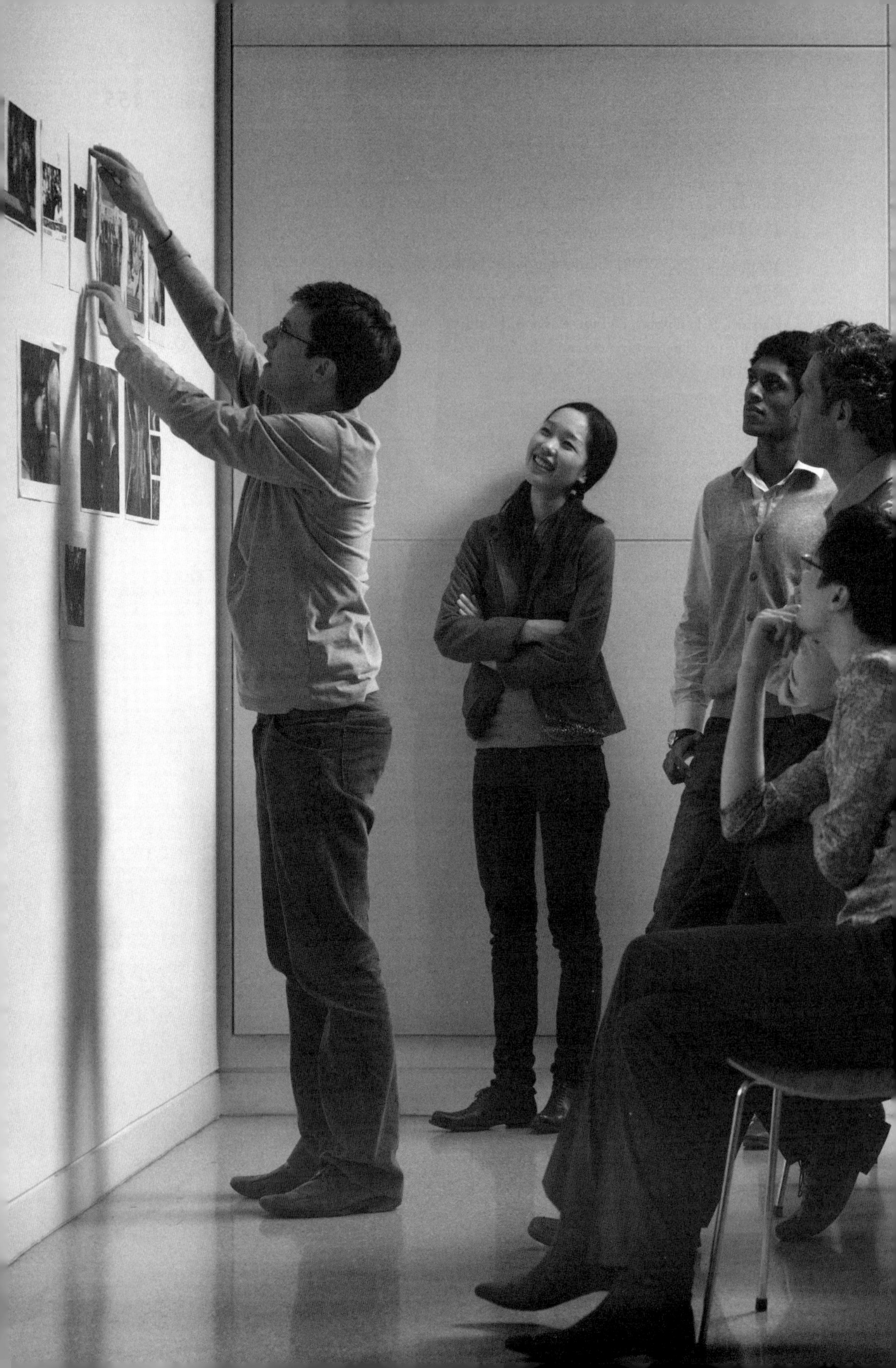

第 7 章

创建愿景

概　述

　　高效领导者能够创建引人注目的愿景，从而引导人们的行为。在领导学的语境中，**愿景**（vision）是未来理想状态的心理模型。它提供了一幅关于未来的图画。愿景意味着变革，可以挑战人们去追求更高水准的卓越。与此同时，愿景就像指导思想，能为人们提供意义和目的。

　　在制定愿景的过程中，领导者能够把美好的未来形象化地传播给其他人。理想情况下，团队或者组织的领导者与成员应该拥有共同愿景。虽然这幅未来图景并不总是像水晶一样清晰，但是，愿景本身对于领导者如何影响他人以及其他人如何对其领导行为作出回应这两个方面都有着重要作用。

　　在过去的 25 年里，愿景一直是领导学著作的一个重要议题。愿景在培训和拓展的文献中有着突出的地位。例如，科维（Covey, 1991）认为愿景是高效能人士的七个习惯之一。他认为，高效能人士"起步时脑子里就装着结局"——他们非常了解自己生活的目标、价值观和使命，这种认识是做所有事情的基础。同样，洛尔和施瓦茨（Loehr & Schwartz, 2001）在他们的"全身心投入"培训项目中，强调人是拥有特定使命的物种，他们的生活目标应该驱动其精力和资源去实现他们的预定使命。库泽斯和波斯纳（Kouzes & Posner, 2003）曾经编制出一套被广泛使用的领导评估工具——"领导力实践问卷"，他们确定愿景是典范型领导的五项修炼之一。显然，愿景近年来已经成为领导培训和发展的一个重要方面。

愿景在领导学的许多常见理论中都发挥着核心作用（Zaccaro & Banks, 2001）。例如，在蜕变型领导理论中，愿景被认为是解释非凡领导绩效的四个重要因素之一（Bass & Avolio, 1994）。在魅力型领导理论中，愿景被强调为组织变革的关键（Conger & Kanungo, 1998; House, 1977）。魅力型领导者通过把他们的愿景和价值观与下属的自我概念相联系来创造变革。例如，特蕾莎修女通过自己的魅力，把她服务穷人及被剥夺者的愿景与追随者自我献身及自我牺牲的信念联系了起来。有些理论直接被冠以"愿景领导理论"（见 Nanus, 1992; Sashkin, 1988, 2004），因为愿景是其领导概念的定义性特征。

为了更好地理解愿景在有效领导中的作用，本章将讨论以下问题："愿景的特征是什么？""如何清晰表述愿景？"以及"如何实施愿景？"在我们对这些问题的讨论中，我们将重点放在：作为领导者的你如何开发出在任何环境中都能切实可行的愿景。

愿景的阐释

考虑到领导者拥有愿景很重要，那么，愿景又是如何建立的呢？愿景的主要特点是什么？愿景型领导的研究认为，愿景具有五大特征，它们是图景、变革、价值观、地图和挑战（Nanus, 1992; Zaccaro & Banks, 2001）。

图 景

愿景创建了一幅比**现状**（status quo）更好的未来**图景**（picture）。它是有关未来的理念，需要下属抱有信心。愿景描绘出团队或者组织将要迈入的理想之境，它可能是更令人振奋、更加具有确定性或者更加鼓舞人心的景象。一般来说，这些心理景象中有时间、有地点、有人物，他们卓有成效地一起奋斗，以实现一个共同的目标。虽然下属比较容易理解详细的愿景，但是，领导者的愿景并不总是能得到充分的发展。有时领导者的愿景只是给下属提供一个一般性方向或给予有限指导；而有时领导者可能对于其领导方向只有一个最基本的概念，那个最终图景可能许多年都没有出现。然而，若领导者能够描绘出一幅吸引人和鼓舞人的未来图景，那么它就会对其有效地领导他人产生显著影响。

变 革

愿景的另一个特点是，它代表着对现状的**变革**（change），把组织或系统推向更加积极的未来。愿景指出了做事的新方式，与过去的做事方式相比，能把事情做得更好。它们吸纳了先前系统的最佳特征，并在追求新目标的过程中强化了这些特征。

变革发生在许多方面，如规则、程序、目标、价值观或者仪式。因为愿景意味着变革，领导者经常会遇到有人对已廓清的愿景仍抵制或抗拒，这并不少见。在推进愿景型变革的过程中，有些领导者甚至被指责为"无事生非"。不过，通常情况下，愿景能吸引和鼓舞他人抛弃旧的做事方式，并使其成为领导者愿景倡导的积极变革的一部分。

价值观

愿景的第三个特点是，它涉及人们发现值得或者想要的**价值观**（values），

领导快照：" 儿童赋能组织" 创始人之一罗莎莉·杰弗涅洛

当美国新泽西州教师罗莎莉·杰弗涅洛于1999年夏天决定前往印度旅行时，她没想到这一次旅行会促使她将人生奉献给印度贫困儿童的教育事业。

在印度，杰弗涅洛整个夏季都在"达亚丹儿童之家"（Daya Dan）做志愿者，这个儿童之家是特蕾莎修女在加尔各答为残疾儿童提供服务的孤儿院。杰弗涅洛利用她的特殊教育背景，教会一些孩子自己吃饭，第一次自己走路。就在这期间，她做出了一个改变其人生的决定。"当我回到家里，我就提前退休了，变卖了我的财产，然后返回加尔各答，"杰弗涅洛说（O'Neil, 2004）。

她回到达亚丹儿童之家，花了两年时间与"仁爱传教会"（Missionaries of Charity）一起做语言项目，教残疾儿童学习吃饭、穿衣和自己洗澡。

接下来的一年，她和一个朋友，珍妮特·格罗斯罕德勒，共同创办了"儿童赋能组织"（Empower the Children, ETC），该组织以美国新泽西州杰克逊市为基地，是一家非营利机构。起初，杰弗涅洛的工作和ETC的资金通过专门渠道服务于若干项目，包括男孩孤儿院、弱势儿童学校、智障青年之家和少女辅导中心。

然而，杰弗涅洛观察到，加尔各答孤儿院的残疾儿童每天有饭吃，有衣穿，但是，无家可归的"街头"孩子经常没有食物和大部分基本必需品，她决定扩大ETC和她自己的工作范围，以致力于城市中最贫困和最弱势的民众（Empower the Children, 2004）。

她开始与里纳·达斯一起工作。达斯是一名当地妇女，每天午饭时间，她在附近办公楼台阶上为无家可归的街头孩子提供教育。达斯为她的学生提供一次健康快餐，并教授孟加拉语和英语字母（Weir, 2012）。

2006年1月，在"儿童赋能组织"的赞助下，杰弗涅洛和达斯在贫民区的单间建筑内开办了他们的第一所学校，他们把这所学校命名为"普雷罗纳"（Preyrona），在孟加拉语中这是鼓舞的意思。四年后，他们把学校搬进两层建筑，并且还引入了职业教育，包括为少女和邻里妇女举办缝纫培训。

普雷罗纳第一学校开办两年之后，他们又开办了第二所学校，即普雷罗纳第二学校。这所学校是一座单间建筑，屋顶漏水，没有窗户。然而，对于来上学的90名学生来说，这总比没有学校要好得多（Weir, 2012）。

三年后，他们开办了第三所学校，这次是在他们有能力购买的一座干净的三层建筑内。有了这座多层建筑做校舍，普雷罗纳第三学校于 2009 年 1 月开门，为 60 名儿童提供三种独立的教育课程，同时还为年龄大些的学生和他们的母亲提供职业课程。

杰弗涅洛任教于普雷罗纳学校，她在那里的教学中注入了自我赋能和爱心。在教育者依旧用教棒惩戒学生的国家，她的理念对一些教师来说是一种挑战。

"我告诉他们，'如果你爱孩子们，那么他们会为你做事。他们想让你高兴，让你感到骄傲。给予他们恰当关注是我们的责任，'"杰弗涅洛解释说，"快乐的孩子会变成聪明的孩子。这就是为什么我们应给予孩子们全部的爱"（Weir, 2012）。

ETC 的工作吸引了来自不同国家和各行各业的志愿者，他们做了很多事情，包括在加尔各答现场工作，帮助开发课程，还包括在他们本国募集资金。

杰弗涅洛每年回到美国六个月时间，在全国各地巡回演说，为 ETC 筹集资金。该组织在过去的十多年里为教师工资、儿童服装和热饭以及日常用品捐赠资金，还赞助十多个不同机构的文化戏剧、舞蹈和艺术节目，其中有些机构是在美国、墨西哥和肯尼亚。

或者思想、信念和行为方式。为了在团队或者组织内实施变革，必须认识到个人自身价值观、他人价值观和组织价值观之间存在的差异。愿景涉及这些价值观的改变。例如，如果领导者创建的愿景强调公司中的每个人都很重要，那么其所表达的主流价值观就是人的尊严。同样，如果领导者制定的愿景认为公司中的每个人都是平等的，那么其所表达的主流价值观就是公平和正义。愿景以价值观为基础，支持朝向某些新的理想之境的积极变革和运动。在这样的过程中，愿景必然涉及价值观。

下面的例子说明了价值观在愿景型领导中的核心作用。克里斯·琼斯是美国中西部农村某小社区新来的高中足球教练。当琼斯开始执教时，勉强凑齐球员来填补阵容，可他的愿景是：建立一个强大的足球项目，让学生喜欢，家长和学校社区感到骄傲。他重视良好的身体条件、自我约束、各方面足球技能、团队精神以及整个过程中的乐趣。从本质上说，他希望建立一支一流的、高品质的足球队。

5年期间，来踢足球的队员从15人上升到95人。父母希望自己的孩子参加足球队，因为琼斯是个好教练。球员说，他们喜欢足球队，因为琼斯教练尊重他们个体的独立性。他对每个人都十分公平。他纪律严明，但是也喜欢有乐趣。训练非常具有挑战性，但是很少单调乏味。由于他的这个项目，家长组建了一个后援俱乐部，以支持球队晚宴和其他特别的团队活动。

虽然琼斯教练的球队并不总是会赢，但是他的球员们在足球场上收获了经验和教训，这是有意义的和持久的。琼斯教练是高效的教练，其愿景促进了个体成长、竞争力、队员友谊和团队精神。他围绕这些非凡的价值观，为该项目的发展建立起了愿景，而且他能够实现他的愿景。

地　图

愿景提供了一张**地图**（map）——沿着安排好的路径——它提供了指导，这样下属知道他们什么时候走在正确轨道上，什么时候偏离了正确路线。人们在知道自己处在正确的路线上时常常会体验到确定感和平静感，而愿景可以带来这种保证。如果人们知道有个地图指导他们朝向自己的短期目标和长期目标，他们会感到放心。

与此同时，愿景为人们提供了指导思想，给予他们意义和目标。当人们知道组织的总体目标、原则和价值观，他们更容易建立起对组织的认同，知道他们哪方面与组织是一致的。此外，看到更大的目标使人们体会到价值，即他们在为组织和高于自身利益的事业做出贡献。愿景的价值在于，它向其他人展示了他们工作的意义。

挑　战

愿景的最后一个特征是，它**挑战**（challenge）人们超越现状去做一些有益于他人的事情。愿景激励人们致力于有价值的事业。美国前总统约翰·肯尼迪在 1961 年就职演说中挑战美国人民说："不要问你的国家能为你做些什么，而要问你能为你的国家做些什么。"这个挑战是具有激励作用的，因为它要求人们超越自身利益，服务于国家的更大利益。肯尼迪为美国提出的这一愿景（见专栏 7.1）对这个国家产生了巨大影响。

愿景在组织中具有明确挑战成分的一个例子来自白血病和淋巴瘤协会的团队内部训练项目。这一项目的主要目的是为癌症研究、公共教育以及患者援助项目筹集资金。作为团队内部培训的一部分，报名跑或走马拉松（26.2 英里）的参与者被要求为癌症研究筹集资金，以换取来自团队内部训练员工提供的个性化教练和健身锻炼。自 20 世纪 80 年代末启动以来，该项目已经募集了超过 6 亿美元用于癌症研究。最近一名参与者谈到团队内部训练："我受到激励，发现我能做些事情，这样既能推动自己更加努力，也能在此过程中完成一些有意义的事情。"当人们受到挑战去为他人做些好事，他们往往会身受鼓舞而投入其中。无论是改善自己的团队、组织还是社区，人们喜欢接受挑战去帮助他人。

总而言之，愿景具有五个主要特征。首先，它是比现状更好的未来心理图景或景象。其次，它代表着指向新的做事方式的一种变革。第三，它以价值观为基础。第四，它是指明方向并提供意义和目标的一张地图。最后，它是让事情变得更好的一种挑战。

实践中的愿景

领导者为组织创建愿景是一回事。但是要使愿景变为现实，则需要沟通和行动。在本节中,我们探索领导者如何向他人阐述愿景,以及领导者可以采取哪些具体行动使愿景清晰、易懂并进而变为现实。

廓清愿景

虽然领导者拥有愿景是非常重要的,但领导者能够廓清愿景也同样重要,即把愿景解释和描述给其他人。虽然有些方法相对其他方法更好,但是,有几种方式是所有领导者都能够用来改善愿景传播的。

首先,领导者在传播愿景时必须对愿景加以改编以适应他的听众。心理学家告诉我们,大多数人都有追求一致的驱动力,当面临变革时,只有当所需变革与现状差异不大,他们才会做出变革(Festinger, 1957)。领导者需要对愿景做一些改编,在听众可接受的范围内廓清愿景(Conger & Kanungo, 1987)。如果愿景要求太高,提出的变化太大,就会被拒绝。如果根据现状进行阐述和廓清,要求的变化不是太大,就会被接受。

领导者还需要通过强调愿景所展示的理想值得追求,从而突显愿景的内在价值。展示愿景的价值有助于个体和团队成员发现其工作是值得的、有意义的。它也允许团队成员认同比自己更宏大的事业,把自己与自己所属的更大团体联系在一起(Shamir, House, & Arthur, 1993)。

阐述愿景还需要选择合适的语言。领导者应该使用具有激励和鼓舞作用的文字和符号(Sashkin, 2004; Zaccaro & Banks, 2001)。描述愿景的文字需要坚定、令人振奋和充满希望,并用突出其价值的方式来描述愿景。美国前总统约翰·肯尼迪的下列演讲(见专栏 7.1),正是领导者采用鼓舞人心的语言来阐述其愿景的一个例子。

领导者往往采用文字和符号来表达愿景和增强团队凝聚力。这方面一个很好的例子是在 1997 年密歇根大学足球队和教练人员选择使用乔恩·克拉考尔的

专栏 7.1　约翰·菲茨杰拉德·肯尼迪总统就职演说

1961 年 1 月 20 日发表于华盛顿国会大厦台阶

约翰逊副总统、议长先生、首席大法官先生、艾森豪威尔总统、尼克松副总统、杜鲁门总统、尊敬的牧师、同胞们：

我们今天所看到的，并非是一个党派的胜利，而是一次自由的庆典。它象征着结束，亦象征着开始；意味着更新，亦意味着变化。因为我已在你们及万能的上帝面前，依着我们先辈近 175 年前写下的庄严誓言宣誓。

现在的世界已大不相同，因为人类在自己血肉之躯的手中已经掌握了巨大的力量，它既可以用来消除各种形式的贫困，亦可用以毁灭各类生命。然而，我们先辈曾为之战斗的那些革命性的信念，还依然在世界上受人争议——那就是，每个人享有的各项权利决非来自国家政权的慷慨赐予，而是来自上帝之手。

今天，我们不敢有忘，我们乃是那第一次革命的后裔。此时此地，让这个声音同时向我们的朋友和敌人传达：火炬现已传递到新一代美国人手中，他们生于本世纪，既经受过战争的磨炼，又经历过艰难困苦和平岁月的考验。他们深为我们古老的遗产而感到自豪——决不愿目睹或允许诸项人权渐趋毁灭，这个国家始终保证着这些人权，而且今天，我们要在国内和全世界也都做出这种保证。

让每一个国家都知道，无论它希望我们繁荣还是希望我们衰落，我们都准备付出任何代价、承受任何重担、迎战任何艰险、支持任何朋友、反对任何敌人，以确保自由得以维系、取得胜利。

这是我们矢志不移的承诺，且远不止此！

对于那些与我们有着共同文化和精神渊源的老盟友，我们许以朋友的忠诚。只要我们团结一致，就会在许多合作事业中无所不能。如果我们分歧对立，就会一事无成——因为在意见分歧和各行其是的情况下，我们不敢应对强大挑战。

对于那些新成立的国家，我们欢迎它们加入自由的行列，并作出我们的保证：

殖民统治消失之后，绝不能用另一种更为残酷的暴政取而代之。我们不会总是期待他们支持我们的观点，但是我们始终希望他们能够坚定地维护自己的自由——并且牢记，在过去，那些愚蠢地骑在虎背上谋求权力的人，最终都以葬身虎腹而告终。

对于占半个地球、身居茅舍和乡村、为打破贫困枷锁而奋斗的人们，我们保证尽我们最大努力助其自救，不管需要多长时间——不是因为共产主义者可能会这样做，不是因为我们需要他们的选票，而是因为这样做是正确的。如果自由社会不能帮助众多穷人，那么它也就无法保全少数富人。

对于我国边境以南的姐妹共和国，我们许以特殊的保证：要把我们的良言化为善行，在争取进步而结成的新同盟中，援助自由人民和自由政府摆脱贫困的枷锁。但是，这种为希望而进行的和平革命，不能让其成为敌对势力的猎物。让我们所有的邻邦都知道，我们将与他们联合起来，反对发生在美洲任何地区的侵略和颠覆活动。让所有其他势力都知道，这一半球的人民将一直是他们自己家园的主人。

对于那个主权国家的世界性会议组织——联合国，在今天这个战争手段发展速度远远超过和平手段的时代，它是我们最后的、最美好的希望所在。因此，我们愿意重申我们对它的支持承诺：防止它仅仅成为谩骂攻击的论坛，加强它对新生国家和弱小国家的保护作用，扩大它的法令运行范围。

最后，对于那些与我们为敌的国家，我们提出的不是保证而是请求：双方重新着手谋求和平，不要等到科学释放出的危险破坏力量，在有意或无意间使全人类沦于自我毁灭。

我们不敢以软弱诱惑它们，因为只有当我们的军备充足到确切无疑的程度时，我们才能确切无疑地肯定它们永远不会被投入使用。

但是这两个强大的国家集团谁也无法从彼此当前的做法中得到安心，双方都背负了过高的发展现代武器所需成本，双方都必然对致命原子武器不断扩散感到忧心忡忡，但是双方又都竞相改变不确定的恐怖均衡，而此种均衡恰恰能阻止人类的这种终极之战。

因此，让我们重新开始——双方都要牢记，谦恭并不意味着怯弱，诚意总要经受检验。让我们决不要因畏惧才谈判，而是，让我们永远不要畏惧谈判。

让双方都来探寻使我们团结起来的问题，而不要纠缠于那些使我们分裂的问题。

让我们双方首先拟定严肃而又细致的方案来核查和控制武器——并将毁灭他国的绝对力量置于所有国家的绝对控制之下。

让我们双方努力去激发科学的神奇力量，而非科学的恐怖。让我们一同探索星球、治理沙漠、消除疾病、开发深海，鼓励艺术和商业的发展。

让我们双方团结起来，在全世界各个角落都听从以赛亚的教诲——"解下轭上的索，使被欺压的得自由"。

如果合作的滩头阵地能够逼退猜忌的丛林，那么就让双方携手进行一次新的努力，不是为了建立新的势力均衡，而是为了建立一个新的法治世界，在这个世界里，强者正义，弱者安全，和平得到维护。

所有这一切不可能在第一个一百天内完成，也不可能在第一个一千天或者在本届政府任期内完成，甚至也许不可能在我们的有生之年内完成。但是，让我们开始吧。

我的同胞们，我们路线的最终成败，与其说掌握在我的手中，毋宁说更多地掌握在你们的手中。从创建这个国家的那天起，每一代美国人都曾被召唤去证明自己对国家的忠诚。那些响应召唤而献身国家的美国青年的坟墓遍及全球。

现在，召唤的号角再次吹响。不是号召我们拿起武器，虽然武器也是我们所需要的；也不是号召我们去参加战斗，虽然我们有战斗准备，而是号召我们为迎接黎明而肩负起漫长斗争的重任，年复一年，"在希望中欢乐，在磨难中保持坚韧"，以反对人类共同的敌人：暴政、贫困、疾病以及战争本身。

为了反对这些敌人，确保人类享有更为丰裕的生活，我们能够将南方与北方、东方与西方团结起来，熔铸成一个伟大的、全球性的联盟吗？你们愿意参与这项历史性的努力吗？

在世界历史的长河里，只有少数几代人被赋予了在自由面临最大危险时捍卫自由的使命，我不会推卸这一责任——我欢迎这一责任！我也不相信我们中的任何人会愿意与其他国家的人或其他时代的人交换位置。我们在这场努力中所倾注的精力、信念和奉献，将照耀我们的国家以及所有为之献身的人，火焰所放射出的光芒必将普照全世界。

所以，我的美国同胞们：不要问你的国家能为你做些什么，而要问你能为你的国家做些什么。

全世界的公民们：不要问美国将为你做些什么，而要问我们能共同为全人类的自由做些什么。

最后，无论你是美国公民还是世界其他国家的公民，请用我们要求于你们的、关于力量和牺牲的高标准来要求我们。良知是我们惟一可靠的奖赏，历史是我们行动的最终裁判，让我们出发，领导我们所热爱的国家，我们祈求上帝的赐福和帮助，但是我们知道，在这片土地上，上帝的工作，必定也是我们自己所应承担的使命。

资料来源：John Fitzgerald Kennedy Library, http://www.jfklibrary.org/.

书《进入空气稀薄地带》和"征服珠穆朗玛峰"来比喻他们想要完成的任务。克拉考尔提供的第一手资料介绍了一个团队攀登珠穆朗玛峰的旅程,尽管充满挑战性,但最终成功了,虽然五名登山者在登山过程中丧生。密歇根大学的一位教练说:"踢足球和登山有许多相似之处,这令人惊讶……你在山上越高,难度越大。你在本赛季打得时间越长,按照你想要的方式打球的难度就越大。"在整个赛季中,教练经常强调,实现伟大壮举需要大量训练、坚持、强度和团队合作。在更衣室里,登山钩和登山钉真的挂在门上面,提醒进出的每个人,团队任务是"征服珠峰"——也就是说,要赢得冠军。教练采用鲜明的方式,用登山形象来阐述赛季愿景。这种形象最终被证明是正确的选择:球队赢得了1997年美国全国大学生体育协会冠军。

向他人描述愿景还需要使用包容性语言,把人与愿景联系起来,使他们成为发展过程的一部分。像"我们"和"我们的"这样的词语具有包容性,使用效果要优于"他们"或者"她们"。这类语言的目标是争取他人参与,并围绕共同目标建立团队精神。包容性语言有助于实现这个目标。

在一般情况下,廓清愿景要求领导者改编内容以适应听众,强调愿景的内在价值,选择令人振奋的文字和符号,使用包容性的语言。如果领导者能够做到这些,愿景得到拥护以及目标得以实现的可能性将会增大。

实施愿景

除了创建和廓清愿景,领导者还必须实施愿景。也许,对领导能力的真正检验就发生在愿景的实施阶段。实施愿景需要领导者付出长期的巨大努力。虽然有些领导者会"光说不练",但是实施愿景的领导者则是"言出必行"。最重要的是,在实施愿景的过程中,对于愿景中提出的态度、价值观和行为,领导者必须为其他人树立榜样。领导者自身就是愿景所阐述理想的鲜活例子。例如,如果愿景宣称要建立一个更加人性化的组织,则领导者需要在每个行为中都展示出同理心和关怀等品质。同样，如果愿景宣称要促进命运共同体价值观，则领导者需要展示出对他人以及更广泛社群共同利益的兴趣。下属看到领导者果真在践行愿景，则领导者就在他人那里建立起了信任。这种信任激励着人们表现出相同的价值观。

专栏 7.2　希望马拉松

泰瑞·福克斯出生于加拿大马尼托巴省温尼伯市，在不列颠哥伦比亚省高贵林港市长大，这里是加拿大西海岸温哥华市附近的一个社区。青少年时期的福克斯很活跃，参加了许多运动，当他被确诊为骨原性肉瘤（骨癌）的时候，只有18岁。1977年，为了阻止癌细胞扩散，医生在其膝盖上方15厘米处截去了他的右腿。

住院的时候，福克斯看到了其他癌症患者遭受到的痛苦，其中很多人还是儿童，这使他受到了极大的震动，他决定跑步横跨加拿大，为癌症研究募集资金。他把他的旅程称为"希望马拉松"。

作为准备，他在18个月内跑了5000多公里，之后在1980年4月12日从纽芬兰省圣约翰市开始默默无闻地跑起。虽然刚开始很难吸引关注，但是不久人们对此就产生了兴趣，沿着其跑步路线募集的捐款开始增加。他每天跑42公里，穿过了加拿大大西洋省、魁北克省以及安大略省的一部分。这是加拿大人从不曾忘记的一次旅程。

1980年9月1日，经过143天和5373公里，福克斯的"希望马拉松"在安大略省桑德贝市被迫停了下来，因为癌细胞已经转移到肺部。当他于1981年6月28日去世时，只有22岁，整个国家都陷入到悲痛之中。

英雄的加拿大人走了，但他的遗产才刚刚开始。迄今为止，全世界已经通过每年在加拿大和世界各国举办的"泰瑞·福克斯长跑"，累计筹集到了超过6亿美元的捐款，用于以他的名字开展的癌症研究。

实施愿景还需要领导者为他人设置较高的业绩预期。设定具有挑战性的目标能激励人们去完成任务。设置高期望和有价值的目标，可以用"希望马拉松"的故事作为例子来说明（见专栏7.2）。泰瑞·福克斯是一位癌症患者和截肢者，他试图跑步横跨加拿大，目的是提高社会对癌症研究的重视，为癌症研究募集资金。福克斯拥有愿景，为自己和他人建立了一个极具挑战性的目标。他是勇敢和坚定的。不幸的是，他在完成旅程之前离开了人世，但他的愿景仍然继续存在。如今，泰瑞·福克斯基金会仍然在蓬勃发展。

愿景实施过程的速度并不快，需要持续努力。它是一个循序渐进的过程，不会立即全部实现。由于这个原因，领导者有必要紧盯目标。通过这样做，领导者得以鼓励和支持他人每天付出努力，以实现更大的目标。领导者单靠自己不能实施愿景。在实施的过程中，领导者必须与他人共同工作，向他人授权。因此，重要的是，领导者要与他人分担工作，共同协作，以实现目标。

小　结

称职的领导者将会拥有一个引人注目的愿景，它挑战人们向着更高的卓越标准而努力。愿景是理想的未来状态的心理模型。它提供了比现在更好的关于未来的图景，它以价值观为基础，主张朝向新的理想发起变革。作为地图的愿景能为人们指明方向。愿景也挑战人们致力于更大的共同利益。

首先，高效的领导者能向他人清晰阐述和廓清愿景。这就要求领导者要对愿景进行改编，以适应受众的态度和价值观。其次，领导者要突显愿景的内在价值，强调愿景如何代表值得追求的理想。第三，称职的领导者使用激励和鼓舞作用的语言来阐述愿景。最后，领导者使用包容性语言赢得他人参与，建立利益共同体。

领导者面临的挑战是愿景的实施需经历艰难过程。为了实施愿景，领导者必须成为愿景所阐述的理想和价值观的生动典范或榜样。此外，他必须为他人设置较高的业绩预期，鼓励和授权他人以实现他们的目标。

本章术语

愿景	价值观
现状	地图
图景	挑战
变革	

7.1 案例研究

从头再来

尼克·吉本斯被哥伦比亚大学著名的新闻学院的同学描述为"血液中流淌着墨水的天才记者"。做采访记者10年后，在美国中西部一个约有10万人口的中等规模城镇，尼克担任该地一家报社的本地新闻编辑部主任，管理着当地许多记者和作者。

因此，当拥有该报社的大型传媒集团总裁要求尼克到总部开会，他很兴奋，但总裁的一番话不免让他有些吃惊。公司将停止印刷日报，而是发行数字版。尼克的报纸每周将仅印三天；其他日期的新闻将采用电子版发行。其结果是，报社75%的工作人员将会失去工作。总裁看到尼克的震惊和沮丧，对他说："尼克，我们认为报社只有你才能完成这项变革。"

在回家的三个小时车程中，尼克意识到报纸的这次变革不可避免。在过去十年中，报纸正在慢慢失去订阅者和收入，因为读者转向从互联网获取新闻。报纸数字版的生产和发行成本都比较低。虽然尼克不喜欢走向数字化的理念，但是他心里知道，他仍然坚信报道新闻以及为社区提供信息才是根本，无论采用什么形式。

为了成功地将报纸转变为数字格式，尼克必须改变人们对报纸的根深蒂固的文化和信仰，不仅是其报社内部的工作人员，而且也包括公众。为了做到这一点，他不得不从头开始做起，创造全新的东西。这就需要引入那些热衷未来的人，而不是哀伤过去的人。

他计划采用"三管齐下"的办法。首先，他告诉本报全体工作人员，在三个月内他们会失去目前的工作，他们将不得不重新申请报社内新的工作岗位。第一项任职资质就是有意愿"为本地新闻开拓未来，为这项运动做出贡献"。他告诉他的同事，如果你不能放下过去，那么你就无法前进。最后，近80%的新职位由前员工填补，尼克认为他们是报社"最好和最明智"的人。

其次，尼克把公司办公室从已经使用了120年的建筑搬到了市中心一幢建筑的一楼，面积虽小了些但是空间非常具有开放性。办公室位于一个拐角处，旁边都是窗户，路人可以看到报社内部的工作场景。尼克希望报纸运作具有可视性，这样它就不会看起来好像"消失了"。

尼克的第三招是他所谓的"高宽恕因素"。他们正在创造的是未经试验的新事业，他知道一路会犯很多错误。他向新员工强调，他并不期盼完美，只期盼奉献和决心。例如，犯的错误之一是取消了报纸上面面俱到的当地活动，这就在社会上引起轩然大波。为了纠正这个问题，工作人员确定他们可以抚平社会各界的不满，方法是建立专门网站来发布本地事件日历，活动组织者用电子形式提交信息。一位工作人员将监督大学实习生编辑提交来的信息，更新网站。

当报纸宣布改为数字格式后，反应严峻：读者取消订阅，广告客户像苍蝇一样突然消失。变革两年之后，报纸慢慢赢回了读者，越来越多的人开始访问网站。销售人员开始能够成功培训广告客户如何创建数字化广告，这些数字化广告可以通过采用行为定位和社交媒体来接触目标受众。

问题

1. 这个案例研究中，尼克·吉本斯的愿景是什么？他的愿景与报社老板的愿景有什么相同，又有什么不同？请讨论领导者在被要求实施上司的愿景时所面临的独特挑战。

2. 你认为尼克为什么想向公众公开报社内部的工作场景？这与他的愿景有何联系？

3. 愿景通常需要改变人们的价值观。这个案例研究突出了价值观需要在哪些方面进行变革？

4. 尼克·吉本斯阐述报社愿景的效果如何？如果你处于尼克的位置，在这种情况下你会如何廓清你的愿景？

5. 你认为在尼克的领导下报社会茁壮成长吗？为什么？

7.2 领导愿景问卷

目的

1. 评估你为团队或组织创建愿景的能力
2. 帮助你了解愿景是如何形成的

指导语

1. 思考一下你所加入的工作、学校、社会、宗教、音乐或体育的组织。现在，想想如果你是领导者而且你必须为团队或组织创建愿景，你将做哪些事情。在你完成这个练习的过程中，请记住这一愿景。
2. 使用以下量表，圈出数字以表示你同意或不同意每句陈述的程度。

陈述	完全不同意	不同意	中立	同意	完全同意
1. 我有一幅如何让我们团队变得更好的心理图景。	1	2	3	4	5
2. 我可以想出一些能够改善我们团队的变革。	1	2	3	4	5
3. 我有一个如何使我们的组织变得更加强大的愿景。	1	2	3	4	5
4. 我知道我们如何能改变现状，把事情做得更好。	1	2	3	4	5
5. 我很清楚我们需要采取哪些步骤以改进我们的组织。	1	2	3	4	5
6. 对于组织需要做哪些工作以实现更高标准的卓越，我有一幅清晰的图景。	1	2	3	4	5
7. 这个组织未来应该什么样，我脑海里有一幅清晰的图景。	1	2	3	4	5
8. 我很清楚，哪些核心价值观得到强调将会改善我们的组织。	1	2	3	4	5

7.2 领导愿景问卷

（续）

陈述	完全不同意	不同意	中立	同意	完全同意
9. 我能够找到在团队中应该强调哪些具有挑战性的目标。	1	2	3	4	5
10. 我能够想出几件事情，以鼓舞我的团队表现更佳。	1	2	3	4	5

计分

把你在问卷上圈的数字相加（愿景创建技能）。

总分

愿景创建技能：_____

分数解释

领导愿景问卷旨在测量你作为领导者创建愿景的能力。

如果你的分数是 41~50，你处于非常高的范围。

如果你的分数是 31~40，你处于较高的范围。

如果你的分数是 21~30，你处于中等的范围。

如果你的分数是 10~20，你处于较低的范围。

7.3 观察练习

领导愿景

目的

1. 认识目前团队和组织中领导者创建愿景的方式
2. 找出领导者采用哪些策略来阐述和实施他们的愿景

指导语

1. 对于此项练习，选择处于领导职位上的两个人进行访谈。他们可以是企业、学校或者社会中的正式或者非正式的领导者。惟一的标准是，领导者影响他人迈向目标。
2. 对每位领导者访谈 30 分钟，可以电话访谈，也可以面对面访谈。请领导者形容他们为组织所创建的愿景。此外，询问："你如何阐述和实施你的愿景？"

领导者 1（姓名）_____

愿景内容　　　　　　　　　愿景阐述　　　　　　　　　愿景实施

领导者 2（姓名）_____

愿景内容　　　　　　　　　愿景阐述　　　　　　　　　愿景实施

问题

1. 你观察到两位领导者的愿景有什么异同？

2. 领导者提倡具体的价值观吗？如果是的话，是什么样的价值观？

3. 领导者采用独特符号来宣传他们的愿景吗？如果是的话，采用了什么符号？

4. 领导者的行为以哪些方式为他人树立了愿景的榜样？

7.4 反思与行动清单

领导愿景

反思

1. 史蒂芬·科维（Covey, 1991）认为，有效的领导者"起步时脑子里就装着结局"。这些领导者对于自己的生活目标和使命有着深刻认识。你如何形容你自己生活中的价值观和目标？这些价值观如何影响了你的领导行为？

2. 创建愿景时，需要说服他人接受不同的价值观以及不同的做事方式，从而努力改变他们。你习惯以这种方式影响他人吗？请讨论。

3. 正如我们在本章中所讨论的，有效愿景可以采用强烈的符号来进行阐述。你如何看待自己在这方面的能力？在想出语言和符号以强化愿景并帮助它成功实现方面，你是有效的吗？

行动

1. 根据你在领导愿景问卷上的得分，你如何评价你为团队创建愿景的能力？找出你可以采用哪些具体方式来提高自己创建愿景并与他人一起实施愿景的能力。

2. 优秀领导者会推动愿景的实施。描述你作为领导者已经实施或者能够付诸实施的理念和价值观。

3. 花些时间去思考和描述你现在或过去所从属的团队或组织。假设你是该团队或组织的领导者，你会采用什么样的愿景，请写出内容提要。

参考文献

Bass, B. M., & Avolio, B. J. (1994). *Improving organizational effectiveness through transformational leadership*. Thousand Oaks, CA: Sage.

Conger, J. A., & Kanungo, R. N. (1987). Toward a behavioral theory of charismatic leadership in organizational settings. *Academy of Management Review*, 12(4), 637–647.

Conger, J. A., & Kanungo, R. N. (1998). *Charismatic leadership in organizations*. Thousand Oaks, CA: Sage.

Covey, S. R. (1991). *Principle-centered leadership*. New York: Simon & Schuster.

Empower the Children. (2004). *How one person made a difference*. Retrieved June 8, 2013, from http://www.etc-empowerchildren.org/Organization.htm#OnePerson

Festinger, L. (1957). *A theory of cognitive dissonance*. Stanford, CA: Stanford University Press.

House, R. J. (1977). A 1976 theory of charismatic leadership. In J. G. Hunt & L. L. Larson (Eds.), *Leadership: The cutting edge* (pp. 189–207). Carbondale: Southern Illinois University Press.

Kouzes, J. M., & Posner, B. Z. (2003). *The leadership challenge* (3rd ed.). San Francisco: Jossey-Bass.

Loehr, J., & Schwartz, T. (2001). *The power of full engagement: Managing energy, not time, is the key to high performance and personal renewal*. New York: Simon & Schuster.

Nanus, B. (1992). *Visionary leadership: Creating a compelling sense of direction for your organization*. San Francisco: Jossey-Bass.

O'Neil, J. (2004, February 1). Going global: Want to see the world—and help kids read at the same time? These NEA-Retired members are continuing a lifetime of public service—while seeing the world with new eyes. *NEA Today*. Retrieved August 21, 2013, from http://www.accessmylibrary.com/coms2/summary_0286-20297851_ITM

Sashkin, M. (1988). The visionary leader. In J. A. Conger & R. N. Kanungo (Eds.), *Charismatic leadership: The elusive factor in organizational effectiveness* (pp. 122–160). San Francisco: Jossey-Bass.

Sashkin, M. (2004). Transformational leadership approaches: A review and synthesis. In J. Antonaki, A. T. Cianciolo, & R. J. Sternberg (Eds.), *The nature of leadership* (pp. 171–196). Thousand Oaks, CA: Sage.

Shamir, B., House, R. J., & Arthur, M. B. (1993). The motivational effects of charismatic leadership: A self-concept based theory. *Organization Science*, 4(4), 577–594.

Weir, R. M. (2012, February). Empowering Calcutta's children. *Encore Magazine*, pp. 35–37.

Zaccaro, S. J., & Banks, D. J. (2001). Leadership, vision, and organizational effectiveness. In S. J. Zaccaro & R. J. Klimoski (Eds.), *The nature of organizational leadership: Understanding the performance imperatives confronting today's leaders* (pp. 181–218). San Francisco: Jossey-Bass.

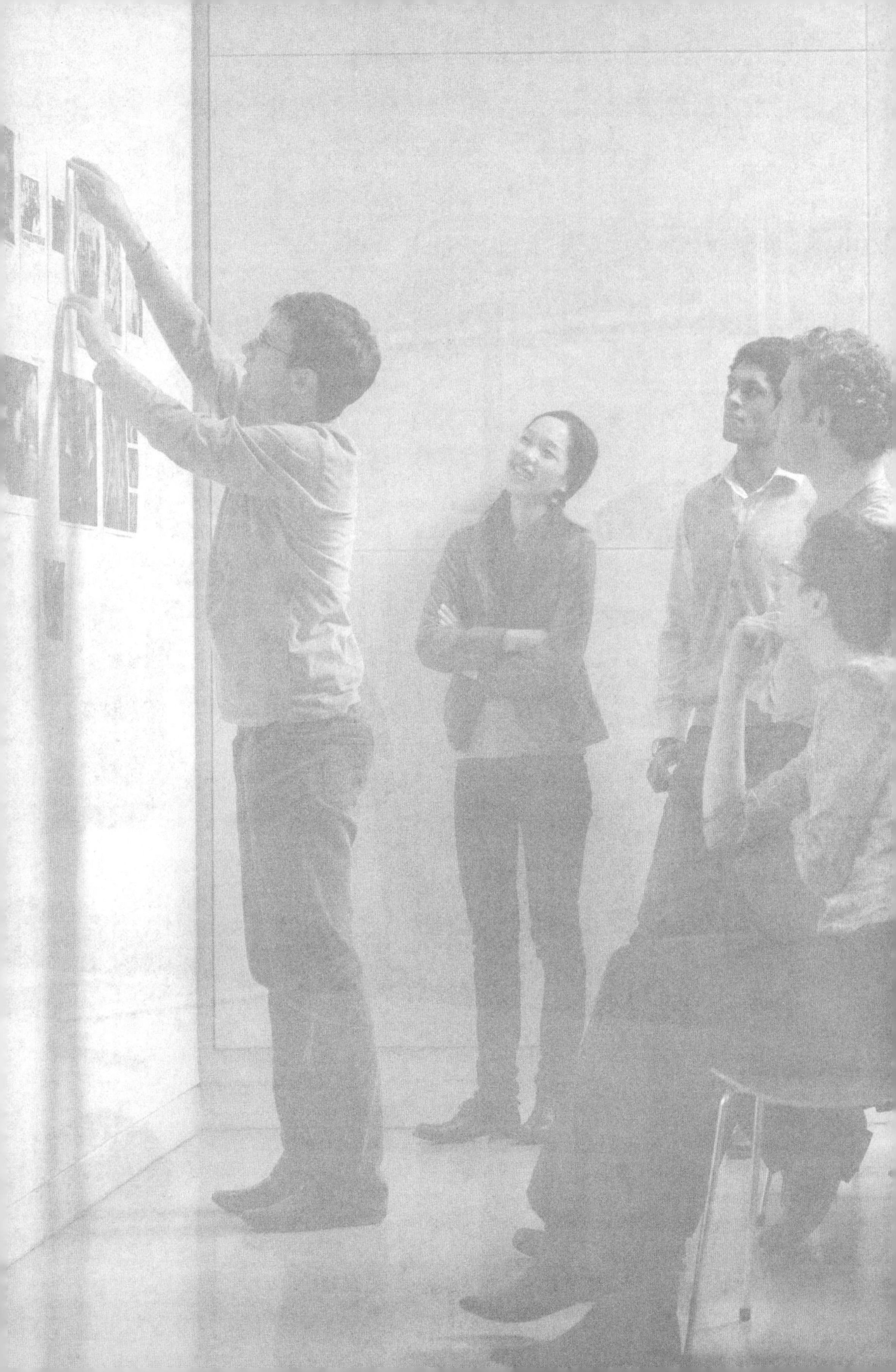

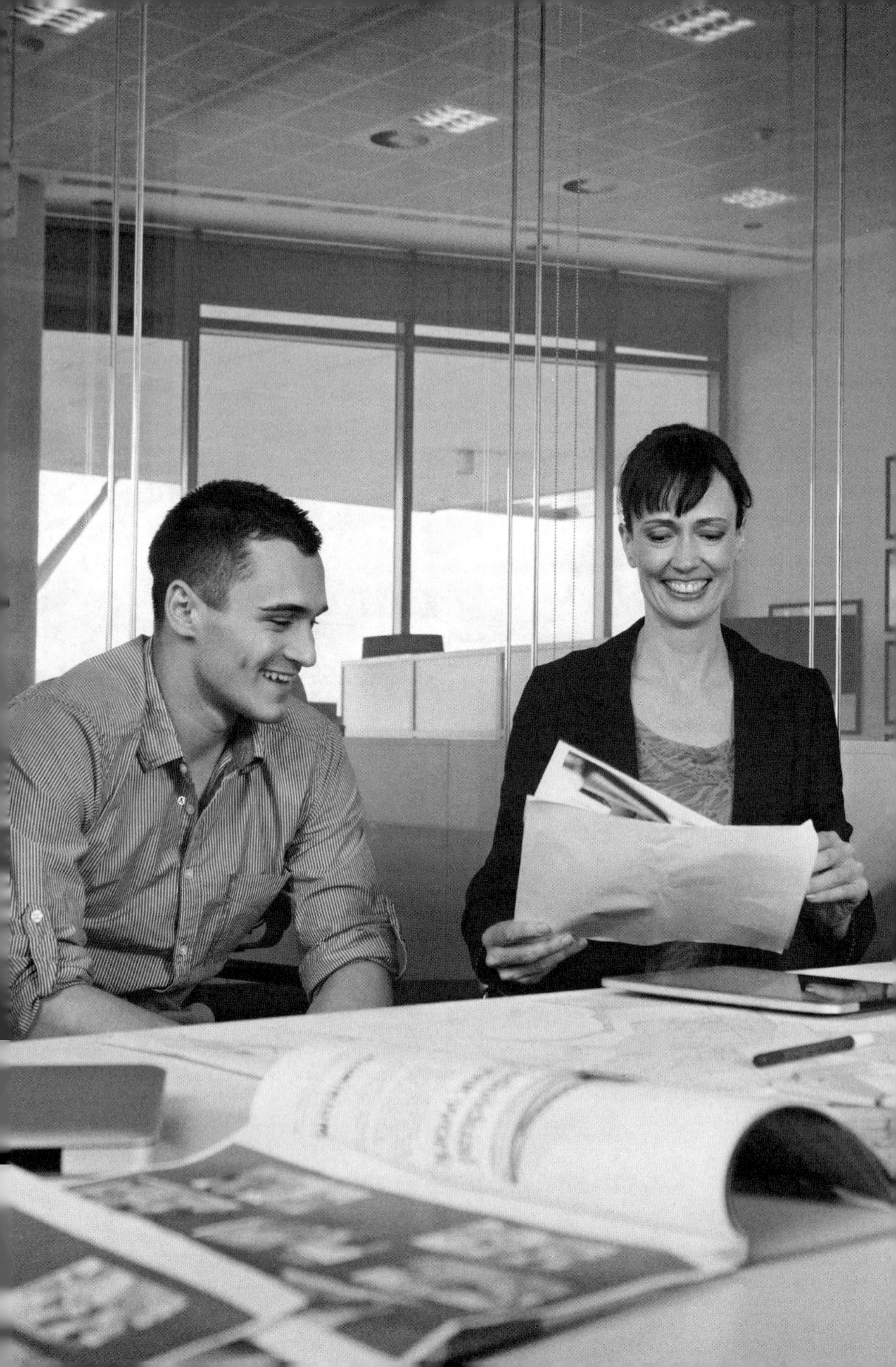

第 8 章

营造建设性氛围

概　述

正如前面章节曾讨论的，领导者必须关注任务、关注人；领导者必须拥有其能够廓清和实施的愿景。同样重要的是，领导者还必须能够为团队或组织中的人营造建设性氛围（establish a constructive climate）。

建设性氛围的阐释

氛围是指团队或组织的气氛。它被定义为人们对各种事物在组织中的存在方式的共同认识（Reichers & Schneider, 1990）。氛围与团队的惯例、价值观、程序和基本假设均有联系（Schein, 2010）。它是个体对集体的活动、程序和假设的共同感知。积极氛围的形成源自人们感受到自己在组织中得到支持、赞赏和鼓励。建设性氛围是这样的：这种气氛能提升组织成员的满意度，促进他们实现最佳业绩。

营造建设性氛围要求领导者提供结构、明确规范、打造凝聚力，以及推动卓越标准。通过为团队营造建设性氛围，领导者可以确保成员更有效地共同工作。

领导者营造了建设性氛围之后，他就能够帮助团队成员，努力发挥出他们的最高水平（(Larson & LaFasto, 1989)）。

实践中的氛围

为了营造建设性氛围，领导者必须考虑四个因素：提供结构、明确规范、打造凝聚力、推动卓越标准。

提供结构

因为团队工作可能是混乱和具有挑战性的，所以领导者提供一种**结构**（structure）意识对团队成员是有帮助的。提供结构很像给团队成员一张工作的建筑蓝图，该蓝图为团队活动的目的赋予了形式和意义。把结构灌输给组织，就可以为人们提供安全感、方向感和稳定感。它可以帮助人们认识到自己适合哪个位置，必须完成什么目标。举例来说，如果攀登珠穆朗玛峰的团队成员不知道他们的角色，不遵循明确的登山计划，那就非常可怕了。在缺乏结构的团队中，工作对于每个人来说都是相当困难的。

领导者如何向团队提供结构呢？首先，领导者需要把团队目标传达给成员。当领导者清晰描述了分工和职责，团队成员就能获得更好的方向感。例如，军队士兵得到命令需执行具体**使命**（mission），那么这个使命就是其工作的目标，它能将其他的活动组织起来。另一个例子是大家一起开会，由领导者制定会议议程。

在大多数高校中，每门课上课的第一天，教授们就分发并讨论教学大纲。

浏览教学大纲对学生来说是很重要的，因为它提供了有关课程结构的信息。教学大纲还提供了有关任课教师、课程目标、阅读和书面作业、测验、考勤要求以及考试安排等方面的细节。有些教授甚至还详细说明了每周教学主题的日程安排，帮助学生更有效地做好准备。课程将要完成哪些任务，教学大纲对此设置了结构，为课程定了基调。学生上完第一次课之后，对于这门课程将来是什么样以及课程对自己有什么要求就会非常清楚。

领导者还可以通过明确每个成员以何种独特方式对团队做出贡献来提供结构。领导者可以帮助下属认识到他们在团队中的作用以及如何成为富有成效的团队成员。高效团队能充分利用每个人的天赋，因此会取得很大成果。当团队成果大于个人贡献的总和时，说明出现了所谓的**协同作用**（synergy）。领导者面临的挑战就是要发现每个团队成员如何贡献于团队使命，并鼓励团队承认这些贡献。例如，有些人善于提出想法，而有些人则善于建立共识。此外，有些人善于设置议事日程，还有一些人则善于确保会议有可用的合适设备。每个人都拥有独特天赋，都能做出独特贡献。高效领导者知道如何发现每个人拥有的、可为整个团队做出贡献的特殊天赋。（领导者帮助下属最大化发挥其优势的深入讨论详见第 3 章"发挥人的优势"。）

明确规范

除了对团队进行结构化，领导者还必须明确团队规范。**规范**（norms）是团队成员创建并共享的行为规则。社会心理学家们多年来一直认为，规范在团队绩效和效率方面起着重要作用（Cartwright & Zander, 1968; Harris & Sherblom, 2007; Napier & Gershenfeld, 2004）。规范就像路线图，指导我们在团队中的行为。规范告诉我们，什么行为是适当或者不适当的，什么行为是正确或者错误的，什么行为是允许或者不允许的（Schein, 1969）。规范不会自行产生——它们是人们相互作用以及与领导者相互作用的结果。例如，在为期一天的培训研讨会上，参与者和研讨会的领导者可能会共同决定，每个人都关闭自己的手机，任何人不可提前离开。保险代理机构的员工可能会决定"商务便装"的着装规则在工作日是合适的，而牛仔裤在星期五是可以的。领导者如何对待下属以及下属之间如何相处，规范因此应运而生。

规则之所以重要，其原因是它们对于团队运行和团队成功具有强大影响。例如，不允许学生举手或者不允许学生对议题发表评论，建立这种规范的课堂环境可能是很枯燥的。每周员工会议如果允许人们不停地与旁边的人交头接耳，将会产生一种缺乏凝聚力的氛围，很可能会影响整体绩效。从积极方面来看，在小企业环境中建立起来大家在工作中相互帮助的规范是有益的，具有激励作用。领导者需要意识到，规范总是存在的，即使它们是内隐的或者难以言表的，仍然会影响团队的生产效率。

在创建团队规范、认可规范和让规范变得具有建设性等方面，领导者可以产生重大的影响。当领导者带来建设性规范，它对整个团队就会产生积极的影响作用。下面的例子说明了领导者如何正面影响团队规范。马特·史密斯暑假从大学回到家，应邀接任弟弟所在棒球队的教练工作，因为以前的教练离开了。在接任团队教练之前，马特观看过几次训练，了解球队运行的规范。除此之外，他观察到，团队成员训练时经常迟到15至30分钟，他们常常忘了带棒球鞋或手套，训练不太认真。总而言之，马特发现，小伙伴们似乎并不在意球队，对于他们正在做的事情也没有多少自豪感。马特明白执教这支球队将是一个真正的挑战。

马特执教几个星期之后，球队规范逐渐发生了变化。马特不断强调准时开始训练，鼓励球员"带好装备"来参加训练，如果球员在训练中认真刻苦就予以表扬。到了夏季结束的时候，他们已经是一支完全不同的球队了。球员开始变得很享受训练过程，他们努力训练，而且表现不错。最重要的是，他们认为自己的棒球队是"最棒的"。

之前，队员与前任教练的规范妨碍了球队及其目标。在马特的领导下，球员们形成了新规范，这使得他们能够更好地发挥作用。

规范是团队运行的重要组成部分。它们形成于团队的早期阶段，有时很难改变。领导者应该密切关注规范的形成，并尽可能调整规范，使之能最大限度地发挥团队效能。

打造凝聚力

领导者营造建设性氛围的第三种方法是打造凝聚力。凝聚力经常被看成高效团队具有的一种难以描述却又必不可少的成分。**凝聚力**（cohesiveness）被描述为"我们感"，它是把大家团结在一起的粘合剂，或者存在于团队内部的团队精神。凝聚力允许团队成员表达个人观点，给予和接受反馈意见，接受与己不同的观点，喜欢做有意义的工作（Corey & Corey, 2006）。若团队具有凝聚力，成员就会感到相互之间以及与团队整体有着一种特殊的联结，成员就会认同团队及其目标，也会从成为且被接纳为团队的一分子中获得满足感。

凝聚力与团队的许多积极结果具有联系（见表8.1）（Cartwright, 1968; Shaw, 1976）。首先，高凝聚力常常与更多的参与和成员之间更好的互动具有联系。在高凝聚力团队中，人们倾向于愿意说话，也更认真倾听。他们更容易表达自己的意见，在倾听他人的意见时也更具有开放性。

其次，在高凝聚力团队中，成员倾向于具有更高的一致性。成员相互之间形成了积极情感，也更愿意参加团队会议。例如，在一个高凝聚力的匿名戒酒会中，成员经常相互表达鼎力支持，也会一贯地出席会议。

第三，高凝聚力团队能够对成员产生强大影响。成员更加严格遵守团队规范，更多致力于团队的目标导向行为。在一个非常成功的越野田径队中，所有成员相互支持，相互鼓励做到最好。

表 8.1　高凝聚力团队的积极结果

- 成员的参与更多。
- 成员之间的互动更好。
- 团队成员的一致性更高。
- 成员相互之间形成了积极的情感。
- 成员更愿意参加团队会议。
- 成员之间相互影响。
- 成员更加严格地遵守团队规范。
- 团队行为更加具有目标导向性。
- 成员满意度很高。
- 成员的生产效率更高。

资料来源：Cartwright, 1968; Shaw, 1976.

第四，高凝聚力团队的成员满意度也高。队员感到更加安全，并能在团队参与中找到乐趣。想想你作为学生曾经上过的最佳课程。它可能有着很高的凝聚力，你非常喜欢这门课，以至于学期结束时你会恋恋不舍。

最后，高凝聚力团队的成员通常比低凝聚力团队成员具有更高的生产效率。高凝聚力团队的成员能将精力集中于团队目标，而无须花费大量时间解决人际关系问题和冲突。例如，当某项目团队具有高凝聚力时，就不会出现社会懈怠。大家齐心协力追求团队目标。

鉴于凝聚力的积极结果，领导者怎样能帮助团队形成凝聚力呢？团队凝聚力不会自动形成，但是随着时间推移可以逐步创建出来。领导者可以通过在自己的领导活动中整合下列行动来协助团队创建凝聚力：

- 帮助团队建立信任气氛
- 邀请团队成员成为积极参与者
- 鼓励消极或退缩的成员积极投入
- 愿意倾听，欣然接受团体成员的个性

- 帮助团队成员实现他们的个人目标
- 促进成员在安全环境中自由表达不同观点
- 允许团队成员共同承担领导责任
- 促进和提倡成员之间的互动,而不仅仅是领导与下属之间的互动(Corey & Corey, 2006)。

领导者若能做到上述清单中所描述的某些方面,则打造高凝聚力团队的可能性就会增加。

思考以下例子中五名学生组成的服务性学习团队,他们的目标是通过发起摇滚音乐会来为特殊奥林匹克运动会筹集资金。团队成员有:约翰,该学生听力不好,感到与大学生活有疏离感和排斥感;埃米莉,一位充满活力的学生,特别希望能在班上的成绩得 A;比尔,意见非常清晰的年长学生;艾比,思想开放,对摇滚乐队有浓厚兴趣;戴恩,一位才华出众的学生,厌恶在团队项目中与他人合作。

在最初的会议上,团队是支离破碎的,凝聚力比较低。团队中具有音乐天赋的两个人(埃米莉和艾比)认为,必须靠他俩完成举办音乐会的所有工作,才能募集到 200 美元。约翰从不说话,比尔和戴恩的态度则是旁观。在早期会议上,团队成员都缺乏热情,相互之间感情消极。然而,该课程的教授鼓励埃米莉向约翰伸出橄榄枝,尝试让他加入进来。变化逐渐发生了,团队开始朝着较为积极的方向发展。埃米莉发现与约翰沟通存在困难,因为只有对着特殊的手持麦克风与约翰说话,他才能听清楚。埃米莉在团队外面花了一个小时左右与约翰进行沟通,很快与他建立起了有意义的联系。与此同时,比尔最初认为约翰不可能对团队有所贡献,但是,当他看到埃米莉与约翰相处很好时,他开始改变自己的想法。自从埃米莉通过麦克风与约翰说话之后,比尔认为他也应该尝试一下。

因为艾比认识当地三支乐队的人,她把精力放在了为他们的音乐会寻找一支优秀乐队上。约翰是工程专业的学生，当他提出可以制作海报和派发传单，以宣传音乐会时，团队能量开始聚焦起来。约翰做了两星期宣传，在整个社区的大规模宣传工作就这么完成了。约翰、比尔和戴恩重新激起的能量得到了很好利用，团队成绩远远超过此前预期。

该项目结束时，团队为特奥会筹得了450美元资金，团队解散的时候大家成为了朋友。约翰称，这个团队项目是他大学教育中最有意义的经历之一。戴恩得意于他认识来参加音乐会的大部分人。比尔因团队远超出了他的预期而欢喜不已。艾比聘请的乐队助音乐会大获成功，他也因此感到自豪。埃米莉为她自己成功的组织领导工作而感到骄傲。

上述例子中的服务性学习团队在开始的时候凝聚力比较低，但是在项目结束时则有了很高的凝聚力。凝聚力之所以产生，是因为团队成员之间建立起了信任，孤僻和被动的成员受到鼓励后，积极参与和介入了这次活动。团队成员学会倾听和尊重彼此的意见，接受对方为独特的人。从这个例子中，领导者得到的教益是要帮助其团队建立凝聚力。如果做到这一点，其带来的积极成果可能远远超出预期。

推动卓越标准

最后，领导者可以通过推动**卓越标准**（standards of excellence）来营造建设性氛围。在一项经典研究中，拉森和拉法斯托（Larson & LaFasto, 1989）分析了75个非常成功的团队特点。他们研究的著名团队包括德贝基—库利心脏手术团队、挑战者号灾难调查团队、圣母大学1966年锦标赛足球队，甚至还包括麦当劳麦乐鸡团队。在他们的分析中，研究人员发现，卓越标准是与团队成功有联系的关键因素。卓越标准是什么？这些标准是存在于团队或组织中或明示或暗含的业绩预期。卓越标准一般包括六个因素，它们对于成员有效发挥作用至关重要：

1. 团队成员必须知道什么，他们必须获得哪些技能
2. 他们必须表现出多大的主动性和努力
3. 期望团队成员之间如何相处
4. 最后期限的重要程度
5. 他们必须实现什么目标
6. 如果他们实现了目标或者没有实现目标，会产生何种后果（Larson & LaFasto, 1989, p. 95）

从本质上说，卓越的标准是指为团队的绩效建立一个标杆。卓越标准的一个很好的例子是"普强公司"的口号（见图 8.1），该公司是美国密歇根州卡拉马祖市的一家医药制造企业，成立于 1885 年。普强公司之所以出名，是因为它发明了"易碎丸"而使制药行业发生了革命性变化，该药品可以用拇指压碎。除了这一创新，多年来普强公司在制药方面还做出了其他很多发明与贡献，成为世界上最大的制药企业之一。多年来，整个公司内部提倡的口号一直是"保证质量"。

"保证质量"抓住了卓越标准的精髓。这个口号是清晰、直接、有力的。它把责任放到了员工身上，他们要为保持品质而努力——这就是一个卓越标准。

图 8.1　卓越标准口号

译者注：图中文字意思是"保证质量"。
资料来源：Courtesy of the WMU Archives and Regional History Collections.

领导快照：梅格·惠特曼，惠普首席执行官

当梅格·惠特曼（Meg Whitman）于2011年接任惠普公司首席执行官时，她走进的是一家可以被描述为"一塌糊涂"的公司（Winkler, 2012）。

惠普曾经是硅谷无可争议的统治者，它有着卑微的开始，从一个车库企业成长为科技巨头，生产计算机、软件、打印机和其他信息技术服务和产品。虽然它是世界上最大的科技公司，拥有1200亿美元年营业收入和33万员工，但是，公司在过去十年中不断下滑。导致1999年之后走马灯似地更换CEO。

惠特曼是惠普在不到十年中的第四任首席执行官。她是普林斯顿大学和哈佛大学的毕业生，拥有令人印象深刻的履历。作为eBay的首席执行官，她引领该公司成为网上拍卖巨头，她进入公司第一年时销售额为8600万美元，而十年后她辞去首席执行官时销售额上升到77亿美元。2010年竞选加州州长失败之后，惠特曼开始在惠普董事会任职，被请去运营这个陷入困境的公司。

惠特曼被形容为直言不讳、平易近人和坚持不懈，她的领导风格让人回想起惠普的创始人威廉·休利特和戴维·帕卡德。在他们的领导时期，公司创造了被称为惠普之道的企业文化，强调诚信、团队、创新，员工都有着很高的忠诚度。但是，创始人离开之后，后继的领导发生了变化，原先推崇的企业文化悄然消逝了。

惠特曼知道在当今竞争激烈的高科技世界，她无法重塑已经形成的行业文化，她决心重振惠普早期的诚信、创新和忠诚。她是出了名的不按常理出牌，站在行政的对立面。她的第一个举措就是将分隔高管停车场与普通员工停车场的铁丝网和加锁大门清除。"我们进入大楼的方式应该与其他人相同"，她说（Anders, 2013）。在内部，惠特曼让几位执行副总裁搬出他们的豪华办公室，包括她自己，把他们安置在小隔间。"这不是一个花里胡哨的公司"，她说（Vance & Ricadela, 2013）。

惠特曼被形容为"果断而不粗暴，有说服力而不油滑"，她是一位团队建设者，旨在解决公司内随处可见的、数以百计的小问题，而不是寻找一次奇迹收购或者一付包治百病的良药。"有问题是件好事情，只要你快速解决这些问题"，她说（Anders, 2013）。

在她的组织内，她宣扬节俭和谦

虚。当惠普的竞争对手戴尔获得"微软必应"3.5亿美元的订单，惠特曼打电话给微软首席执行官，问问为什么。"告诉我，我们的短处在哪里"，惠特曼问道，"不要掩饰，我想知道，这样我们下次可以做得更好。"结果得到了多页备忘录，上面列出了惠普的九大短板。惠特曼没有把它当成一种侮辱，而是把它看成一个作战计划（Anders, 2013）。"冲向火场，而不是躲避它"，她告诉员工。

从外部看，惠特曼曾亲自接触公司的客户和合作伙伴，一年中她前往参加了300多个一对一会面和42次圆桌会议。在这些会议上，她听到了投诉和问题，回到硅谷后，这些问题中的大部分都能得到迅速解决。"她让自己比她的前任更容易找到"，一位客户说（Anders, 2013）。

惠特曼还没有把惠普带出困境，这一直打击着股东和行业分析师的热情，他们认为彻底改变需要五年。"第一条就是要解决我们存在的问题"，她在担任首席执行官之后的第一次董事会上说。

惠特曼承认，吸引她担任此职的因素是有机会重振一家标志性公司。"能够成为对硅谷和国家都很重要的公司的一部分，令我相当自豪。这是一家不错的企业，这里有不错的人"，她动情地说（Anders, 2013）。

惠特曼自己给惠普的品牌语言是"让它有所值"（Make It Matter），这就是她打算做的事。

口号强烈要求员工应该一直朝着这些标准而努力。此外，"保证质量"所强调的积极预期对员工和公司两方面都有价值；质量是公司期望员工达到期望绩效的重要基准。

根据对600多名团队领导者和6000名团队成员的研究，拉法斯托和拉森（LaFasto & Larson, 2001）找到了领导者能够影响绩效和推动卓越标准的几种具体方法。为了改善绩效，作者认为领导者必须强调"3R"：（1）要求（require）结果，（2）考评（review）结果，（3）奖励（reward）结果。

1. 要求结果。领导者须向团队成员阐述清晰、具体的期望。领导者与团队成员一起工作，应该建立起共同目标，确定具体目的以实现与目标相关的结果。如果没有明确期望，团队成员就会不知所措，不确定团队对自己的要求是什么。

他们不能确定团队期望他们实现什么样的结果。要求结果是管理绩效的关键的第一步（LaFasto & Larson, 2001）。

例如，在研究过程中要求四五个同学组成一组，在课程结束之前一起完成一项"应用项目"。虽然教授对于其希望学生完成的任务有着清晰思路，但是学生根本不知道什么是应用项目，也不知道如何开展这个项目。在几位学生对缺乏明确行动指南表达出了沮丧之后，教授解释说，应用项目涉及从一项研究中抽出结论，并将这些结论应用于真实情境。她概述了项目的评价标准，明确表示期望学生做哪些事情，项目需要达到什么深度，论文必须报告项目的哪些关键要素。有了这些明确说明，学生对应用项目的焦虑减少了，也能够在团队中更有效地开展工作了。

在这个例子中，教授最初要求的结果并不清晰。当她澄清其期望后，同学们就能够做出成果。给予明确目标和指导是迈向优质绩效的第一步。

2. 考评结果。除了要求结果，领导者还应该考评结果。根据拉法斯托和拉森（LaFasto & Larson, 2001）的研究，领导者通过提供建设性反馈意见和解决绩效问题来做到这一点。

如果领导者打算帮助团队成员维持卓越标准，那么，给予建设性反馈意见就是必需的（见表 8.2）。建设性反馈意见是就团队成员绩效进行真诚和直接的沟通。它并不是小心眼或者家长式作风，也不算老好人或者自视高人一等。建设性意见反馈可以让团队成员知道，他们是否用正确方式以正确速度做了正确事情。虽然这是不容易做到的，但是，给予建设性反馈意见是每个人都能学会的技能。如果做得正确，建设性反馈意见让团队成员能够真实地看待自己，知道他们需要坚持或改善哪些方面（LaFasto & Larson, 2001）。

考虑下面例子中的两位餐厅经理（经理 A 和 B）以及他们的服务员。经理 A 被认为非常直率，有时甚至显得有点刻薄。虽然他希望餐厅做到最好，但是，

表 8.2　提供建设性反馈意见的技巧

采用非对抗的、建设性的方式提供反馈意见能使人大大受益。不幸的是，我们很多人天生并不拥有这种反馈技能。然而，学习一些简单的沟通方法，则能够显著提高你提供建设性反馈意见的能力。

1. 处理行为。

用事实来描述存在的问题，而不是把注意力放在针对个人特质上。例如，领导者可以说："珍妮，我注意到你最近三天上班迟到了。你能解释一下原因吗？"而不是"你为什么不能够准时上班？"

2. 具体描述你所观察到的事实。

观察你看到的事情，对所发生的事情进行分析或者发表意见。告诉他人你所看到的事情，而不是你对所看到的事情有怎样的看法，提供你所观察到的事实，而不是你的判断。例如，领导者可以说："丹，我注意到你提交的报告中有几个事实性和语法性错误，我把它们标注出来了"；而不是"丹，所有这些错误让我怀疑你在最后一刻是否在做这个报告。"

3. 使用"我"的语言。

使用"我"的陈述而不是"你"的陈述，这将有助于减少你谈话对象的防御。例如，你可以说："乔伊，因为我们的办公桌离得很近，当你在电脑上播放音乐的时候，我很难集中注意力"；而不是"在他人试图工作的时候，你却在播放音乐，你真的不体贴他人。"这样你就更容易引起你所希望的变化。

4. 用平静和非情绪化的语言给予反馈。

避免使用"必须"这样的词语（例如，"你必须改善这个……"）或者隐含愤怒、沮丧或失望的语气。领导者不要说"如果你早点学会使用这个软件，你会把工作做得更好"；而应该说"我相信你会做得更快，因为你知道如何使用这个软件。"

5. 做好检查工作以确保已经进行清晰沟通。

从对方那里获取反馈，以确保对方确实明白你试图沟通的内容。例如，领导者可以说："安，你了解订购耗材的程序吗？你可否再检查一下，以确保没遗漏每样耗材？"而不是"安，你搞到了所需要的全部耗材，不是吗？"

他对绩效的评价总是很糟糕。经理 A 确实敢说真话，但是他不怎么讲究策略。如果服务员速度慢或者效率低，他会明确地告知对方他的看法。事实上，员工常常以为经理 A 是在打击他们。虽然经理 A 希望员工做得好一些，但是他不知

道如何使这种行为发生。他经常告诉他的员工："在这个地方，我不掩饰任何东西。如果你表现不佳，就要听好了！"

相反，在如何与服务员相处方面，经理B很细心。经理B关心员工，这表现于她如何进行员工绩效评价。如果服务员做错了什么事，经理B总会及时指出，但是从来不会采用刻薄的方式。当给予表扬或批评时，反馈总是客观的，从来不说极端话；反馈意见从来不打击人。这位经理经常评价她的员工，但是所采用的方式总让他们感觉良好，这种方式使他们愿意更加努力工作。

经理A和经理B在如何给予员工反馈意见的做法上大不相同。经理A的反馈是破坏性的，会挫伤员工的积极性；而经理B的反馈意见是建设性的，有助于改善员工的表现。结果是，服务员很喜欢为经理B工作，而不喜欢为经理A工作。当经理B主管时，员工表现较佳；而当经理A主管时，员工则表现较差。

解决绩效问题是考评结果的第二个部分。拉法斯托和拉森（LaFasto & Larson, 2001）发现，高效领导者的显著特征是他们愿意面对并解决团队成员的不当表现。显然，团体中的个体都希望他们的领导者把其他成员维持在"正轨"。如果团队中某些成员出现懈怠，或者不履行他们的职责，领导者需要改变这种局面。

团队工作是一种集体努力，每一个人都必须全身心投入。团队成员是相互依存的，所有成员都承担着努力实现团队目标的责任。当某些成员不肯努力时，就会影响团队中的每一个人。这就是为什么领导者必须解决团队任何成员不当表现的原因。如果领导者不这样做，做出贡献的团队成员就会感到愤怒，感觉受到轻视，好像他们的工作并不真正重要。

处理团队成员的不当表现，是富于挑战和充满情绪的过程，对领导者提出了很高的要求（LaFasto & Larson, 2001）。这个过程不容易，但是它又是领导的必要组成部分。高效领导者是主动的，问题出现的时候要能够直面、不回避。在问题情境中，领导者必须与低绩效成员进行沟通，并解释他们的行为妨碍了团队实现目标。领导者也必须解释应该做哪些不同的事情。在清晰地确定了必须做哪些改变之后，领导者还须监控低绩效团队成员的行为。如果该团队成员做出了令人满意的变化，他们才可以继续留在团队中。如果团队成员拒绝改变，领导者则需要与他就离开团队事宜进行协商。如果领导者能及时处理这些问题行为，就既有益于绩效出现问题的当事人，也有益于整个团队。

绩效考评的一个例子可见于私立郊区高中校长山姆·威尔逊的故事。山姆是位高效的领导者，受到学校里学生、老师和家长的尊敬。作为校长，他负责招聘学校的所有教师。在一个秋季学期，山姆注意到他聘请来教几何学的米歇尔·郎恩表现得有些懈怠。米歇尔上班迟到，教工会议缺席，教学工作好像也让她提不起精神。见她表现不佳，山姆把米歇尔请到他的办公室，讨论他的担忧。在面谈过程中，山姆毫无保留地说出了他对米歇尔工作的忧虑，并请米歇尔给出她对这些问题的看法。经过长时间的讨论，山姆明确提出，如果米歇尔想继续留在这所高中任教，她就必须在几方面做出改变。

面谈之后，米歇尔是有了些改变。她按时上班，参加了几次教工会议，改善了教学计划。这种积极行为持续了一个月左右之后，她又回到了老路上去了。在三月份，山姆给米歇尔进行年度绩效考评时，他明确告诉她，明年不会续签她的教学合同。虽然米歇尔很不高兴，但是她明白为什么她被解雇。

在随后的几个月中，米歇尔完成了学年工作，然后在另一所学校找到了一份工作。解雇米歇尔是不容易的，山姆也觉得自己问心无愧。虽然学校中有些教师对于米歇尔被解雇感到惊讶，但是他们也表示某种程度的理解，因为他们认识到，她的工作的确没有达到学校的标准。

3. **奖励结果**。最后，高效领导者要对团队成员取得的成果进行奖励（LaFasto & Larson, 2001）。对高效领导者的行为所提出的许多要求都是抽象的（例如建立规范），而且颇具挑战性（例如打造凝聚力）。然而奖励结果的情况就不是这样。奖励结果是非常现实且直截了当的过程，是所有领导者都能做到的事情。

库泽斯和波斯纳因领导效能方面的咨询工作而闻名，他们（Kouzes & Posner, 2002）认为，奖励结果是模范领导者的五大习惯之一。他们认为，领导者应该认可团队成员的贡献，并对每个人的卓越表现表示赞赏。这包括关注团队成员、为他们提供鼓励、给予他们个人化的赞赏。这些表示可以是生动的，例如设宴庆祝；也可以是简单的，例如通过电子邮件给予简短表扬。当领导者认可团队成员，并给予鼓励，团队成员会觉得受到重视，并产生强烈的团队认同感，提升了团队精神。

有效奖励绩效的一个很好的例子可见于一家非营利性组织领导者是如何奖励其团队成员克里斯托弗·沃尔夫的。克里斯托弗是活跃的董事会成员，连续15年他都愿意分享其独到见解和专业知识。为了表示对其工作的赞赏，董事会主席要求制作表彰克里斯托弗贡献的T恤衫。T恤衫的前面是一匹狼披着羊皮的漫画，象征着克里斯托弗向董事会做出的许多积极贡献。T恤衫背面是文字"狼群"，董事会其他成员的姓名都列在上面。克里斯托弗和董事会的每个成员都获得了这样一件T恤衫，这对每个人都具有很大冲击力。虽然T恤衫既普通又便宜，但是，这的确是认可克里斯托弗和所有董事会成员的一种独特方式。

小　结

营造建设性氛围是在不知不觉中进行的，但是，它是高效领导的基本要素，在团体或组织有效运作过程中发挥着重要作用。营造建设性氛围与在一家公司中为员工创建积极氛围是相似的。它要求领导者提供结构、明确规范、打造凝聚力、推动卓越标准。

领导者提供结构的方式包括创建具体目标、给予明确分工和清晰阐述职责。帮助每个团队成员感到被接纳，知道他对团队整体目标做出了贡献，这也是提供结构。

领导者在帮助建立积极的团队规范方面发挥着重要作用。有效团队创建了积极规范，这使他们能富有成效地工作。如果团队规范是消极的或者不利于提高效率，领导者就必须帮助团队成员改变规范或者制定新规范。通过协助团队建立积极规范，领导者能促进团队绩效最大化。

打造凝聚力是营造建设性氛围的第三个方面。凝聚力是具有强烈联结感和团队精神的高绩效团队的特殊品质。凝聚力与许多积极结果具有联系，打造凝聚力的领导者能够帮助团队成员相互信任、相互倾听并尊重彼此的意见，互相接受对方为独特的人。

最后，为了营造建设性氛围，领导者应该推动卓越标准。高效团队拥有明确的卓越标准——他们已经为所期望的绩效建立了基准。如果领导者要求结果、考评结果、奖励结果，那么，就能最大限度地实现卓越标准。

总之，营造建设性氛围是需要领导者做大量工作的复杂过程。如果领导者设置积极基调，就会在令人瞩目的团队绩效方面获得回报。

本章术语

结构　　　　　　　　　　　　　规范
使命　　　　　　　　　　　　　凝聚力
协同作用　　　　　　　　　　　卓越标准

8.1 案例研究

两门课程的故事

埃博妮·埃利斯有两门沟通课程是在同一教室里接连上的，但是它们之间差异很大。

第一门课程是"人际沟通"，任课教师是史蒂夫·加德纳，他是一位已经在大学任教20多年的老教授。上课第一天，他口头解释了课堂行为规则，这些要求也以文字形式发给大家——关闭手机，不准发短信，而且关闭笔记本电脑，除非学生需要使用它来做笔记。上课准时开始，准时结束。学生应尽量不早退。

埃博妮的第二门课程是"组织沟通"，任课教师是玛丽萨·摩根，她是一位40多岁的年轻教授，课堂规则不同。目前还没有任何规则。这位教授不介意学生在课堂上是否使用笔记本电脑。短信和说话也不加制止。摩根教授第一天就宣布说学生应该对自己的课程学习负责，她相信他们知道如何学得最好。当学生迟到或早退时，她总是向他们说"你好"或"再见"。

埃博妮非常喜欢上人际沟通课程。加德纳教授的教学方式已经成功地让班上75位学生集中注意听他讲课，认真听其他同学发言。学生和教授的自我展现都十分频繁，而且经常有很多幽默和笑声。虽然是个大班，但大多数人都知道对方的名字，加德纳教授也是如此。很多学生在课外也一起做些事情。在他的课程中，学生每隔一周都写读后感，他们还有期中和期末考试。

组织沟通课程的氛围对埃博妮来说就截然不同。它是自然产生的，不受控制。摩根教授有时候会亲自讲课，但是大部分时间她只是来到教室，请学生讨论他们想谈论的话题。学生互相不知道对方名字，课外很少互相联系。摩根教授也布置写论文，但是论文都很短，学生的个人观察报告都没有给成绩，而是仅仅标注已交或者未交。学生课程总成绩的依据是每位学生在组织沟通领域自选主题进行课堂报告。

埃博妮认为，两位教授的两种不同风格恰是她的组织沟通课堂报告的极佳选题。为了获得更多信息，她访谈了两位教师，想弄明白为什么他们的课堂管理风格存在如此大的差异。

加德纳教授介绍他的教学理念是这样的："我希望学生认为这个班级是独特的，这门课非常重要，很有价值。我知道所有学生的名字，我让他们用我的名字或者我的头衔称呼我。我真希望他们从一开始就上对路。我试图通过让学生倾听彼此发言来建立一个团队。班级的乐趣和活力来自他们建立的友情。然而，为了彼此倾听，他们必须充分表达。为了充分表达，他们必须注意力集中。发短信和打开笔记本电脑，对我来说这表示学生与团队脱节了、分离了。注意力只在自己，而不是在社群上。"

摩根教授说，她的目标是一方面要确保覆盖课程的必需内容，另一方面仍然要享受教学过程。"我在课堂上给学生足够自由，他们或者下沉，或者上浮。这种自由使我能提出我的想法，然后他们可以按照自己的意愿自由讨论这些问题。我认为今天的学生都是多面能手，他们能够找到自己的学习方式，即使在课堂上有人发短信或者使用笔记本电脑。很多时候，在课堂上学生能够谈到在浏览互联网时发现的很有价值的内容，这些确实能补充到我们的讨论中去。在我看来，我作为教授的作用是提供学习所需的材料，而学生们负责他们自己能吸收多少。"

埃博妮还访谈了像自己一样同时选修这两门课的学生。伊恩说，他对加德纳教授的课程很满意，因为他知道课程对他的期望，课堂行为规范是什么，而且"他是本校惟一知道我名字的教授"。加德纳教授的评分结构与伊恩选修的大部分其他课程相同，他喜欢作业有成绩等级，这让他在学期进程中知道自己的学习状况。至于摩根教授的课，他认为是"可以"的，但是，他发现课堂上有人发短信会分散注意力。伊恩还加重语气说他的成绩等级取决于一次大作业。

加德纳教授的课也是布里安所喜爱的。她说，感觉摩根教授的课"有点乱"，讨论不受教授控制，因此课堂没有固定话题，你学到的很少。摩根教授为他们的每篇论文写出了有思想深度的评语，但是，不清楚论文与她的讲课内容有什么联系，更重要的是与期末成绩有什么联系。布里安发现期末报告作业是一个有趣的挑战，但是与课程和专业没有多大关系。

"他们两个人都很好"，伊恩说，"只是非常非常不同。"

问题

1. 在为班级营造建设性氛围方面，两位教授分别制定了什么类型的结构？
2. 你如何描述每个班级的团队规范？
3. 两位教授分别在班级中采取了哪些行动来打造凝聚力？
4. 两位教授分别为自己的课程建立了什么样的卓越标准？
5. 在哪种课堂氛围中你会做得最好？为什么呢？

8.2 组织氛围问卷

目的

1. 深入了解你的领导力如何影响他人
2. 帮助你了解在为团队或者组织营造氛围方面自己的优势和劣势

指导语

1. 对于下面每句陈述，指出你做出该行为的频率。
2. 给出你的第一印象。答案没有正确或错误之分。

当我是领导者时……	从不	很少	有时	经常	总是
1. 我向团队成员给出明确分工。	1	2	3	4	5
2. 我强调团队会议准时开始和准时结束。	1	2	3	4	5
3. 我鼓励团队成员、赞赏整个团队的价值观。	1	2	3	4	5
4. 我鼓励团队成员工作时发挥出自己的最佳能力水平。	1	2	3	4	5
5. 我把团队目标清晰地阐述给每个人。	1	2	3	4	5
6. 我为团队成员树立团队规范的榜样。	1	2	3	4	5
7. 我鼓励团队成员相互倾听和尊重。	1	2	3	4	5
8. 我强调人们工作出色的时候认可他们。	1	2	3	4	5
9. 我向团队成员强调团队任务的总体目标。	1	2	3	4	5
10. 我表现出能与团队成员进行有效沟通。	1	2	3	4	5
11. 我鼓励团队成员尊重彼此差异。	1	2	3	4	5
12. 我推动卓越标准。	1	2	3	4	5
13. 我帮助团队成员理解他们在团队中的目的。	1	2	3	4	5
14. 我鼓励团队成员认同团队规则。	1	2	3	4	5
15. 我鼓励团队成员相互接受对方为独特个体。	1	2	3	4	5
16. 我对团队成员的工作给予真诚反馈。	1	2	3	4	5
17. 我帮助团队成员了解他们在团队中的角色。	1	2	3	4	5
18. 我希望团队成员在他人说话时注意倾听。	1	2	3	4	5

8.2 组织氛围问卷

（续）

当我是领导者时……	从不	很少	有时	经常	总是
19. 我帮助团队成员互相建立友谊。	1	2	3	4	5
20. 我告诉绩效不佳的团队成员如何提高他们的工作质量。	1	2	3	4	5

计分

1. 第 1、5、9、13、17 项目的分数相加（提供结构）。
2. 第 2、6、10、14、18 项目的分数相加（明确规范）。
3. 第 3、7、11、15、19 项目的分数相加（打造凝聚力）。
4. 第 4、8、12、16、20 项目的分数相加（推动卓越标准）。

总分

提供结构：_____

明确规范：_____

打造凝聚力：_____

推动卓越标准：_____

分数解释

该问卷旨在测量与营造建设性氛围相关的四个因素：提供结构、明确规范、打造凝聚力、推动卓越标准。通过比较你的分数，你可以确定你作为领导者在营造建设性氛围方面自己的优势和劣势。

如果你的分数是 20~25，你处于高的范围。

如果你的分数是 15~19，你处于稍高的范围。

如果你的分数是 10~14，你处于稍低的范围。

如果你的分数是 5~9，你处于低的范围。

8.3 观察练习

营造建设性氛围

目的

1. 深入了解领导者如何为团队或者组织营造建设性氛围
2. 确定具体因素如何影响团队绩效

指导语

1. 在本练习中,你将观察某位领导者举办会议、实践、课程或者其他与团队相关的活动。
2. 全程参与该团队的活动,并在下面记录你的观察。

领导者姓名:_____

团队名称:_____

团队结构(组织)的观察记录:

团队规范的观察记录:

团队凝聚力的观察记录:

团队卓越标准的观察记录:

问题

1. 领导者采用什么方式向团队成员阐明团队目标?

2. 领导者如何利用团队不同成员的独特天赋?

3. 哪些是积极的团队规范,哪些是消极的?领导者如何改善这些规范?

4. 在从1(低)到5(高)的范围内,你如何评价该团队的凝聚力?领导者可以采用哪些方式来促进团队精神,又有哪些方式是失败的?

5. 推动卓越标准的一个关键因素是奖励结果。领导者是如何对取得佳绩的团队成员进行奖励的?

8.4 反思与行动清单

营造建设性氛围

反思

1. 根据你在组织氛围问卷上的得分，在为团队或者组织营造建设性氛围方面你有什么优势和劣势？请讨论。

   优势：

   劣势：

2. 你对本章中服务性学习团队形成凝聚力的例子有何看法？你认为凝聚力在团队中发挥怎样的重要作用？你在团队中能体验到凝聚力吗？请讨论。

3. 本章强调团队规则和规范对高效团队都是非常重要的。你同意吗？解释你的答案。简要评论你自己适应团队规则的意愿和能力。

4. 营造建设性氛围的一个重要方面是对他人给予认可。奖励或表扬他人对于作为领导者的你来说是容易办到的事情吗？请讨论。

行动

1. 假设你被选出来领导班级的某个团队项目，正在准备第一次会议。根据你在本章已经读到的内容，确定你可以采取哪五个重要行动来帮助团队营造一个建设性氛围。

2. 本章认为营造建设性氛围要求领导者为团队成员树立行为榜样。对你来说，团队中的哪三种价值观很重要？你会如何向团队成员表现出这些价值观？

3. 高绩效团队有明确的卓越标准。讨论你在鼓励他人"保证质量"方面能达到什么水平。为了鼓励他人在工作中发挥出最佳能力水平，你还可以加强哪些领导行为？

参考文献

Anders, G. (2013, June 10). The reluctant savior of Hewlett-Packard. *Forbes*, 191(8), 64–76.

Cartwright, D. (1968). The nature of group cohesiveness. In D. Cartwright & A. Zander (Eds.), *Group dynamics: Research and theory* (3rd ed., pp. 91–109). New York: Harper & Row.

Cartwright, D., & Zander, A. (Eds.). (1968). *Group dynamics: Research and theory* (3rd ed.). New York: Harper & Row.

Corey, M. S., & Corey, G. (2006). *Groups: Process and practice* (7th ed.). Pacific Grove, CA: Brooks/Cole.

Harris, T. E., & Sherblom, J. C. (2007). *Small group and team communication* (4th ed.). Boston: Pearson.

Kouzes, J. M., & Posner, B. Z. (2002). *The leadership challenge* (3rd ed.). San Francisco: Jossey-Bass.

LaFasto, F. M. J., & Larson, C. E. (2001). *When teams work best: 6,000 team members and leaders tell what it takes to succeed*. Thousand Oaks, CA: Sage.

Larson, C. E., & LaFasto, F. M. J. (1989). *Teamwork: What must go right/what can go wrong*. Newbury Park, CA: Sage.

Napier, R. W., & Gershenfeld, M. K. (2004). *Groups: Theory and experience* (7th ed.). Boston: Houghton Mifflin.

Reichers, A. E., & Schneider, B. (1990). *Organizational climate and culture*. San Francisco: Jossey-Bass.

Schein, E. H. (1969). *Process consultation: Its role in management development*. Reading, MA: Addison-Wesley.

Schein, E. H. (2010). *Organizational culture and leadership* (4th ed.). San Francisco: Jossey-Bass.

Shaw, M. E. (1976). *Group dynamics: The psychology of small group behavior* (2nd ed.). New York: McGraw-Hill.

Vance, A., & Ricadela, A. (2013, January 10). Can Meg Whitman reverse Hewlett-Packard's free fall? *Bloomberg Businessweek*. Retrieved June 9, 2013, from http://www.businessweek.com/articles/2013-01-10/can-meg-whitman-reverse-hewlett-packards-free-fall#p1

Winkler, R. (2012, November 20). Another fine mess for H-P. *The Wall Street Journal*. Retrieved June 9, 2013, from http://online.wsj.com/article/SB10001424127887324712504578131252852902768.html

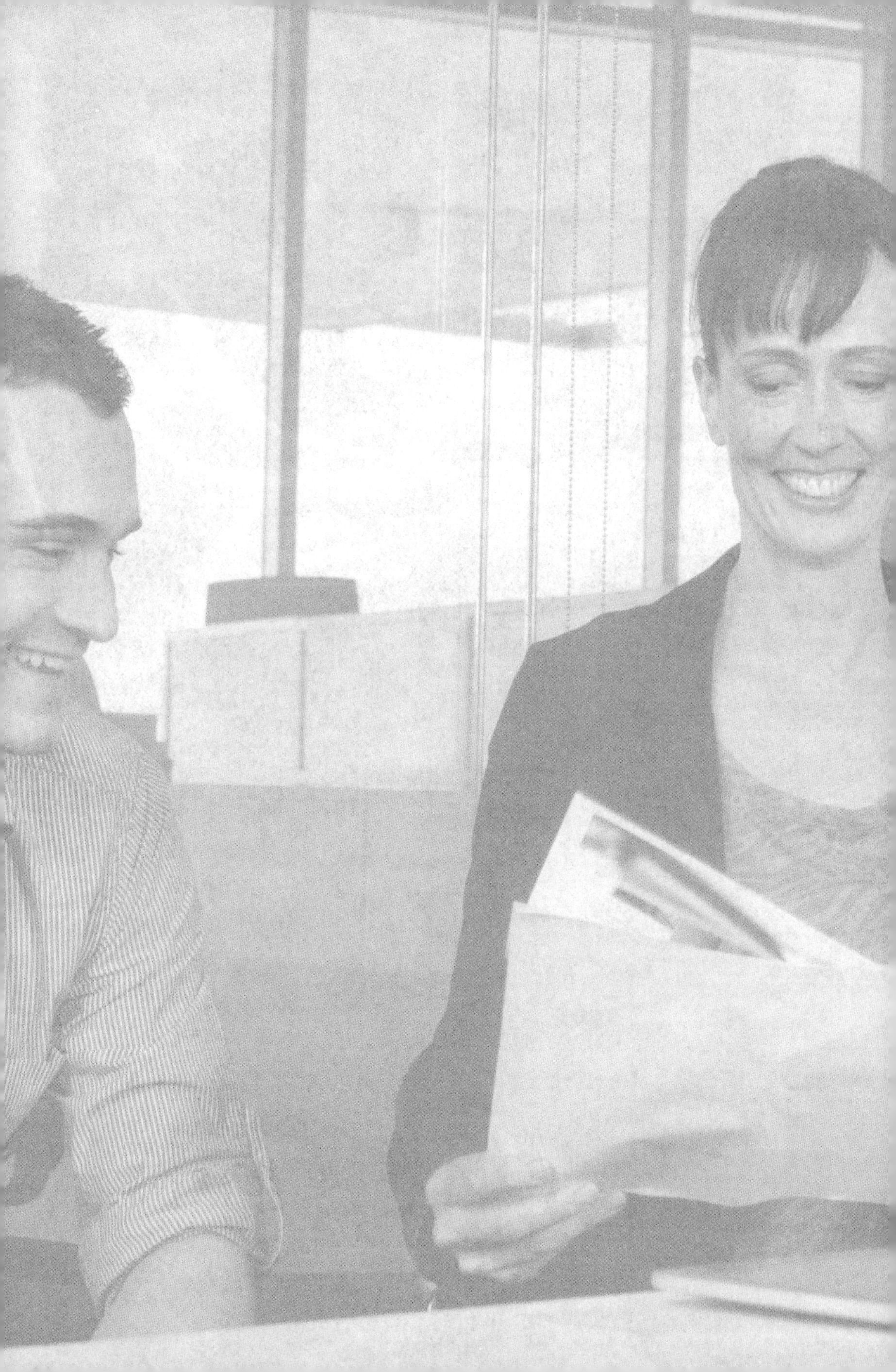

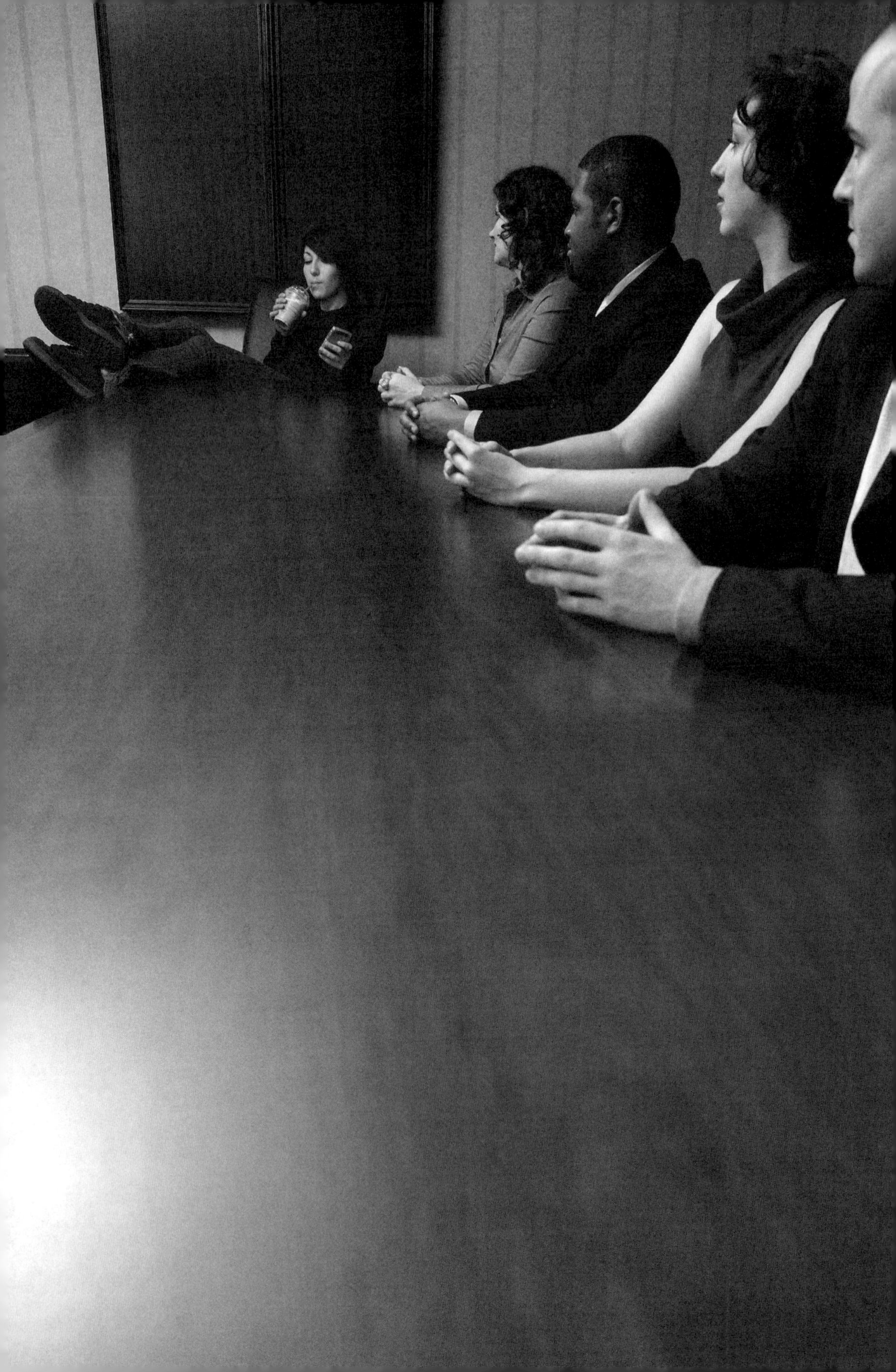

第9章

倾听外群体成员

概 述

外群体成员是指群队或组织中并不认同大群体的那些个体。倾听并回应外群体成员，是领导者必须面对的最困难挑战之一。如果领导者不能成功面对这些挑战，则外群体成员会感到不被重视，感到他们的独特贡献未得到充分发挥。优秀领导者都知道倾听团队所有成员特别是外群体成员的重要性。

在任何情境中，只要一群个体试图达成某个目标，就经常会发现还有一些外群体成员。外群体成员在日常生活中是自然产生的。他们存在于地方、社区和全国等不同层级的所有情境中。在几乎所有这些情境中，当一个或多个个体没有"入队"或在圈内，团队的绩效都会受到不利影响。由于外群体成员如此普遍，任何想成为领导者的人都应该搞清楚如何与外群体成员共事，这一点非常重要。

在许多日常交往中可以发现外群体成员。在学校里，外群体的孩子经常不认为自己属于学生集体。例如，他们可能也想参加体育或音乐活动，或者俱乐部什么的，但是由于各种原因，他们没有这样做。在工作中，也存在外群体，包括那些不认可管理层的愿景的人,或者被排除在重要决策委员会之外的人。在项目团队中,有些外群体成员就是那些干脆拒绝为大群体的活动做出贡献的人。在更大范围内,如在美国,茶党就是一个外群体,代表着对税收和大政府感到失望的那些人们。

本章将审视为什么领导者倾听外群体成员是重要的。将要讨论的问题包括"谁是外群体?""为什么会形成外群体?""外群体有何影响?"以及"领导者应该如何应对外群体?"对于外群体的讨论,我们将重点关注领导者可以采用哪些策略来建立归属感和团队感,以实现大群体的目标。本章采取的观点隐含的价值观是,领导者有义务和责任倾听外群体成员并"把他们带入"大群体的组织活动之中。有些人会与这种观点进行争论,也有人会说这很天真;但是,团队或者组织中每个成员的独特内在价值都不能被低估。虽然有时候必须放弃某些外群体成员,因为他们太极端,与他们相处效率很低,或者他们只是不想加入其中。但是,本书主张,在大多数情况下,领导者有责任听取和接纳外群体成员。

外群体成员的阐释

定义外群体成员有许多不同方式。在我们看来,**外群体成员**(out-group members)这个词是指在一个群队或组织中不把自己定位为其更大群体一部分的那些个体。这些个体是脱离的,没有为实现团队目标而完全投入工作。他们可能反对大群体的意志,或者对团队目标完全不感兴趣。他们可能觉得自己是不被接纳的、游离的,甚至被歧视,比如那些在班级上表现得像个"小霸王"的学生,是因为他们觉得受到了冷落。此外,他们可能会认为自己无能为力,因为其潜在资源或"本事"没有得到大群体的充分承认。

外群体有多种形式:他们可能是认为自己的声音没有被听到的少数派,或者,认为自己怀才不遇。他们可能只是不认同主流群体的领导者或者其他成员。外群体成员有时是社会惰化者——他们在团队中倾向于偷懒、混日子。总之，外群体成员感觉到自己与大群体格格不入。例如，在除自己之外其他人全为男性的董事会中，单个女性可能觉得其他董事会成员不会认真看待或者理解她对问题的看法。

外群体是如何形成的

外群体的形成存在很多不同原因。首先，一些外群体的形成是因为这些人不同意多数派所持社会、政治或伦理观点——他们感觉到自己与大群体的观点相反。一个组织在必须做出决策时，往往很难达成一致意见，因为时间有限，又必须继续前行。在缺乏共识的情况下，个人要么向多数派观点看齐，要么与少数派观点结盟。少数派常常被看成是外群体。即使用投票来决策，结果也常会产生赢家和输家，而输家往往认为自己是外群体成员。虽然投票决策通常被视为一种理想的获得结果的民主途径，其不足之处是，它始终会导致部分个体感觉到他们与团队其他人不是一伙的。

外群体形成的第二个原因可以用**社会同一性理论**（social identity theory）来解释。该理论认为，外群体产生是因为有些人不能认同多数团队成员的信念、规范或者价值观。关于团队的研究（Hogg & Abrams, 1988; Tajfel & Turner, 1979, 1986）表明，团队中的个体经常拥有共同的社会身份，并按照那种身份来对待彼此（Abrams, Frings, & Randsley de Moura, 2005）。在群体环境中，成员欣然接受团队其他成员的社会同一性，并把团队的事情当成是自己的事情。例如，在癌症患者支持小组中，小组成员很可能接受一个共同的身份——积极应对疾病的癌症幸存者。在归属于群体并与他人分享经历的过程中，人们发现了其中的意义。他们发觉彼此拥有共同经历。但是，如果其中一名成员所患的癌症更严重，并且不觉得自己会幸存，那么这个人可能会成为外群体成员。如果某些个体不能认同群体，就会导致其不接受主流群体的现实，这时外群体就产生了。

外群体形成的第三个原因与身份认同或同一性问题密切相关，因为人们感觉到他们被大群体排除在外。他们不知道自己在团队中最适合的位置在哪里，或者其他人是否需要自己。团队成员可能认为他们太老迈，太年轻，太保守，太自由，或者只是抱怨与大群体有些不同。例如，在一个大学足球队，一年级球员可能不知道如何配合高年级球员。同样，在护理专业女生居多的某个班级中，男同学可能会觉得自己与该专业的其他学生不同，不知道该如何融入这个专业。在诸如此类的情境中，人们往往感觉到他们与大群体是疏离的。此外，他们可能会认为自己是无力的、弱势的。当有人觉得不是群体的一部分，并感到被排斥时，就会感到无趣了。我们都需要被接纳，如果一些需求得不到满足，我们就会感到焦虑。

外群体形成的第四个原因是，有些人缺乏与大群体和谐相处所必需的沟通技巧或者社交技能。在任何一群人中，经常有一两个人因其自己的行为而把自己与群体分开了。例如，在大学本科的项目团队中，可能有位学生发言太多或者霸占着小组讨论，结果使自己与群体其他成员疏远了。或者还可能是某学生行为很教条，或者还有学生总是爱发表一些奇谈怪论。这些类型的个体，基于他们自己的言论和行为，致使自己与群体其他人分离开来。他们似乎无法适应群体规范。虽然这些人做了很多尝试，但是他们常常发现自己仍然是站在圈子外面往里看。即使他们可能想加入大群体，但是他们很难做到，因为他们不知道该如何融入。在这些情况中，缺乏沟通和社交的技能往往会导致他们成为外群体成员。在现实中，外群体的形成有许多可能原因。任何一种原因都是可以理解的，深入了解这些原因是尝试解决外群体问题的第一步。

外群体成员的影响

外群体成员可能会对其他人产生许多不利影响。某些弊端相对来说可能不太重要，例如，造成组织效率轻微下降。但是，也有些弊端相当严重，例如产生冲突或者招致罢工。

那么，为什么领导者应该关注外群体成员的负面影响呢？首先，外群体成员与建立团队共同体背道而驰。共同体的本质是鼓励每个人意见一致，并在同一方向上推动每个人。共同体把人们团结在一起并提供了一个地点，在那里，他们可以表达相似的思想、价值观和意见；在那里，他们可以被自己团队的其他成员倾听。共同体使人们能够完成伟大的事业。它使人们能够携手合作，以追求支持共同利益的共同愿景。通过共同体合作，团队中的每个人都可以获取更多利益。

然而，由于其本身的性质，外群体成员要么与共同体冲突，要么回避共同体。因为共同体对他们来说可能是有威胁的、不熟悉的或者无趣的，有些人需要离开共同体，因为他们的行为不利于共同体充分利用所有资源以实现共同目标。

下面的例子发生在一所大学的社会工作课程上；它说明了外群体对共同体具有的负面影响。"社会工作概论"这门课在学校里很受欢迎，具有良好的声誉。该课程每个学期的主要作业是团队服务项目，要求每个人都参加。

卡特里娜飓风在美国南方造成严重破坏。几个月之后的一个学期，班上有几位成员提出了一个服务项目，春假期间到新奥尔良做救援工作。显然，该项目是有客观需求的，将会用到每个人的天赋和技能。为了完成该项目，班级必须做大量的规划和筹资。大家组成了委员会，设计了T恤衫。大家似乎一致认为，"团结——我们可以把事情做得更好"是个很好的主题。

当一些学生不愿意参加时，问题就出现了。一名学生指出，他认为提供救援是政府的工作，而不是民间组织的事情。另一名学生说，目前在新奥尔良已经有许多志愿者，也许在自己所在城市的南部做些清洁工作是更好的服务他人的方式。班上还有两个人不喜欢春假期间服务穷人这种想法，因为他们想去墨西哥坎昆市游玩。

这些学生没有能够找到共同点。前往新奥尔良的行程被取消，T恤衫也没有印成，每位学生在当地小学做了40小时教学工作，算作是服务项目。课程就这样结束了。班级主体不能与外群体成员达成共识，外群体的需求和愿望阻碍了班级其他同学实施新奥尔良项目。外群体的兴趣妨碍了班级去体验共同体及其整体利益。

领导应该关注外群体的第二个原因是，外群体对群体协同效应会产生负面影响。群体协同效应是努力达成共同目标的群体成员所产生的正能量。它是由自身产生的一种增量。群体协同效应是有效群体和高效运转团队最令人惊叹的特征之一。具有协同效应的群体完成的工作量远远大于没有协同效应的群体。群体协同作用不是每个人贡献的简单相加；它大于每人贡献的总和。它是"再加更多"，使高效群体的完成量远远超出预期。

不幸的是，外群体会妨碍团队的协同。外群体会减损而不是增加团队的能量。如果外群体成员故意搅局或者要求苛刻，他们会从团队带走更多能量。这种能量并不是指向团队目标，因此会对生产率产生不利影响。外群体不是共同工作以实现共同目标，而是独自行动，做自己的事情。这对团队是有害的，因为外群体具有的独特贡献，没有在共同利益中得到体现、讨论或者利用。每个人都应该在团队中带来自己的天赋和能力，这样才能有利于团队。外群体一旦形成，就会导致团队部分成员的个人贡献得不到利用，团队协同效应就会减弱。

某出版公司的一个营销团队的例子有助于说明这一问题。该团队负责为其所在城市的一份餐饮新出版物进行概念开发。团队中有两位成员之前做过杂志工作，对于新出版物的内容有一些很好的想法。团队另有一位成员曾在餐饮业工作多年，根据经验他对杂志内容则有不同想法。一位营销人员既没有杂志经验，也没有食品行业经验，但凭借他在公司里的资历被确定为这个团队的负责人。第五个成员是新雇员，刚开始在该机构工作。

不幸的是，团队中不同群体之间从一开始就存在紧张关系。两位前杂志管理人员想让这一出版物成为用餐指南，在刊物上评论本地餐馆，详列本市每家饭馆。来自食品行业的撰稿人认为它应该是更为高档的出版物，用铜版纸印刷，以专题报道食品发展趋势和当地厨师的故事，刊登食品设计师华丽而令人垂涎的创作照片。那位新员工还在学习企业文化，不敢随便发表意见，只是说他会支持团队领导者心目中的最佳方案。这位团队领导者还有四个月就要退休了，她认为团队成员应该自己做工作，在向前推进的最佳理念方面达成共识。两位前杂志管理人员带那位新员工共进午餐几次，试图说服他站到他们这边。几个星期的多次会议之后，团队必须向出版公司董事会提交他们的创意。因为团队没有对新出版物的方向达成共识，每一方都向董事会报告了各自的创意。该营销团队未能就杂志形成意见一致的计划，这激怒了公司总裁，该项目的所有成员都被免职了。

在上述例子中，团队领导者未能把意见有分歧的外群体成员整合成一个整体。她需要和应该做的是：发现每位外群体成员可能做出的独特贡献（例如，以前的杂志经验、食品行业专门知识、营销专长），并利用这些贡献服务于整个团队的利益。因为领导者未能成功应对外群体成员，团队协同效应降低了，项目也被耽误了。

领导者应该关心外群体的第三个原因是，外群体成员没能从他人那里得到应有的尊重。伦理型领导的核心原则是尊重每位成员的责任。正如比彻姆和鲍伊（Beauchamp & Bowie, 1988）所指出的，必须把人们视为拥有自身目的的自主个体，而不是实现他人目标的手段。遵循伦理意味着要尊重他人的决定和价值观，若不然则只能意味着他们被当作了实现他人目标的手段。

领导者有伦理责任回应外群体成员。这些个体不可能无缘无故地成了外群体。他们感到被疏远、不被接受或受到歧视，或者简单地选择不参与，必然有其原因。不管原因是什么，外群体成员都值得领导者和团队其他成员去倾听。

总之，外群体的影响不容低估。当外群体存在时，他们会对团队、群体协同以及外群体成员自己产生负面影响。每位领导者都面临这一挑战：以提升团队及其目标实现的方式来积极回应外群体成员。

实践中的外群体成员

虽然关于高效领导的许多思想是抽象的，但是，领导者回应外群体成员的策略应该切实可行。它们是领导者可以用来更有效地处理好外群体问题的一些具体步骤。在阅读这些策略时，问问自己，你如何采用这些策略来改善自己的领导力。

策略1：倾听外群体成员

外群体成员希望他人倾听他们吐露心声，这比什么都重要。无论觉得自己是无能为力、被疏远，还是受到歧视，外群体成员都需要他人倾听他们的心声。显然，的确有人感觉到他们未被倾听，这是外群体存在的最主要原因。外群体成员有想法、态度和感情，希望有机会表达；当他们相信自己的这些东西未能得到表达，或者将来也没有表达的机会，他们就会离开团队，并且脱离与团队的联系。

倾听（listening）是领导者回应外群体成员的一个最重要途径。它不仅要求领导者注意他人说什么，还要求领导者要能听出话外的意思。倾听既是一个简单过程，也是一个复杂过程，要求注意集中、思想开放和忍耐宽容。倾听要求领导者要抛开自己的偏见，以便让外群体成员自由表达自己的观点。当外群体成员认为领导者听到了他们的心声，他们会觉得受到了肯定，感到与大群体联系得更紧密。显然，倾听应该是领导者的首要任务。

策略 2：向外群体成员展现出同理心

与倾听相似，领导者还需要向外群体成员展现出同理心。共情或**同理心**（empathy）与仅仅倾听相比，是要求更高的一种特别的倾听。它要求领导者换位思考，从外群体成员的角度看世界。同理心是领导者暂时搁置自己的感受而努力了解外群体成员感受的过程。

对有些人来说，展现同理心要比其他人更容易一些，这是任何人都能学会和提高的一种技能。展现同理心的技巧包括重述、释义、回应和支持（见表 9.1）。通过使用这些技巧，领导者可以支持到外群体成员，使其得到更好的理解。

表 9.1　如何展现同理心

领导者可以通过四种沟通技巧展现出同理心：
1. 重述
通过重述他人已表达的内容而不添加任何你自己个人的想法和信念，你就可以直接确认和验证他人观点。例如，说："我听到你说……"或"听起来好像你感到……"
2. 释义
这种沟通技巧涉及用你自己的语言总结他人表达的内容。它有助于向他人传递信息表示你理解他所说的内容。例如，说："换句话说，你是说……"或"换种方式说，你的意思是……"
3. 回应
通过为他人已表达或未表达的情感和态度充当镜子或回音板，你专注于内容如何表达，或者语言背后的情感维度。这种技术可以帮助他人认识他们的情绪，帮助他们识别和描述这些情绪。例如，说："那么，你对这一切感到非常困惑和愤怒……"或"你对该过程感到受惊和害怕，我这样说对吗？"
4. 支持
这种沟通技巧表达出理解、安慰和积极关注，让他人知道他不是"独自一人"。例如，说："根据你的态度，我知道你会做得很好……"或"我对你取得的进步印象深刻。"

策略 3：承认外群体成员的独特贡献

期望理论（Vroom, 1964）告诉我们，激励他人的第一步是让员工知道他们胜任本职工作。如果人们知道他们能够做好工作，动机就会建立起来。对于外群体成员尤其如此。当领导者承认外群体成员对大群体的贡献时，外群体成员就会变得更有动力。我们大家都希望我们的贡献能够得到正式认可，其他人把我们当回事儿。外群体成员想知道他们的想法是有价值的，他们对团队是重要的。

在许多情况下，外群体成员认为他人没有认识到自己的优势，这很常见。为了处理这些问题，对于领导者来说，重要的是辨别外群体成员的独特能力和优势，并把它们融入团队进程。例如，如果团队成员提出了一个激进的但最终却能成功完成艰巨任务的方法，领导者应对该外群体成员表示赞赏，让他知道，那个想法有创意且有价值。领导者必须让外群体成员知道，他们所做的事情对大群体意义重大。

某班级里学生必须做一个服务性学习项目，这个例子有助于说明认可外群体成员独特贡献的重要性。在班级小组交流课上，一个团队选择为社区一名老妇建设一个轮椅坡道。在项目初始阶段，团队士气并不高，因为团队有一个成员（艾丽萨）选择不参加这个项目。艾丽萨说，她很不善于使用手工工具，她不想做体力劳动。团队其他成员为该项目做了很多计划，想在没有艾丽萨帮助下也能完成。结果，艾丽萨感到被拒绝了，很快就与团队产生了隔阂。她对团队感到失望，开始批评这个项目的目的，对团队其他成员的个性说三道四。

这个时候，该团队的一位领导者决定多留意艾丽萨，倾听她在说什么。很快这位领导者明白了，虽然艾丽萨不善用手工作，但是她有两项惊人天赋：她擅长音乐，而且她能做出美味午餐。

自从领导者有了这个发现，团队中的事情就开始发生了变化。艾丽萨开始参与了。她投入坡道建设，包括在其他人建筑坡道时为团队成员和老妇演奏 30 分钟他们喜爱的音乐。此外，艾丽萨做的美味三明治和饮料能适应团队成员每个人独特的饮食偏好。到了最后一天，艾丽萨觉得受到团队接纳，她提供的美食收到的称赞次数如此之多，以至于她决定以体力劳动来帮助团队完成这个项目：她开始耙去坡道周围的废弃物，脸上也露出了笑容。

虽然艾丽萨的天赋与建筑坡道没有直接联系，但是她对创建成功团队做出了真正贡献。每个人都应该被接纳，都应该在团队建设项目中发挥作用。如果某位外群体成员的天赋没有被发现，没有在团队中发挥作用，那么，项目就可能出现问题。

策略 4：帮助外群体成员，使其感到被接纳

威廉·舒茨（Schutz, 1966）指出，在小团队的情境中，我们人际交往的最强需求之一就是想知道我们是否归属于团队。我们是"圈内人"还是"圈外人"？外群体的真正本质意味着这些成员置身局外，没有参与行动。外群体成员并不觉得他们归属于团队、被团队接纳或者"处于圈内"。舒茨提出，人们需要与人建立联系。他们想要融入团队，但是又不愿意融入团队太深以至于失去自己的身份认同。他们只不过是不想归属太多以至于失去了自我。

虽然并不容易，但是领导者可以帮助外群体成员，使其更多地被接纳。领导者可以观察外群体成员给出的交流线索，并尝试以适当方式作出回应。例如，如果一个人坐在团队边上，领导者可以把椅子围成一圈，邀请他坐在圈里。如果一个人不遵循团队规范（例如，休息时间不与任何人一起去户外），领导者可以亲自邀请外群体成员加入进来。同样，如果某个团队成员非常安静，尚未作出贡献，领导者可以主动征求其意见。虽然有很多不同方式可以帮到外群体成员被接纳，但底线是，领导者需要对外群体成员的需求保持敏感，并尝试回应他们，采用的方式要有助于帮助外群体成员认识到他们是大群体的一部分。

策略 5：与外群体成员创建特殊关系

关于外群体的最著名的研究是由提出**领导者—成员交换理论**（leader-member exchange theory）的一组研究人员所做的（Dansereau, Graen, & Haga, 1975; Graen & Uhl-Bien, 1995）。这一理论的主要假设是，领导者应该与每位下属建立一种特殊关系。高效领导者应与团队所有成员都保持高品质关系，其结果是使外群体成员成为大群体的一部分。

特殊关系建立在良好沟通、尊重和信任的基础之上。当领导者发现外群体成员想走出剧本化角色并承担不同责任时，特殊关系往往能启动起来。此外，当领导者主动要求外群体成员参与进来、尝试新事情，特殊关系也会建立起来。如果外群体成员接受这些挑战和责任，那么这就是领导者与外群体成员改善关系的第一步。其结果是，外群体成员感到得到肯定，并与团队其他每个人都相处得更加融洽。

特殊关系有益于外群体成员，可以从下面一个例子中看出。马戈·米勒是中央中学医务室护士。她也是非正式的学校辅导员、社会工作者、冲突调解员，是学生的全能型朋友。马戈注意到一些体重超重的学生没有加入学校的任何团体。为了处理这个问题，她开始邀请这些学生中的一部分人和其他人放学后与她一起到跑道上锻炼。对于其中一些学生来说，这是他们第一次参加学校课外项目。学生和马戈称他们自己为"早餐俱乐部"，因为就像电影中的同名人物，他们是身份混杂的一群人。学期结束时，该团队发起了全校性5000米跑或步行项目，参加的人很多。一位超重女孩完成了5000米跑，她说马戈和早餐俱乐部是她遇到的最好的人和团队。显然，正是马戈建立起来与学生之间的这种特殊关系，使得外群体学生愿意参与，并对他们参与该团队感觉良好。

领导快照：亚伯拉罕·林肯，美国第 16 任总统

亚伯拉罕·林肯是来自伊利诺伊州斯普林菲尔德边远地区的巡回律师，似乎不太可能被选为美国第 16 任总统。在他 9 岁时，母亲去世了，而他与父亲关系冷淡。作为一个年轻人，他只受过有限的正规教育，但是他酷爱读书。虽然他有一种忧郁气质，但是他最为人所称道的是他讲故事的能力和鼓舞人心的幽默感。从法学院毕业后，他做过多种工作，37 岁当选为美国众议员，然后连续两次竞选美国参议院都失败了。

1860 年，他赢得共和党总统候选人提名，打败了三位强大的候选人：威廉·苏华德，纽约州参议员；萨蒙·蔡斯，俄亥俄州州长；以及爱德华·贝茨，密苏里州政治家。谁也没有料到，来自伊利诺伊州农村的一位轻声细语的不知名的律师可能赢得提名。然而在大会上，经过三轮投票，林肯一跃成为共和党总统候选人，并最终赢得大选。在他上任之前，南方六州脱离联邦，成立了"美利坚联盟国"。

林肯开始他的总统任期之时，奴隶制已经积累了一大堆社会问题，这种制度是应该扩张、维持还是废除？种种问题让这个国家濒于分崩离析。在此背景下，林肯做了一个大胆的决策：他选择了总统初选中曾经反对他的四个主要竞争对手和三位民主党人进入他的内阁。他们的知名度和教育程度都高于林肯（Goodwin, 2005）。

林肯的内阁由一群迥然不同的政治家组成，每个人都有鲜明的个性，他们一再挑战总统的决策，每个人对国家特别是对奴隶制都拥有非常不同的理念。有些人强烈主张限制奴隶制的蔓延。其他人则主张废除奴隶制。最初，内阁成员并不看好总统。例如，司法部长贝茨认为林肯是善意的，但却是不称职的管理者。国防部长埃德温·斯坦顿最初对他表示轻蔑，但最终学会了尊重他作为统帅的胜任力（Goodwin, 2005）。

林肯拥有与意见不同者共事的非凡才能，能将持轻蔑意见者团结在一起（Goodwin, 2005）。例如，在内战爆发时，国务卿苏华德直接书面挑战林肯在萨姆特堡战役中的反应，声称政府缺乏政策，应放弃这种做法。作为回应，林肯写了一封信给苏华德解释自己的立场，但并没有攻击苏华德。林肯没有邮寄信件，而是亲自把信交给苏华德。这种行为是林肯"与倔强但又重要的下属、将军或

> 参议员相处的典型特征：坚决捍卫自己的政策，并对自己的政策负责，在方式上避免那种可能会制造敌对的断然拒绝的做法"（McPherson, 2005）。随着时间的推移，苏华德实际上与总统关系越来越密切，成为林肯坚定的支持者。
>
> 从更大的意义上说，林肯的领导行为是要把严重分裂的国家团结起来。1858年，在当选总统之前接受美国参议院提名时，林肯在伊利诺伊州议会大厦发表了他著名的《分裂之家》的演讲。根据《新约全书》中的一段经文（马可福音 3:25），他说："分裂之家不能持久。我相信这个政府不会永远忍受半奴隶制和半自由的状态。我不希望联邦解体——我不希望这个家败落——但是我的确希望它结束分裂状态。它或者是完整的一种状态，或者是完整的另一种状态。"在某种程度上，这次演讲预示了林肯的领导风格，以及他在解决奴隶制对国家带来衰败性和灾难性影响中所发挥的作用。

策略 6：给予外群体成员发言权和行动权

给予外群体成员发言权，使他们与团队其他成员处于平等地位，这意味着领导者和团队其他成员信任外群体成员的思想和行动。当外群体成员拥有了发言权，他们知道自己的利益被认可，他们对领导者和团队具有影响。这是一个相当了不起的过程，领导者在自己的领导活动中有足够自信，以至于能让外群体成员表达他们的想法，在团队事务中拥有发言权。

向他人授予行动权是指领导者让外群体成员更多的参与，更独立，更多地对自己的行为负责。它还包括让他们参加团队的运作（例如计划、决策）。真正的授权要求领导者放弃一些控制，向外群体成员提供更多的掌控权。这就是为什么授权对领导者来说是一个充满挑战的过程。授权本身就是一项充满挑战的领导工作，同时，它也能为外群体成员提供最大的利益。

小　结

在当今社会，人们无论是一起解决一个问题或者完成某项任务，外群体成员都是普遍存在的。一般而言，外群体这个术语是指在团队中没有感到自己是大群体一部分的那些人。外群体成员通常觉得自己是分离的、未被接纳的、受到歧视的或者无能为力的一些人。

外群体形成的原因有很多。有些外群体的形成是因为他们反对大群体，还有些外群体的形成是因为团队中的某些个体不能认同大群体，或者不能接受大群体的某些方面。有时他们的形成是因为感到被排斥，或者因为外群体成员缺乏沟通和社交技能。

不管他们形成的原因是什么，外群体成员的负面影响不可小觑。我们必须关注外群体，因为他们不能与团队建设相向而行，对团队协同会产生负面影响。此外，外群体成员没有从"内群体"成员那里得到应有的尊重。

领导者可以采用几种具体策略来有效回应外群体成员。领导者必须主动倾听外群体成员，向外群体成员表现出同理心，承认外群体成员的独特贡献，帮助外群体成员感受到被接纳，与外群体成员创建特殊关系，让外群体成员发声，以及向外群体成员授予行动权。有意识地使用这些策略的领导者，在他遭遇外群体时，会更加成功，能够成为更加高效的团队领导者。

本章术语

外群体成员　　　　　　　　　　　同理心
社会同一性理论　　　　　　　　　领导者—成员交换理论
倾听

9.1 案例研究

下一步

"下一步"（Next Step）是美国西海岸大学传播学院的研究生运行的一个学生组织。"下一步"的使命是给学生提供机会，帮助他们准备就业或者升学。该社团每年举办各种活动，包括举办简历设计研习班、职业规划日，请社区名人来讨论他们的职业生涯以及面试技巧。

"下一步"每年举办两次烘焙品售卖以筹集资金，用于支付诸如租用会议场地、演讲者报酬和提供研习班茶点等费用。秋季学期烘焙品销售遇冷之后，"下一步"的一些成员建议寻找新的筹款办法，他们认为糕饼销售对会员来说成本高，需要做大量工作才能获得微薄利润。

"下一步"的会长詹姆斯决定把新筹款发起事项纳入团队下次会议的议事日程。在那次会议上，营销和平面设计专业的布伦纳建议团队销售T恤衫来为冬季学期筹款。布伦纳认为，大学生群体喜欢买T恤衫，她有信心创作出能够吸引学生的设计方案。马洛里，也是市场营销专业的，志愿协助促进T恤衫的销售。团队成员马克提出可以利用他工作所在印刷店的员工优惠政策，让T恤衫的印制费用更便宜些。

"下一步"的其他成员发声赞成T恤衫筹款方案，并将讨论延伸到T恤衫的设计环节。詹姆斯分配布伦纳和马洛里调查学生购买T恤衫的兴趣和价位。布伦纳将制作T恤衫设计样品，并把它们带到下次会议上来，而马克则被分配去制定几个售价方案。

会议结束时，詹姆斯对新募款方向充满希望，但是当他把书放回轿车里的时候，无意中听到附近的一个对话。"下一步"的会计妮科尔说销售T恤衫计划是"愚蠢的"。她说她本人绝不会从学生社团订购T恤衫，"下一步"印制T恤衫肯定会赔钱。"下一步"秘书厄休拉同意妮科尔的观点，说"下一步"的其他成员是"一群喝酷爱牌饮料的书呆子"，说没有人会买这些T恤衫。詹姆斯感到震惊。他记得妮科尔和厄休拉在会上没有任何反对这一计划的声音，而且他还记得，他们在会议期间没有说什么话。詹姆斯感到忧虑的是，"下一步"的两位干事如此负面地谈论团队，他不知道这是不是因为转卖T恤衫或者其他原因引起的。他在心里记下，在下次会议上做一次不记名投票，以确保不喜欢这个主意的成员有机会不公开地表达反对意见。

同时，布伦纳、马洛里和马克成功地对学生进行了调查，为T恤衫确定了一个合理价格，也制作了吸引人的样品供"下一步"成员提意见。詹姆斯感到有信心的是，T恤衫理事会的努力所取得的这些积极成果，有助于帮助妮科尔和厄休拉改变对T恤衫销售的看法。

然而，第二天詹姆斯在学生中心的隔间里工作时，妮科尔进来了。詹姆斯还没来得及跟她打招呼，"下一步"学生联络部的托德走近妮科尔说："你能相信那些拍马屁的人会投入那么多精力来销售T恤衫吗？老实说，它是如此愚蠢——至少没有人期待我们投入！"作为学生联络人，托德在团队中具有关键作用，他负责在其他学生会议上宣传团队工作，还负责招募新成员。他的言论再一次给詹姆斯提了个醒。

詹姆斯决定采取行动，他走向妮科尔和托德，他们不知道他就在附近。詹姆斯简短交谈了几句，然后提醒他们两天后"下一步"还要开会。妮科尔转转眼珠，说她知道会议。詹姆斯问她是否一切正常。妮科尔回应说："一切都很好。我只是觉得，如此投入这次T恤衫销售是愚蠢的。我们每个人在学校都有很多事情，而这个社团真的仅仅是在我简历中增加一点内容。我不明白为什么我们不能只是坚持简单的不需要动脑筋的烘焙品销售。"托德点点头表示同意，并说："是的，詹姆斯，你不能告诉我说，因为你相信社团有很多使命，你才担任社团主席。我们都知道这只是因为你在今年夏天申请工作时想要简历好看一些。"虽然他们的态度让詹姆斯吃了一惊，但他回应说，他相信"下一步"的使命和价值，并确保下次会议讨论涉及筹款的所有重大事项。

在为即将到来的会议做准备时，詹姆斯的结论是，至少在理事会成员中存在意见分歧，有些人热心于团队的使命和努力，也有人并不支持。他想知道，"下一步"其他成员是否也同意妮科尔、厄休拉和托德的观点，还是说他们是少数派。如果不是，詹姆斯想，如果意见分歧继续加深，这对"下一步"将意味着什么呢？

问题

1. 本章讨论了外群体形成的几个原因。厄休拉、妮科尔和托德为什么表现为外群体成员，最好的解释是什么？他们对于"下一步"具有什么影响？他们的关切合理吗？请讨论。

2. 筹款策略的首次会议如何召开才能使决策包含所有成员的想法?

3. 外群体成员已经用语言表达出对"下一步"的感受,在这种情况下,在领导者应对团队外群体成员的六大策略中,你认为哪些策略可能更合适和更有效呢?

4. 团队中除詹姆斯以外的其他成员应如何帮助建立团队认同感和凝聚力?

5. 在这种情况下,你认为值得花时间和精力去尝试接纳厄休拉、妮科尔和托德吗?请为你的答案进行辩护。

9.2 创建团队问卷

目的

1. 确定你对外群体的态度
2. 探讨你作为领导者如何回应外群体成员

说明

1. 在回答这份问卷时将自己放在领导者位置。
2. 对于下列每句陈述，圈出数字，以表示你同意或不同意的程度。

陈述	完全不同意	不同意	中立	同意	完全同意
1. 如果团队中某些成员与其他人意见不一致，我通常仍然尝试接纳他们。	1	2	3	4	5
2. 当团队某些成员在团队多数派面前行为顽固（或固执）时，我会生气。	1	2	3	4	5
3. 作为一个领导者，与那些想法不同于我的人一起，把团队打造成一个统一的集体，这是我必须做到的。	1	2	3	4	5
4. 当团队中有些人提出一些非同异常的想法，阻碍或限制了其他人的前进，这会让我颇为烦恼。	1	2	3	4	5
5. 如果团队某些成员不能与团队大多数人意见一致，那么我通常会特别关注他们。	1	2	3	4	5
6. 有时我会不理睬那些对团队会议兴趣不大的人。	1	2	3	4	5
7. 在做团队决策时，我总是尽可能把拥有不同观点成员的利益也考虑进来。	1	2	3	4	5
8. 尝试与外群体成员达成共识（完全一致）往往是在浪费时间。	1	2	3	4	5
9. 我高度重视鼓励团队中的每个人倾听少数派的观点。	1	2	3	4	5
10. 当群体成员之间的观点存在差异时，我通常要求投票表决以保持团队继续前进。	1	2	3	4	5
11. 倾听有些个体极端或激进的观点对我的领导是有价值的。	1	2	3	4	5
12. 当某个团队成员感觉被排斥时，这通常是他自己的过错。	1	2	3	4	5
13. 我特别关注外群体成员（即感觉被排斥在团队之外的个体）。	1	2	3	4	5
14. 我发现当团队某些成员提出的问题与团队其他人想要做的事情发生冲突时，他们会感到沮丧。	1	2	3	4	5

应用

9.2 创建团队问卷
（续）

计分

1. 偶数项目的分数相加，但是要把你的答案进行反转计分（即，把1改为5，2改为4，4改为2，5改为1，3保持不变）。
2. 奇数项目的分数相加，再加上反转后的偶数项目分数。所得总分就是你的领导力的外群体分数。

总分

    外群体分数：_____

分数解释

该问卷旨在测量你对外群体成员的回应。

- 问卷得分高，表明你想尽力帮助外群体成员，使其感觉受到团队接纳并成为整个集体的一部分。你倾向于倾听拥有不同观点的人，明白倾听少数人的意见常有益于做好团队工作。

- 问卷得分中等，表明你在团队中接纳外群体成员的兴趣处于中等水平。虽然有兴趣接纳他们，但是在你的领导中，你并不优先考虑外群体关切的问题。你可能会认为外群体成员的外群体行为是他们自己造成的。如果他们来找你，若可行，你可能会与他们一起做些什么。

- 问卷得分低，表明你很可能几乎没有兴趣帮助外群体成员成为大群体的一部分。当外群体成员的行为妨碍了大群体的多数人或者阻止了大群体向前发展，你可能会为此感到心烦和懊恼。因为你把帮助外群体成员看成是浪费时间，你倾向于不理睬他们，在没有考虑他们意见的情况下作出决策并推动团队向前发展。

    如果你的分数是57~70，你处于非常高的范围。

    如果你的分数是50~56，你处于较高的范围。

    如果你的分数是45~49，你处于中等的范围。

    如果你的分数是38~44，你处于较低的范围。

    如果你的分数是10~37，你处于非常低的范围。

9.3 观察练习

外群体

目的

1. 学会辨别外群体以及外群体是如何形成的
2. 了解外群体在领导过程中的作用

说明

1. 你在这个练习中的任务是辨别、观察、分析真实的外群体。外群体可能来自你工作的地方、非正式群体、班集体、社区群体或者体育团队。
2. 对于下面每个问题,把你生活经历中观察到的外群体情况写下来。

   团队的名称:＿＿＿＿＿＿＿＿＿＿＿＿＿＿＿＿＿＿＿＿＿＿＿

   辨别并描述你观察到有外群体的团队。

   外群体成员行为观察记录:

   领导者行为观察记录:

问题

1. 外群体成员的身份认同是什么?他们如何看待自己?

2. 团队中其他成员如何对待外群体成员?

3. 与外群体成员相处最具挑战性的方面是什么?

4. 领导者需要做哪些工作以便使外群体成员融入大群体?

9.4 反思与行动清单

外群体

反思

1. 根据你在创建团队问卷中的得分，你会怎样描述你对外群体成员的态度？请讨论。

2. 正如我们在本章中所讨论的，外群体与创建团体背道而驰。你认为外群体在领导者创建团队中具有怎样的重要性？请讨论。

3. 吸引外群体成员的一种方法是向他们授权。你如何看待你在授权方面的胜任力？是什么阻止你向他人授权？请讨论。

行动

1. 使用创建团队问卷中的项目作为你的准则，列出你可以采取的三项具体行动以显示你对外群体成员的敏感性和容忍度。

2. 本章最后一节讨论了应对外群体成员的六大策略。就你在自己领导活动中的使用情况，将这些策略从强到弱进行排序。请具体说明你如何做才能在全部六个策略方面变得更为有效。

3. 想象一下你正在与其他六名学生一起做课程项目。团队已通过投票决定为本地的"大哥哥大姐姐"组织的项目做募捐宣传工作。团队中有两个人说，他们并不热衷于该项目，宁愿为诸如"人类家园"之类的组织做一些事情。团队需要推进达成一致的项目，不喜欢这个主意的两个人已经开始缺席会议，既便参会也态度消极。作为领导者，列出你可以采取的五项具体行动来帮助这个外群体并使他们参与进来。

参考文献

Abrams, D., Frings, D., & Randsley de Moura, G. (2005). Group identity and self-definition. In S. A. Wheelan (Ed.), *Handbook of group research and practice* (pp. 329–350). London: Sage.

Beauchamp, T. L., & Bowie, N. E. (1988). *Ethical theory and business* (3rd ed.). Englewood Cliffs, NJ: Prentice Hall.

Dansereau, F., Graen, G. G., & Haga, W. (1975). A vertical dyad linkage approach to leadership in formal organizations. *Organizational Behavior and Human Performance*, 13, 46–78.

Goodwin, D. K. (2005). *Team of rivals: The political genius of Abraham Lincoln*. New York: Simon & Schuster.

Graen, G. B., & Uhl-Bien, M. (1995). Relationship-based approach to leadership: Development of leader–member exchange (LMX) theory of leadership over 25 years: Applying a multi-level, multi-domain perspective. *Leadership Quarterly*, 6 (2), 219–247.

Hogg, M. A., & Abrams, D. (1988). *Social identifications: A social psychology of intergroup relations and group processes*. London: Routledge.

McPherson, J. M. (2005, November 6). "Team of rivals": Friends of Abe. *The New York Times*. Retrieved June 11, 2013, from http://www.nytimes.com/2005/11/06/books/review/06mcpherson.html?pagewanted=all&_r=0

Schutz, W. (1966). *The interpersonal underworld*. Palo Alto, CA: Science & Behavior Books.

Tajfel, H., & Turner, J. C. (1979). An integrative theory of intergroup conflict. In S. Worchel & W. G. Austin (Eds.), *The social psychology of intergroup relations* (pp. 33–47). Monterey, CA: Brooks-Cole.

Tajfel, H., & Turner, J. C. (1986). The social identity theory of inter-group behavior. In S. Worchel and L. W. Austin (Eds.), *Psychology of intergroup relations* (pp. 7–24). Chicago: Nelson-Hall.

Vroom, V. H. (1964). *Work and motivation*. New York: Wiley.

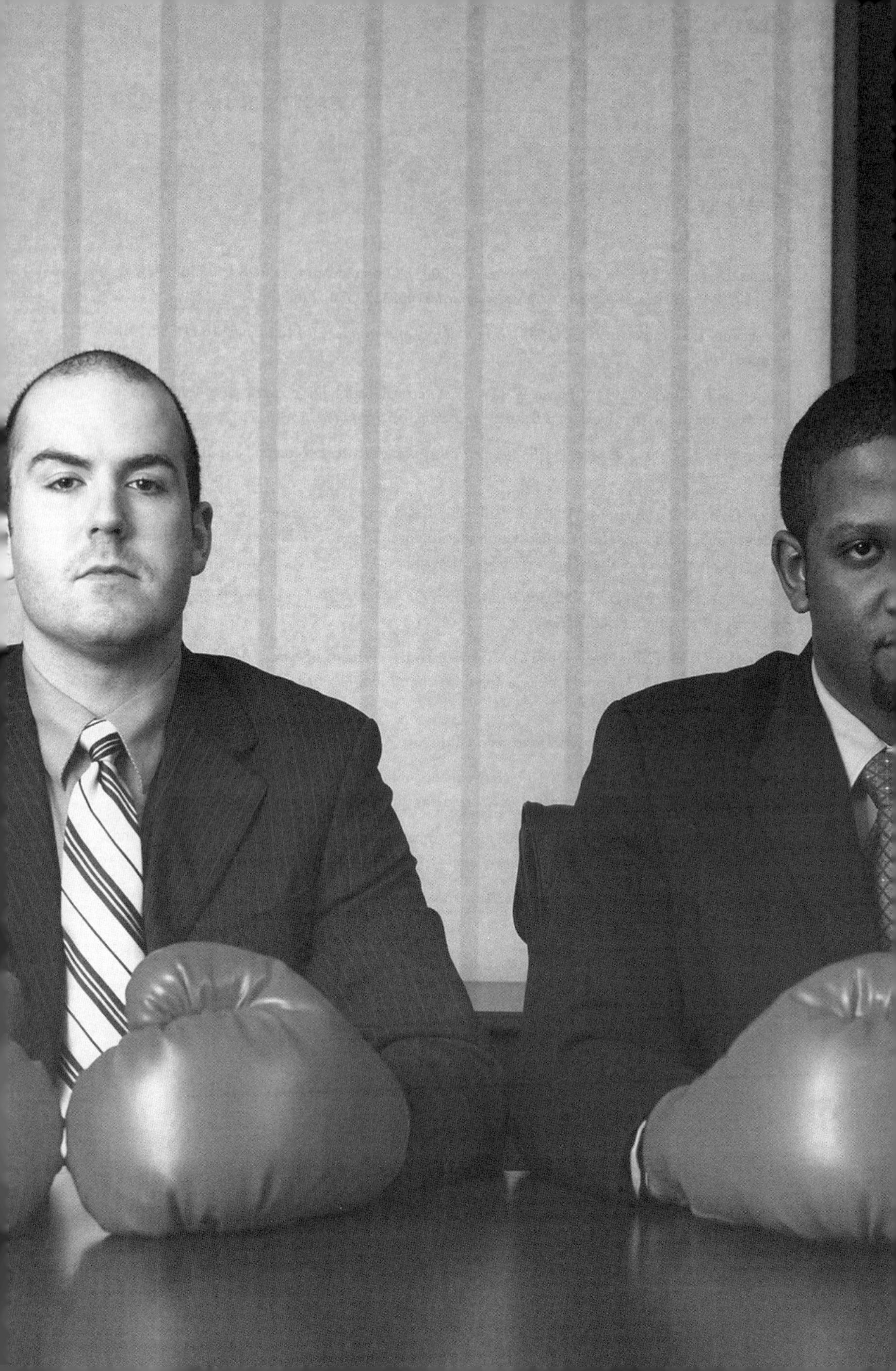

第 10 章

处理冲突

概 述

冲突在团队和组织中是不可避免的,对每位领导者来说,它既表现为挑战也是真正的机会。费舍尔和尤里(Fisher & Ury, 1981)在名著《达成一致》(*Getting to Yes*)中认为,处理冲突是我们所有人每天都会遇到的事情。人与人之间存在差异,正因为存在这些差异,人们必须与他人就其差异进行沟通与协商(pp. xi-xii)。《达成一致》一书认为,在任何冲突情境中双方都有可能达成协议——只要他们愿意用真诚的方式进行磋商。

简单来说,当我们考量冲突时,我们想到了个人、团体、组织、文化或国家之间的斗争。冲突涉及相反的力量,会把事情拉向不同方向。许多人认为冲突具有破坏性,会造成压力,应该尽量避免。

正如我们之前在第 6 章所述,冲突可能令人不快,但它并非一定有害,也未必是坏事。冲突将始终存在于领导情境中,并且令人惊讶的是,它还经常能产生一些积极变化。我们在本章要讨论的重点不是"我们如何才能避免冲突和消除变化?"而是"我们如何有效管理冲突并使之产生积极变化?"如果领导者有效地处理矛盾，问题就会得到解决，进而人际关系变得更融洽了，围绕冲突的压力也会逐渐减轻。

在处理冲突的过程中，沟通起着关键作用。冲突是双方或多方之间的互动过程，需要有效的人际交往。通过有效沟通，领导者与下属能够成功化解冲突，带来积极结果。

本章将重点探讨处理冲突的方式。首先，我们将定义冲突，描述沟通在冲突中所扮演的角色。接下来，我们将讨论不同类型的冲突，然后解释费舍尔和尤里（Fisher & Ury, 1981）关于有效谈判的思想以及有助于化解冲突的其他沟通策略。最后，我们将审视五种冲突处理风格以及各自的利弊。

冲突的阐释

人们已经从多个角度对冲突进行了研究，包括个人内部冲突、人际冲突和社会冲突。个人内部冲突是指发生在个体内部的不和谐，通常由心理学家和人格理论家对此进行研究，他们感兴趣的是人格动力以及容易导致内心冲突的一些因素。人际冲突是指个体之间出现的争执。这是我们讨论组织冲突时所关注的冲突类型。社会冲突是指在社会之间以及国家之间的冲突。这一领域的研究关注国际冲突、战争与和平的原因。以色列人和巴勒斯坦人之间的持续危机是社会冲突的一个典型例子。本章重点讨论在有效领导活动中起关键作用的人际交往过程的冲突。

根据威尔莫特和霍克的研究工作（Wilmot & Hocker, 2011, p. 11），以下对冲突定义的描述是最佳的。**冲突**（conflict）是指在两个或两个以上相互依存的个体之间感觉到斗争，它或者来源于认识到他们在信念、价值观和目标上存在不相容的差异，或者来源于对尊重、控制和关系的期望上存在差异。这个定义强调了冲突的几个独特要素（Wilmot & Hocker, 2011）。

首先，冲突是一场斗争；这是相互对立的势力交织在一起的结果。例如，当一名领导者与一位资深员工因所有员工是否周末必须加班而相互对抗时，冲突就出现了。同样，当学校校长与家长就学校应该采用哪种类型的性教育项目而意见不一致时也会发生冲突。总之，冲突涉及对立双方之间的争执。

其次，在发生冲突的双方之间需要有一些相互依存的要素。如果领导者之间以及领导者与下属之间都能够完全独立工作，也就没有理由发生冲突。每个人都能够独自完成自己的工作，就不会存在冲突的领域。然而，领导者并不能孤立地工作。领导者需要下属，下属也需要领导者。这种相互依存关系就会产生易发生冲突的环境。

因为双方是相互依存的，他们不得不应对一些问题，例如"在这个关系中我想要多大的影响力？"以及"我愿意接受来自对方的多大影响力？"因为人们存在相互依存关系，就不能避免诸如此类的问题。事实上，威尔莫特和霍克（Wilmot & Hocker, 2011）认为，这些问题弥漫于大多数冲突之中。

第三，冲突总是包含情感元素，也就是定义中的"感觉"部分。冲突是一个情绪化的过程，涉及冲突双方情感的唤起（Brown & Keller, 1979）。当我们的信念或者价值观在争议很大的问题（例如，罢工权）上受到挑战时，我们就会感到不适，并觉得捍卫我们的立场很重要。当我们的情感与他人的情感发生抵触时，我们就处于冲突之中了。

与冲突相关的基本情绪并不总是愤怒或敌意。相反，可能有多种情绪伴随冲突而产生。霍克和威尔莫特（Hocker & Wilmot, 1995）发现，许多人报告说在冲突过程中感受到了孤独、悲伤或疏离。对于一些人来说，人际冲突会产生被抛弃感——他们与他人之间的人际情感联结被打破了。诸如此类的情感往往会围绕冲突而产生不愉快。

第四，冲突涉及的个体间差异常被认为是不相容的。冲突起因于个体在信念、价值观和目标方面的差异，或者个体对于控制、地位和关系的期望的差异。发生冲突的可能性总是存在的，因为我们每个人都是独一无二的，各自拥有不同的兴趣和思想。这些差异是不断滋生冲突的温床。

综上所述，这四个要素——斗争、相互依存、情感和差异——是人际冲突的关键成分。为了进一步了解管控冲突的机制，我们将考察沟通在冲突中的作用，并审视两种主要的冲突类型。

沟通与冲突

当领导情境中存在冲突时，它可以通过沟通而识别和表达出来。沟通是人们用来表达不同意见或分歧的手段。沟通也提供了一个途径，藉此，冲突得以顺利解决；或者致使恶化，产生负面结果。

要了解冲突，我们就必须了解沟通。沟通发生在两个层面上。一个层面是内容维度，另一个层面是关系维度（Watzlawick, Beavin, & Jackson, 1967）。沟通的**内容维度**（content dimension）涉及客观的、可观察的方面，例如金钱、天气和土地；**关系维度**（relationship dimension）是指参与者对彼此关系的认知。在人际沟通中，这两个方面总是连在一起的。

为了说明这两个维度，考虑假设主管向下属说了这样一句话："工作时间请不同发短信"。这句话的内容维度涉及规则以及主管想要下属做什么。这句话的关系维度是指主管与下属具有怎样的关系——主管相对于下属的权威、主管对待下属的态度、下属对待主管的态度、他们彼此之间的情感。正是关系维度内隐地表明了如何解读内容维度，因为单独的内容维度可以用不同方式来解读。这句话对于主管和下属的确切含义要根据他们的互动来解读。如果主管与下属之间存在着积极关系，那么"工作时间请不要发短信"的内容可能会被下属解读为主管真诚关心下属工作绩效的友好要求。但是，如果主管和下属之间的关

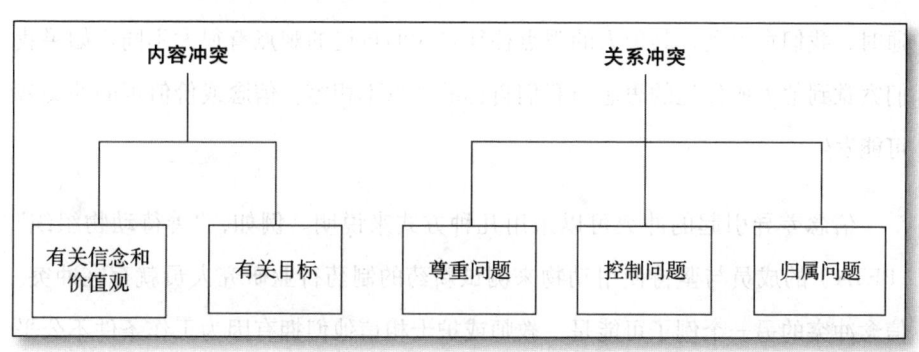

图 10.1 内容冲突和关系冲突的不同种类

```
内容冲突                              关系冲突
├── 有关信念和价值观                  ├── 尊重问题
└── 有关目标                          ├── 控制问题
                                      └── 归属问题
```

系是肤浅的或者紧张的，下属可能会把该信息的内容解读为严格指令，是喜欢发号施令的主管发出的。这个例子说明了信息含义并不单纯存在于文字之中，而且也存在于个体根据他们的关系对信息所进行的解读之中。

内容和关系维度为观察冲突提供了一个视角。如图 10.1 所示，冲突主要有两种类型：内容问题之上的冲突和关系问题之上的冲突。在团队和组织情境中，这两种类型的冲突都是普遍的。

内容层面的冲突

内容冲突（content conflicts）涉及因领导者与他人在诸如政策和程序等议题上存在分歧而发生的斗争。就特定规则的优缺点与他人进行辩论，这在大多数组织中是常见的。有时这些争论可能很激烈（例如，两名员工就工作时间上网问题进行争论）。当这些分歧集中于信念、价值观，或者目标以及实现这些目标的方式上时，这些分歧就被认为是内容层面的冲突。

有关信念和价值观的冲突

我们每个人都有独特的信念和价值观系统，它们构成了我们基本的人生哲学。我们有不同的家庭情况，也有不同的教育和工作经历。当我们与其他人沟通时，我们意识到，其他人的观点往往与我们自己的观点有很大不同。如果我们察觉到他人所传达的思想与我们自己的观点不相容，信念或价值观的冲突就可能发生。

信念差异引起的冲突可以采用几种方式来说明。例如，"善待动物组织"（PETA）的成员与坚持使用动物来测试新药的制药行业研究人员就存在冲突。信念冲突的另一个例子可能是，教师或护士相信他们拥有因为工作条件不公平而罢工的权利，但是其他人则认为，无论有什么理由，这类员工都不应该停止服务。在这些例子中，发生冲突是因为一个人认为其信念与另一个人在这个议题上所采取的立场是不相容的。

价值观不同也会产生冲突。当一个人的价值观与另一个人的价值观发生冲突时，就可能产生一个困难的、具有挑战性的情境。为了说明这一点，考虑下面例子中家里第一代大学生埃米莉和她母亲之间的问题。在她大学四年级开始的时候，埃米莉问她的母亲，她是否可以买一辆汽车，往返于校园周边和工作地。为了支付购车款，埃米莉说，她将少修学分，增加兼职工作时间，延迟一年毕业。埃米莉有信心顺利毕业，并认为她把学业延长到第五个年头也"没什么大不了的"。然而，埃米莉的母亲感受则不同。她希望埃米莉毕业之后再买车。她认为，汽车将会造成重大分心，妨碍埃米莉的学习。埃米莉将是家里第一位获得大学学位的人，埃米莉按时毕业对她母亲来说特别重要。在内心深处，母亲担心埃米莉学习年限越长，毕业后必须归还学生贷款的债务就会越多。

埃米莉和母亲之间的价值观冲突涉及埃米莉渴望拥有一辆汽车。在这种情况下，两个人彼此之间有很高的相互依存：埃米莉为了实施购买汽车的决定，需要妈妈同意；埃米莉的母亲为了让女儿在四年内毕业，需要女儿合作。两个人都察觉到对方的价值观与自己不相容，这使得冲突不可避免。显然，埃米莉与她母亲之间的这一冲突要求她们就不同价值观以及这些分歧如何影响她们之间的关系进行人际沟通。

领导快照：巴基斯坦教育工作者胡梅拉·巴克尔

胡梅拉·巴克尔（Humaira Bachal）是一位25岁的女性，热衷于一件危险的事情：她要使儿童接受教育，尤其是女孩，而在她的祖国巴基斯坦，只有57%的孩子曾经上过小学。

因为就在2012年，巴基斯坦女青年马拉拉·优素福扎伊因为发声支持女孩接受教育，惨遭塔利班枪击。因此，巴克尔很难不让人担心，但她并不害怕。

当巴克尔在九年级时，她环顾她的村庄莫切哥特，看到孩子们整天在街上玩耍，而不是在学校学习。14岁的巴克尔就认为这是错误的。在她家附近没有私人或政府办的学校，巴克尔能接受教育，只是因为她的母亲缝制衣服或者以每片木头2美分出售木材挣点钱，这样免强能把孩子送到外地学校读书。

巴克尔知道争取接受教育意味着什么。她的父亲不想让她去上学，说她"将来只需要结婚和生孩子"（Rahi, 2010）。

但她母亲则有不同想法。她没有受过教育，但是她认为她的孩子应该接受教育。她辛苦劳作独自支付女儿的教育费用，而且瞒着她的父亲，偷偷地让她去上学。当父亲发现巴克尔要去参加九年级入学考试，他大发雷霆，打了她的母亲，打断了她的手臂。尽管如此，她的母亲收好女儿的书包，送她上路去参加考试，结果她通过了。

"在那个关键时刻，正是由于有我母亲的支持，才使我有机会成为今天这个样子，"巴克尔如此说道（Faruqi & Obaid-Chinoy, 2013）。

就在同一年，在她还接受教育的时候，巴克尔开始在家附近招募学生前来就读她开办的一所小型私立学校。她甚至挨家挨户上门说服家长把孩子送到学校。她不止一次吃过闭门羹，甚至受到过生命威胁。

"教育是每个人的基本需要和基本权利，"她说，"我想改变我的社区看待教育的方式，我将继续这样做，直到我剩最后一口气"（Temple-Raston, 2013）。

巴基斯坦的教育普及率令人沮丧：其教育开支只有邻国印度的一半。如果你是巴基斯坦农村的年幼女孩，你可能连教室里面是什么模样都没有见过。巴基斯坦14岁以下的女孩数量超过3200万；其中上过学的不超过1300万（Faruqi & Obaid-Chinoy, 2013）。

巴克尔和五个朋友在2003年创建了他们的学校，学校名称是"梦想基地"。

校舍只有两个房间,泥地板。在短短的十年间,梦想基地已经发展成为拥有22名教师和1200名学生的一所正规学校。孩子上课一天支付1卢比。学校有五种类型的教育,包括计算机课程,还有一个班是"劳动男生",他们白天工作,晚上上课。梦想基地还为成年男女提供成人识字课程。

但是巴克尔和学校对于教育女孩特别感兴趣。巴克尔经常到工作场所拜访那些父亲们,说服他们送女儿去上学。她问他们为什么女孩到了青少年阶段就不再来上学。父亲们谈到名誉和文化,以及男人如何看待上学的女孩,等等。他们谈论的这些事情巴克尔能够理解。她的村庄里的男人们在某段时间也曾说她不道德,因为她接受了教育,她的兄弟和父亲曾经想搬家,以终结他们的耻辱(Faruqi & Obaid-Chinoy, 2013)。

巴克尔走向那些母亲们,团结她们,使之成为她宣传攻势的盟友。她问她们,是否希望自己的女儿将来仍然像她们自己一样遭受如此不公正待遇,她力劝妇女们通过坚持要求女儿们接受教育,以帮助女儿们将来能过上更好的生活。

巴克尔的母亲做出了自我牺牲,以确保她的女儿能接受教育,对此她并不后悔,她说:"教育对妇女来说是必不可少的。她们发挥出了这种潜能,因为她们接受了教育。否则,她们将在某个地方为丈夫当牛做马"(Rahi, 2010)。

虽然马拉拉·优素福扎伊受到了攻击,但是,巴克尔说,她并不担心自己的安全。

"正好相反,"她说,"并不是只有一个马拉拉或者一个巴克尔发出声音要改变这种状况,还有很多其他女孩也在力争改变她们的处境。即使他们杀了100个巴克尔,他们也不能阻止我们"(Temple-Raston, 2013)。

有关目标的冲突

第二种常见的与内容有关的冲突发生于个体拥有不同目标的情境之中(见图10.1)。研究人员已经确认有关团队目标的冲突有两种类型:(1)程序冲突,(2)实质冲突(Knutson, Lashbrook, & Heemer, 1976)。

程序冲突指的是个体之间就采取哪种方法实现目标时存在的分歧。从本质上说,这是关于实现共同目标用什么方法最佳的冲突,而不是关于目标本身。

程序冲突在许多情况下都可以观察到，例如，确定效果最优的面试方案，选择最佳方法以寻找新的销售区域，或者怎样使用广告费。在每一种情况下，当个体之间对于如何实现目标存在不同意见时，就可能会发生冲突。

实质冲突发生于个体在目标本身或预期目标的实质内容上存在分歧。例如，某非营利性人事服务机构董事会的两名成员可能对筹款活动的策略和范围有完全不同的看法。同样，某小型企业的两位所有者对是否要向兼职员工提供医疗保健福利持有完全不同的意见。国际层面，在阿富汗，塔利班和那些不属于塔利班的人之间对女孩是否应该接受教育持有不同观点。这些例证只是所有实质冲突中的一小部分，却清楚地表明冲突的发生可能是由于双方或多方对于团队或组织的预期目标持有不同意见的结果。

关系层面的冲突

你可曾听到有人说："我可能与他不能和睦相处，我们性格不合。""性格不合"这个词是在关系层面描述冲突的另一种说法。有时候，我们与另一个人不能和睦相处，并不是因为我们的观点有什么分歧（内容层面的冲突），而是因为我们是如何谈论这一观点的。**关系冲突**（relational conflict）是指在如何相处的问题上我们感觉到与他人存在差异。例如，在一次员工会议上，某管理人员打断了员工们的讨论，用批评语气对他们说话。员工开始用手机发短信，不理睬这位管理人员。于是冲突就爆发了，因为该管理人员和员工双方都感到未被倾听和未受尊重。冲突通常不是由单方面引起的，而是由双方之间的关系引起。关系冲突通常涉及在某些问题上个体间存在不相容差异。这些问题包括：(1)尊重，(2)控制，(3)归属（见图 10.1）。

关系冲突与尊重问题

马斯洛已经把尊重和认可确定为人类需要层次的重要需要之一（Maslow, 1970）。我们每个人都有尊重的需要——我们想要感觉到重要、有用和有价值。我们渴望对周围环境具有影响，被他人认为值得他们尊重。我们试图通过我们所做之事以及我们做事的方式，特别是通过我们与同事相处的行为方式，来满足我们的尊重需要。

如果我们的尊重需要在相互关系中没有得到满足，我们就会体验到关系冲突，因为他人并没有以我们希望的方式来看待我们。例如，如果某行政助理察觉到行政主管并不承认他对组织总体目标的独特贡献，该行政助理可能会与行政主管屡屡发生冲突。与此相同的是，如果新同事不尊重老员工多年经验所形成的智慧，老员工会感到不舒服。同样，年轻员工采用创新方式来解决问题也想能够得到认可，但是，他们并没有从同事那里得到了这种认可，因为资历较深的同事认为没必要做这种改变。

在我们希望满足自己的尊重需要的同时，其他人同样也希望满足他们对尊重的需要。如果我们相互可以给予对方的尊重这种供给似乎是有限的（或稀缺的），那么我们对尊重的需要就会发生冲突。我们将会看到其他人的尊重需要与我们自己的尊重需要产生了竞争，或者他们从我们这里拿走了有限的资源。为了说明这一点，考虑一下某员工会议的例子。在这个会议上，两名员工都积极地提出了见解深刻的思路和建议。如果其中一名员工的提议得到了承认而另一名员工却没有，结果就可能导致冲突。由于冲突升级，他们工作关系的效能和沟通质量就可能会降低。当可获得的尊重（得到他人认可）似乎看起来稀缺时，就可能产生冲突。

我们都是人，我们对工作和社会做出的贡献都需要得到承认。当我们认为，我们没有得到承认或者没有得到我们的"公平份额"，我们就会觉得受到了轻视，就会与他人在关系层面上发生冲突。

关系冲突与控制问题

就控制问题产生的斗争在人际冲突中很常见。我们每个人都希望影响其他人和我们周围的环境。实际上，控制增加了我们对于行动的力量感，减少了我们的无助感。控制使我们感到自己有能力。然而，当我们看到他人在妨碍我们，或者在限制我们的控制时，人际冲突往往就会随之而来。

当一个人对控制的需要与另一个人对控制的需要不相容时，人际冲突就会发生。在给定情况下，我们每个人都会寻求不同程度的控制。有些人喜欢控制权多多益善，而也有人则满足于（有时甚至是乐于）仅有的一点点控制。此外，我们对控制的需要可能也会此一时彼一时也。例如，有些时候，一个人对控制他人或事件的需要是非常高的；而在其他时候，这个人则可能希望他人来控制。当一个人在特定时间对控制的需要（高或低）与其他人在同一时间对控制的需要（高或低）相抵触时，控制问题上的关系冲突就会产生。例如，如果你的一个朋友对于周末计划的决策需要与你是相容的，就不会发生冲突；然而，如果你们两个人同时都想要控制周末计划，但是你们的兴趣又不同，那么你很快就会发现自己处于冲突之中。随着争夺控制权斗争的产生，参与方之间的沟通可能会变得消极且富有挑战，因为每个人都试图控制对方，或者削弱对方的控制。

关系控制上的冲突的一个生动事例可见于大学二年级学生劳伦·史密斯与父母就春假期间她将干些什么而进行的斗争。劳伦想去墨西哥坎昆市，与几位朋友一起放松一下学习压力。她的父母则不希望她去，而劳伦认为自己应该去，因为她在校的学习成绩不错。她的父母认为，在坎昆度春假只是一个"大聚会"，并不会带来什么好处。作为春假的另一种选择，她的父母愿意为她提供费用，支持她去墨西哥湾清理浮油。劳伦坚持认为她"要去"坎昆市。为她支付学费的父母威胁说，如果她去坎昆市，他们将不再支付她的大学费用。

显然，在上述例子中，双方都想要控制结果。劳伦想要主宰自己的生活，该做什么，不该做什么，由她自己决定。然而，她的父母想指导她做他们认为她最应该做的事情。劳伦和父母是相互依存和相互需要的，但是他们发生冲突了，因为他们双方都觉得对方妨碍了自己对劳伦在春假期间应该做什么事情的控制需要。

领导情境中的控制冲突很普遍。像上述例子中的父母一样，领导者角色中天生就有某种程度的控制和责任。当几位领导者在控制权上相互不协调，或者当领导者与下属之间存在控制权问题时，人际冲突就会出现。在本章后面部分，我们将提出冲突管理的一些策略，特别有助于应对控制问题中产生的关系冲突。

关系冲突与归属问题

除了想要控制，我们每个人都还有感到被接纳、被喜欢、被关怀的需要（Schutz，1966）。如果我们的亲密需要没有在人际关系中得到满足，那么我们会感到沮丧并体验到冲突感。当然，有些人非常热衷于人际关系，喜欢保持非常密切的关系；而另一些人则更倾向于少卷入，保持一定的距离。无论哪种情况，当他人的行为方式与我们自己对温暖和感情的期望不相容时，冲突感就会出现。

下面这个例子可以说明归属问题上的关系冲突，这是关于橄榄球教练特里·琼斯和他的球员丹尼·拉森之间的故事。丹尼是一名四分卫，在高中三年级与琼斯教练建立起了密切的关系。在整个一年中，丹尼与琼斯教练在校内和校外就如何提升球队的水平有过很多非常富有成效的交流。暑假里，教练雇丹尼帮他做他的油漆生意，他们并肩工作，直呼其名。丹尼和特里两人都喜欢在一起工作，也很好地加深了对彼此的了解。然而，当秋季开始球队训练后，两人之间出现了难题。在训练的第一周，丹尼的行为举止好像琼斯教练是他最好的伙伴。他用的称呼是特里，而不是琼斯教练，他不喜欢球员—教练这种角色。当琼斯教练试图从夏天他与丹尼的关系中撤出，承担起他作为教练的合理职责时，丹尼体验到了亲密和温暖的丧失感。在这种情况下，丹尼感受到了归属关系的排斥或丧失，于是就产生了关系冲突。

关系冲突，无论是尊重、控制还是归属方面的，一般很少公开表现出来。由于这些冲突的微妙性质，往往不容易识别或处理。甚至当它们被识别了出来，关系冲突也常常受到忽视，因为许多人很难公开表示他们想要更多地得到认可、控制或归属。

根据沟通理论家的观点，关系问题与内容问题具有密切联系（Watzlawick et al., 1967）。这意味着，关系冲突经常在讨论内容问题时浮现出来。例如，两位领导者最初好像因为员工新健身项目这一内容方面产生了冲突，而实际上两人争的可能是谁最终能从开发该项目中得到荣誉。正如我们提到的，关系冲突复杂且不易解决。然而，一旦关系冲突表现出来并得到妥善处理，就能显著促进整个解决过程。

实践中的冲突处理

沟通对于在组织中管理不同类型的冲突是极为重要的。领导者与他人的沟通渠道保持畅通，将会有更多机会认识他人的信念、价值观，以及他人对尊重、控制和归属的需要。有了进一步了解之后，本章前面讨论的多种冲突解决起来难度就会降低，协商就更加开放。

在本节中，我们将探讨解决冲突的三种不同方法：费舍尔和尤里的原则性协商；区分差异、划整为零和留面子的沟通策略；基尔曼—托马斯的处理冲突风格。正如我们前面所讨论的，冲突可能是多方面的、复杂的。虽然没有灵丹妙药来解决所有冲突，但是，了解处理冲突的不同方法，会有助于领导者采取有效策略来解决冲突。

费舍尔和尤里的冲突处理方法

世界上公认最好的冲突协商方法之一是由罗杰·费希尔（Roger Fisher）和威廉·尤里（William Ury）提出的。费舍尔和尤里（Fisher & Ury, 1981）根据"哈佛谈判项目"的研究进行了推论，提出了冲突协商的一个简单及分步骤的方法。这种方法称为**原则性协商**（principled negotiation），强调根据它们的价值或优点，而不是通过竞争激烈的讨价还价或者过度调解来决定问题。原则性协商告诉你如何获得你的公平份额，既体面又不被他人利用（Fisher & Ury, 1981）。

如图 10.2 所示，费舍尔和尤里的协商方法包括四个原则。每个原则都直接聚焦于协商的四个基本要素之一：人、利益、选项和标准。有效的领导者在冲突情境中经常要透彻理解和充分利用这四项原则。

原则 1：把人与问题分开

在本章上一节中，我们讨论到了冲突具有内容维度和关系维度。同样，费舍尔和尤里（Fisher & Ury, 1981）认为，冲突包含问题因素和人的因素。为了有效应对冲突，这两个因素都必须得到处理。费舍尔和尤里尤其认为，人的因素必须与问题因素进行分离。

图 10.2　**费舍尔和尤里的原则性协商方法**

把人与问题分开	关注**利益**，而不是立场	创造双赢**选项**	坚持采用客观**标准**

资料来源：Adapted from Fisher, R., & Ury, W. (1981). *Getting to yes: Negotiating agreement without giving in*. New York, NY: Penguin Books, p. 15.

在冲突过程中把人从问题中分离出来并不容易，因为它们往往纠缠在一起。例如，如果领导者与其下属正在激烈讨论该下属的负面绩效评估，则领导者和下属很难不涉及他们的人际关系和个人角色。我们的性格、信念和价值观与我们的冲突错综复杂地交织在一起。然而，原则性协商认为，人与问题必须分开。

通过把人与问题进行分离，我们让自己能够认识到他人的独特性。每个人在不同情境中都有各自独特的思想和感受。因为我们每个人对世界的认识各不相同，所以我们对冲突就拥有不同的情绪反应。通过直接聚焦问题中人的因素，我们就能对与我们冲突的那些人的个性和特殊需要有一个更清醒的认识。

也许最重要的是，把人与问题分开会鼓励我们注意于冲突期间我们的人际关系。冲突可能会使我们的人际关系变得紧张，因此弄清冲突期间一个人的行为如何影响到另一方就显得尤为重要。有益的做法不是相互"攻击"，而是要一起努力，与对方携手共同面对问题。当我们把人与问题分开时，我们更有可能与他人共同解决问题。费舍尔和尤里（Fisher & Ury, 1981）认为，冲突中的人必须"把他们自己看成是并肩作战的一方，要战胜的是问题，而不是对方"（p. 11）。把人与问题分开，使得我们能够培育和加强我们之间的人际关系，而不是摧毁这种关系。

思考一下前面例子中主管和员工在负面绩效评估上的冲突。为了将人与问题分开，无论主管还是员工，在讨论负面评估的时候，都必须把注意力集中于绩效标准和行为问题，而不是针对个人的品质方面。绩效评估表明，该员工没有达到业绩目标。老板可能会说："你没有完成工作"，但是，在把人与问题分开之后，老板就要解释员工为什么没有达到要求（比如"你所接触的客户数量低于必需数量"）。在另一方面，员工可能感觉到目标是不现实的，但员工不能告诉她的老板说这是你的错（比如"你设置了不可实现的目标"），而是应该通过提供能够说明这些标准不现实的客观事实来证明她的观点（比如"制定这些目标时没有考虑到经济衰退"）。通过关注于问题，雇主和员工就能维持他们之间良好的人际关系，同时又能直接面对绩效评估问题。

原则2：关注利益，而不是立场

第二个原则也许众所周知，强调冲突各方必须关注利益而不仅仅是立场。立场是我们在特定冲突中的态度或观点，利益则是我们立场背后的东西。换句话说，立场是冲突中相互对立的观点，而利益是指卷入者的相关需要以及价值观。费舍尔和尤里（Fisher & Ury, 1981）认为："你的立场是你已经决定的东西，而你的利益是导致你做出这种决定的东西"（p. 42）。

通过鼓励个体探索冲突的特殊基础，关注利益扩大了冲突协商的范围。为了确定立场背后的利益，查看激励人们的基本关切点是有益的。我们的关切点部分包括了安全、归属、认可、控制和经济利益等方面的需要（Fisher & Ury, 1981）。注意这些基本需要，帮助人们满足这些需要，这是冲突协商的关键所在。

关注利益也有助于对立双方处理"真正的"冲突。同时处理利益和立场两个方面，有助于使冲突协商变得更加真诚。罗伯特·特里（Terry, 1993）在真实型领导模型中主张领导者有道德责任提出这样的问题："在冲突情境中，究竟发生了什么，对此我们该怎么办？"如果领导者不知道真正发生了什么情况，那么他们所采取的行动就有可能不恰当，甚至会产生严重后果。关注利益正是找到冲突核心的好方法。

思考以下这位大学教授史密斯博士与学生艾琳·克劳之间就课程出勤所发生的冲突。教授制定了强制出勤规则，一个学期只允许缺勤两次。学生每多缺勤一次，成绩等级降低10%。艾琳是一位非常聪明的学生，所有论文和测验都得A。然而，她有五次缺勤，但是她不希望受到惩罚。根据考勤规则，教授将把艾琳的成绩等级降低30%，从A降到C。在这个冲突中艾琳的立场是她不应该受到惩罚，因为她虽然有缺勤记录但是她做得很出色。教授的立场是，考勤规则是合理的，艾琳的成绩等级应该降低。

在这个例子中，值得探讨哪些利益构成了各人立场的基础。例如，艾琳非常沉默寡言，不喜欢参与课堂活动。她修了 18 个学分的课程，做了两份兼职工作。另一方面，史密斯博士是很受欢迎的教授，曾经两次获得全校杰出教学奖。他拥有 20 年教学经验，在课堂学习方法论领域曾经发表多篇论著。此外，史密斯教授的需要是受到学生喜欢，不喜欢受到挑战。

考虑到他们的这些利益，很容易看出，艾琳与史密斯教授在上课出勤问题上的冲突比表面现象更复杂一些。如果这场冲突单由协商立场进行处理，解决方案将会相当直接，艾琳很有可能受到惩罚，这让双方都不满意。然而，如果充分探讨了艾琳和史密斯教授的利益，就很有可能达成双方都满意的结果。史密斯教授可能会认识到，艾琳有许多事情要做，影响到她出勤，但是这些事情对于她的经济收入和生活保障十分重要。在另一方面，艾琳可能会认识到，史密斯教授是一位模范教师，他期待学生出勤并参与课堂活动，这样可以促进学生间的凝聚力。他对控制和认可的需要受到了艾琳的出勤率和缺乏课堂参与的挑战。

艾琳和史密斯教授面临的挑战是如何把注意力集中于他们的利益，他们要相互沟通，对于采用特殊方法来解决他们之间的冲突保持开放。

原则 3：创造双赢选项

费舍尔和尤里（Fisher & Ury, 1981）提出的冲突有效协商的第三个策略是创造双赢选项。做到这一点颇为不易，因为人们很自然地会把冲突看成是一个非此即彼的命题。我们要么赢要么输；要么我们得到我们想要的东西，要么对方得到他们想要的东西；我们感到结果要么将有利于我们，要么将有利于对方。

我们没有看到任何其他可能的选项。

不过，把冲突看成非此及彼这样一个固定选择命题的倾向，需要通过创造新选项来克服，以便解决冲突，使双方满意。原则性协商强调我们必须集思广益和努力探索创造性的冲突解决方案。我们必须拓展我们的选择，而不应该把我们自己局限于认为仅有一个最佳解决方案。

关注冲突各方的利益会促使创造性思维的产生。通过探索双方利益的交集和契合点，我们可以找到使双方都受益的解决方案。实现利益的这个过程并非必定是对抗性的。如果我们对冲突各方的利益敏感，则满足各方的利益会变得更容易而不是更难。使用前面史密斯教授和艾琳的例子，艾琳可以承认史密斯教授的出勤规则，并解释说，她理解制定规则惩罚不用功的学生是必要的。但是她要解释的理由是，她的论文质量表明，她从史密斯教授那里的确学到了很多东西，在同时有很多其他事务不得不做的情况下，她已经尽其所能学好这门课程。史密斯教授应该解释说，如果无视她的缺勤，他会觉得说不过去，这对其他因缺勤而受到惩罚的学生来说也不公平。他们双方可以达成一致，将艾琳的成绩降为 B 而不是 C。虽然任何一方都不是"胜利者"，但是，双方都会觉得这是可以达成的最好折衷结果，因为它考虑到了双方各自的利益。

原则 4：坚持采用客观标准

最后，费舍尔和尤里（Fisher & Ury, 1981）认为，有效协商必须采用客观标准来处理不同利益。协商的目的是要根据原则而不是压力来达成解决方案。冲突各方必须探索客观标准，这些客观标准必须有助于他们不带偏见地观察他们的冲突。客观标准有许多形式，包括：

- 先例，查看这类问题以前是如何解决的；
- 专业标准，根据冲突涉及的专业或行业，确定行为是否存在规则或标准；

- 法院将会做出的判决，查看冲突的法律先例或者法律后果；
- 道德标准，根据伦理考量或者"做正确的事"来思考如何解决冲突；
- 传统，在思考解决冲突时查看已经建立起来的惯例或者风俗；
- 科学判断，考虑事实和证据。

例如，如果某员工和老板对于给该员工增加工资的额度意见不一致，那么员工和老板双方都要考虑到具有相同职位和工作履历的其他员工的工资增加情况。当有效而公平地使用标准时，结果和最终方案通常会被视为是明智的和公平的（Fisher & Ury, 1981）。

综上所述，原则性协商方法提出了四种实用策略，领导者可以应用这些策略来处理冲突：把人与问题分开；关注利益而不是立场；创造双赢选项；坚持采用客观标准。这些策略中没有一种是万能的，不可能适用于所有问题或冲突，但是，如果将这些策略综合使用的话，就可以提供通用的、有效的解决冲突的方法，对冲突情境中的每个人很可能都有利。

冲突解决的沟通策略

在本章中，我们已经强调了冲突的复杂性以及处理冲突之不易。没有万能方法或简单路径。事实上，除了报刊亭里的少数书籍声称能为冲突提供快速解决方案，只有很少的资料能给出解决冲突的实用技术。在本节中，我们将介绍冲突解决过程中能发挥重要作用的几种实用的沟通技巧：区分差异、划整为零和留面子。利用这些沟通策略可以减少冲突带来的焦虑，帮助冲突各方更快地达成解决方案，加强人际关系。

区分差异

区分差异（differentiation）描述了发生于冲突早期阶段的过程，它帮助参与者确定冲突的性质并澄清彼此的立场。区分差异对于解决冲突非常重要,因为它确定了冲突的性质和范围。区分差异要求个体解释和阐述他们自己的立场,更多关注双方的分歧,而不是他们的共识。消除冲突是重要的(Putnam, 2010)。区分差异是冲突过程中的一个困难阶段,因为它更可能涉及冲突升级,而不是冲突缓解。在此期间,可能产生的担心是冲突不能得到成功解决。区分差异之所以难,还因为它从一开始就使冲突具有个人色彩,使人们产生某些感受和情绪,而这些感受和情绪本身就是冲突的原因(Folger, Poole & Stutman, 1993)。

区分差异的价值在于它界定了冲突。它有助于双方认识到他们在所考虑的问题上存在哪些分歧。意识到这些分歧对于冲突解决是有益的,因为它关注冲突,使人们相信双方利益存在冲突,并且在本质上,使冲突去个性化,减少个人色彩。与费舍尔和尤里(Fisher & Ury, 1981)的协商方法相一致的是,区分差异也是把人与问题分开的一种方式。

下面这个关于区分差异的例子涉及一个团队合作学习项目。该团队的几位成员向导师抱怨说,成员之一詹尼弗很少参加会议,即使来了,也不对团队讨论作任何贡献。导师约谈了詹尼弗,而她则为自己辩护说,该团队设定的会议时间总是与她的工作时间表发生冲突。她认为,他们这样做的目的就是为了排斥她。导师安排大家一起坐下来,让他们分别向对方解释自己的观点。团队成员说,他们认为詹尼弗不如他们这样关心团队学业成就,因为她似乎不愿意调整她的工作时间表,以便与大家协调一致。另一方面,詹尼弗说,她认为其他人并不尊重她边上学边工作来养活自己,她不能完全掌控她的工作时间表。

在上面的例子中,当大家试图对问题进行评估时,团队成员就是在进行区分差异。这是一个困难的过程,因为它要求每位参与者对于团队为什么会出现冲突说出自己的感受。双方最终理解了对方的观点。团队和詹尼弗每星期都预留出固定时间用于开会,詹尼弗也保证她的职场主管不会在此时间安排她工作。

划整为零

划整为零（fractionation）是指将大冲突分解成较易管理的较小部分的技术（Fisher, 1971; Wilmot & Hocker, 2011）。与区分差异一样，划整为零通常发生在冲突解决过程的早期阶段。它是一个有意的过程，参与者同意把一个大冲突"缩减"为若干个较小的冲突，然后只处理大冲突中的一个小部分。划整为零冲突是有用的，这有几个原因。首先，通过把冲突简化为较小的和较不复杂的冲突，划整为零减缓了冲突。它有助于个体认识到所面临的冲突并非大得和乱得无从下手，而是由具体的、可界定的若干个难点组成。其次，它使冲突有了焦点。通过缩减大冲突，个体就能对其难点进行澄清和界定，而不是试图一次性解决一大堆难题。第三，缩减冲突规模有助于降低纠纷的情绪强度。通常小冲突的情绪强度较低（Wilmot & Hocker, 2011）。最后，划整为零有利于冲突参与者之间形成更好的工作关系。在同意处理简化版冲突之时，参与者确认他们愿意与对方共同努力以解决问题。

让我们来看一下运用划整为零的例子。大卫·斯特德曼是一所私立学校的校长，经验丰富，这所学校由于低入学率而濒临关闭。学校董事会成员对大卫的领导力及办学方向颇为担忧，而大卫则对董事会感到失望。过去三年这所学校一直在赤字预算中运行，并且花光了大部分的捐赠资金。学校董事会成员看待问题的方式是：学校必须招收更多学生。大卫知道问题并不那么简单。在低入学率背后，许多方面都存在问题：招生、留住学生、募集资金、学校营销、教学设备落伍以及家长与学校之间关系紧张。除了这些问题，大卫还必须负责学校日常运作和有关学生教育等方面的决策。大卫请求董事会成员参加周末静修营活动，在那里他们一起详细列出学校面临的各种问题，然后把一长串问题缩减为他们将要共同解决的三个难题。他们同意积极做好招生计划，加大力度筹集资金，对学生家长进行内部营销，以便让他们把孩子留在这所学校。

最后，静修营活动让大卫和董事会双方都收获良多。"如何办校"的大冲突被缩减为他们可以解决的三个具体问题。此外，学校董事会也认识到了运作一所学校的复杂与不易。大卫对学校董事会及其成员意见的负面感受也降低了。作为划整为零冲突的结果，大卫·斯特德曼和学校董事会形成了更好的工作关系，并确认他们愿意共同努力以解决未来的问题。

留面子

可以帮助领导者解决冲突的第三个技巧是留面子。**留面子**（face saving）是指在应对威胁时，为建立或维护一个人的自我形象而做的沟通尝试（Folger et al., 1993; Goffman, 1967; Lulofs, 1994）。留面子信息有助于个体建立他们想要别人怎样看待自己。留面子的目标是要维护一个人的自我形象。

冲突常常具有威胁性，使人不安，参与者可能会格外在意他人如何看待他们所持有的立场。这种自我关注可能会对解决冲突具有相反效果，因为它把冲突焦点从实质问题转移到了个人问题。当冲突关涉到自我形象时，太在意面子会迫使参与者去处理他们的自我形象，而不是处理冲突中的核心问题。

如果一个人能以保全他人自我形象的方式进行沟通，那么人际冲突带来的威胁就会降低。讨论冲突问题应该以尽量降低对参与者威胁的方式进行。通过采用留面子的信息，例如"我觉得你发表了很好的观点，但是我有不同看法"，一个人承认或尊重别人的观点，不让他人感到愚蠢或无知。如果参与者尽量支持对方的自我形象，而不是为了赢得争论而破坏它，那么，冲突的威胁就会减弱。重要的是认识到，人们希望他人以何种方式来看待自己，冲突对这些意愿具有怎样的威胁，我们的沟通如何才能降低这些威胁（Lulofs, 1994）。

在努力解决冲突的过程中，留面子应该是参与者关心的问题。这有两个原因。首先，如果可能的话，参加者应该尽量避免让冲突过程中的讨论转向威胁面子的话题。与费舍尔和尤里（Fisher & Ury, 1981）把人与问题分开的原则同理，可以通过集中于内容、坚持不挑战他人自我形象的互动来完成。其次，在冲突后期阶段，留面子实际上可以用于帮助参与者在冲突的过程中及时给予对方确认和支持。留面子可以向他人确认，他们在冲突中处理恰当，他们的关系依然健康。

下面的例子说明了留面子如何影响冲突解决。在一家大型的大学医院，合同谈判失败之后，1000名护士举行了罢工，这给医院带来了严重的混乱。冲突的起因是工资、强迫加班以及因人手短缺强制扩大工作范围等问题。护士与行政人员之间相互谩骂，甚至出现人身攻击。早期谈判受到了阻碍，因为双方都努力要形成一种公众形象，即他们所做事情在当前情形下是恰当的。结果，这些形象和对错问题，而不是工资和加班等实质问题，反倒成了冲突的焦点。如果双方都能给对方留面子，也许冲突很快就能得到解决。

虽然存在这些困难，但是留面子确实能对这次冲突产生积极作用。在谈判过程中，医院在当地报纸上刊登了整版广告，介绍了院方的提议以及为什么医院认为该提议被误解了。在广告结尾，医院说："我们尊重你们的罢工权。罢工是和平和有力的方式，你们用这种方式表达了你们的关切或不满。"这段话表明，管理层正试图挽回自己的面子，而且它也给了护士们面子，表示罢工并非不道德，院方理解护士们的行为，愿意继续与其维持工作关系。同样，罢工结束时双方在媒体上发布的信息都包含了对对方自我形象的肯定。护士们得到了实质上的工资增长，并没有怎么宣称自己这一方胜利，也没有刻意说医院在谈判中失败。反过来，医院保留了安排员工加班的控制权，并没有强调它赢得了什么，也没有表示护士们因为罢工而违反了职业道德。问题的关键是，这些温和的留面子信息有助于双方自我感觉良好，重建了他们作为有效的医疗卫生提供者的形象，挽回了他们的工作关系。

总而言之，解决冲突没有捷径。这是一个复杂的过程，需要持续沟通。通过理解和使用区分差异、划整为零和留面子技术，领导者可以提高他们在冲突解决过程中的能力和技巧。

基尔曼和托马斯的冲突处理风格

毫无疑问，人们采用不同方式来处理冲突，这些不同的冲突处理风格会影响冲突的结果。**冲突风格**（conflict style）被定义为人们在处理冲突时的模式化反应或行为。冲突风格最广为认可的模型之一是由基尔曼和托马斯（Kilmann & Thomas, 1975, 1977）根据布莱克和莫顿（Blake & Mouton, 1964）的研究工作提出来的，它也是本章末"冲突风格问卷"的基础。

基尔曼—托马斯模型确定了五种冲突风格：(1) 回避，(2) 竞争，(3) 迁就，(4) 妥协，(5) 合作。这个模型（见图10.3）按照两个维度来描述冲突风格：独断性和合作性。独断性（assertiveness）是指只考虑满足自己的关切，而合作性（cooperativeness）表示致力于满足他人的关切。每种冲突风格的特征都可以用面对冲突时表现出多少独断性和多少合作性来表示。

在冲突情境下，一个人的个人风格通常是这五种不同风格的组合。然而，因为过去经验或情境因素具有差异，有些人可能会依赖一种冲突风格多于其他几种风格。了解这些风格有助于你选择最符合情境要求的冲突风格。

回　避

回避（avoidance）是既不独断也不合作的一种冲突风格。喜欢回避风格的人往往较被动，对冲突情境置之不理，而不是直接面对冲突。他们采用的策略包括否认冲突存在，利用笑话的方式来避开冲突，或者想方设法转移话题。回避者既不武断地坚持追求自己的利益，也不采取合作态度来帮助他人追求利益。

优点和缺点。作为管理冲突的一种风格，回避通常达不到预期目的，常常会导

图 10.3　处理冲突的风格

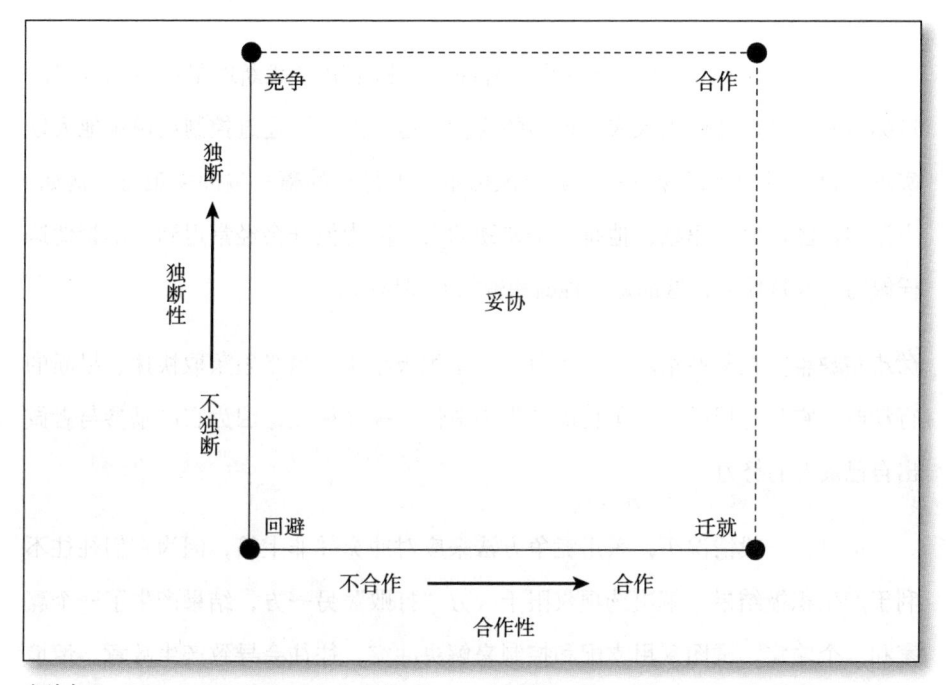

```
独断性
 ↑
独断    竞争                          合作


        
                    妥协


不独断   回避                          迁就
        ●————————————————————————●
           不合作 ————→ 合作
                合作性
```

资料来源：Reproduced with permission of authors and publisher from Kilmann, R. H., & Thomas, K. W. Interpersonal conflict-handling behavior as reflections of Jungian personality dimensions. *Psychological Reports*, 1975, 37, 971–980. © *Psychological Reports*, 1975.

致应激和冲突加剧。持续回避冲突的人压抑了苦恼、挫折、生气或者愤怒等内心感受，会产生更多焦虑。回避本质上是应对冲突的一种静态方法，无助于问题解决，也无助于做出什么改变以防止冲突发生。

然而，在某些情境中，回避可能是有用的——例如，当某个问题的重要性微不足道，或者冲突的潜在破坏太大。回避也可以提供一个冷却期，允许参与者在稍后某个时间确定如何才能更好地解决冲突。例如，如果乔恩对女朋友的生气程度如此之高，以至于他要把黑莓手机往墙上扔。他可能想开车出去兜兜风，冷静下来，然后再尝试与他的女朋友谈论这一问题。

竞 争

竞争（competition）是指这样一种冲突风格：高度武断地坚持追求自己的目标，而不合作帮助别人实现他们的目标。这些人试图通过控制或说服他人以实现自己的目的来解决争执。竞争风格本质上是一种赢—输冲突策略。例如，当温迪试图说服克里斯，他是一个差劲的人，因为他开会经常迟到，不管他这样做的原因是什么，这都是一种赢和输的冲突风格。

优点和缺点。在某些情境中，竞争能产生积极结果。当必须采取快速、果断的行动时，它是有用的。竞争也能产生创造性，提高绩效，因为它激励参与者做出自己最大的努力。

但是，一般情况下，采用竞争方法来应对冲突并非上策，因为它们往往不利于产生积极结果。解决选项仅限于一方"打败"另一方，结果产生了一个赢家和一个输家。试图采用支配和控制来解决冲突，往往会导致产生敌意、情境反复无常以及破坏性沟通。最后，竞争被证明是无效的；在竞争中，个体意识不到他人的关切和需要。

迁 就

迁就（accommodation）是指这样一种冲突风格：不武断，不坚持自己的目标，而是顺从地与对方合作。在迁就中，个体一般会向另一方表示："你说得对，我同意。让我们把它忘掉吧。"迁就是一种"他人取向"的风格，它要求个体密切关注他人的需要，忽略自己的需要。采用这种风格的人在面对问题时采取顺从他人的方式。

优点和缺点。冲突不可避免会引起不适感，迁就使个体得已远离这种感受。通过向他人让步，个体可以减轻冲突引发的挫折感。如果议题对一方的重要性高于另一方，或者，如果人际关系和谐是最重要的目标，那么，采用迁就风格就有助于产生积极结果。

迁就风格存在的问题是，它实际上是一种输—赢策略。虽然迁就风格解决冲突的速度要比其他风格快，但缺点是，迁就风格牺牲了自己的价值以及可能更高品质的决定，以此来维护和谐的关系。这是一种顺从风格，让他人来控制。迁就也会有损失，因为他们也许未能表达自己的意见和感受，而且他们的贡献也没有得到充分考虑。

例如，詹妮的男朋友是个体育迷，总想待在家里看电视转播体育赛事，但是詹妮喜欢外出看电影或者参加俱乐部之类的事情。为了让他高兴，詹妮只好常常待在家里陪男朋友看足球比赛。

妥 协

如图 10.3 所示，**妥协**（compromise）位于竞争和迁就中间，包含一定程度的独断性和一定程度的合作性。许多人认为妥协是"给予和获取"的立场。妥协关注他人的关切，也关注自己的需要。在图 10.3 的对角线上，妥协位于回避和合作中间。这意味着，妥协者并非完全无视对峙，但是他们也不会完全针尖对麦芒地去斗争。这种冲突风格经常被选用，因为寻找中间地带能够同时部分满足双方各自的关切，这的确是双方都可接受的。

优点和缺点。妥协也是一种积极的冲突风格，因为它要求，在关注一方目标的同时也要关注其他方的目标。当其他冲突风格已经失败或者不适合解决冲突时，妥协往往能发挥出最佳效果。很多时候，妥协能在各方之间强制达到力量均衡。

妥协风格的缺点是，它没有彻底解决冲突，而只是摆脱困境的"一个权宜之计"。急于想得到一个决议，冲突双方往往不能充分表达各自的诉求和感受。为了快速达成决议而牺牲了一个创新性的解决方案，和谐需要取代了找到一个最优解决方案的需要。其结果是，双方都没有得到完全满足。例如，帕特想去露营度假,迈克想"在家度假",在家附近转转。最后,他们同意去海滩和动物园一日游来度过他们的假期。

合 作

合作(collaboration)是最受青睐的一种冲突风格,要求兼顾独断和合作两个方面。双方都同意积极解决冲突,充分关注对方的关切而又不牺牲或抑制自身的关切。直到每一方都相当满意,都能支持这一解决方案,冲突才算得以解决。合作是理想的冲突解决方式,因为它承认人类冲突的不可避免性。它直面冲突,并进而能利用冲突来产生建设性的结果。

优点和缺点。合作的结果是积极的,因为双方共赢,沟通令人满意,关系得到加强,协商出来的解决方案从长远来看往往也更加经济有效。

遗憾的是,合作也是一种最难达成的风格。它要求参与各方付出精力和努力,并且要共享控制权。通过合作解决分歧要求个体花时间去探索他们之间的差异,寻求共识,并选择双方都能满意的解决方案。这通常需要延长对话时间,以便参与各方全力探索可解决当前问题的各种新的替代方案。例如,一住宅区的居民试图要求位于该住宅区的某成人娱乐场所关闭或搬离,但店主拒绝了。居民就与市政府官员合作,找到了一个替代地点来重新安置该娱乐场所,市政府也因此给予该店主税收优惠。

处理冲突的五种风格——回避、竞争、迁就、妥协和合作——可以在各种冲突情境中观察到。虽然每种风格都各有优缺点,但是,在解决冲突中,既能满足参与各方的需求又能符合情境要求的冲突处理风格才是最有效的。

小　结

对于领导者和下属来说，人际冲突是不可避免的。冲突被定义为两个或两个以上相互依存的个体之间感觉到的斗争，它或者来源于认识到他们在信念、价值观和目标上存在不相容的差异，或者来源于对尊重、控制和关系的期望上存在差异。如果以适当方式进行管理，冲突并不必然是破坏性的，而可以是建设性的，可用于实现积极目的。

沟通在冲突及其解决过程中起着重要作用。冲突发生于领导者与他人之间的两个层面：内容层面和关系层面。内容层面的冲突涉及信念、价值观或目标取向的差异。关系层面冲突是指个体在人际关系中，在对尊重、控制和归属的愿望方面存在的个体差异。关系冲突很少公开表达出来，这使得人们难以认识和解决关系冲突。

解决冲突的一种方法是费舍尔和尤里的原则性协商（Fisher & Ury, 1981）。该模型关注协商的四个基本要素——人、利益、选项和标准——并提出与处理冲突有关的四项原则：原则1，把人与问题分开；原则2，关注利益而不是立场；原则3，创造双赢选项；原则4，坚持采用客观标准。总的来说，这些原则对于协商产生积极成果是非常有用的。

冲突解决的三种实用的沟通策略分别是区分差异、划整为零和留面子。区分差异是帮助参与者界定冲突的性质和澄清彼此立场。划整为零是指将较大冲突简化为较小的、较易管理的冲突。留面子包括个体在冲突过程中为了维护彼此的自我形象而相互表达出的信息。综合或者单独使用这些策略将有助于领导者在解决冲突过程中变得更有成效。

最后，研究人员发现，人们采用五种风格来处理冲突：（1）回避，（2）竞争，（3）迁就，（4）妥协，（5）合作。每种风格根据个体面对冲突时表现出的独断性和合作性来描绘个体的特征。处理冲突最具有建设性的方法是合作，它要求个体通过充分关注他人的关切而又不牺牲自己的关切，从而做到承认冲突、直面冲突和解决冲突。有效管理冲突能够使得参与各方的人际关系更加密切，解决问题更有创造性。

本章术语

冲突	留面子
内容维度	冲突风格
关系维度	回避
内容冲突	竞争
关系冲突	迁就
原则性协商	妥协
区分差异	合作
划整为零	

10.1 案例研究

办公空间

某营销公司网络编程部门的五名员工被重新安置到办公大楼的新空间。这一举措着实让他们震惊：公司负责人决定通过减少租赁面积来降低成本，仅仅提前几天才通知，说搬就要搬了。

新空间与程序员的习惯大不相同。原办公空间是一个很大的开放房间，一面墙有落地玻璃窗。办公桌都相互对着，这使他们能够轻松交谈和相互合作。新的办公空间是在一个狭长的房间里，靠墙的五个隔间一字排开。四个隔间有窗户，第五个隔间稍大一点儿，挤在没有窗户的角落里。隔间墙壁6英尺高，当他们在自己的工位上工作时，程序员们再也不能看到彼此。

团队领导者马丁把隔间分配给了每位程序员。他把自己安排在第一间，罗莎、桑杰和克里斯分别安排在接下来的有窗户的三间。布兰德利则被安排在角落处的大房间。

第一个抱怨的人就是布兰德利。他看到新空间之后，去找马丁要求换到有窗户的房间。他认为自己的受聘时间长于其他程序员，应该可以选择房间，而不是被告知他用哪个房间。因为他和马丁在多个项目中工作关系都非常密切，布兰德利感到他应该在马丁的隔壁而不是最远的房间。

桑杰也不高兴。他在罗莎和克里斯中间。罗莎和克里斯过去在大空间中的办公桌是相邻的，他们在工作时经常互相开玩笑。现在他们进了排成行的小隔间，还想互相聊天，但是要做到这一点，他们或多或少要越过桑杰的空间喊对方。当马丁提出解决方案让他与布兰德利换地方，桑杰说，他可不想要没有窗户的房间。

马丁让大家仍然维持原状。他没有告诉他们，他故意把桑杰安排在罗莎和克里斯之间，以阻止他们不停地聊天，他认为聊天纯粹是浪费时间。马丁觉得大隔间更适合布兰德利，因为他的电脑设备比其他程序员要多。

在接下来的两个月里，网络编程部开始体验到了很多紧张事件。桑杰似乎每天心情都不好。每当罗莎和克里斯越过他的空间与对方聊天，他就大声嚷道："请你们专心工作，不要老喊叫对方，好吗？"或者讽刺挖苦地说："我想在这里工作！"结果，罗莎或克里斯离开自己房间走进对方房间去聊天，持续的时间比他们过去互相开玩笑的时间还长。

布兰德利待在角落房间里，不与其他程序员说话。他认为马丁故意给了他最糟糕的房间,但是他不知道自己做错了什么被这样对待。他嫉妒那些房间有窗户的员工,感觉好像马丁更看重罗莎、克里斯和桑杰。当布兰德利观察到,罗莎和克里斯聊天的时间多于工作时间,桑杰也变得暴躁易怒,他对马丁越来越感到失望。看来马丁正在奖赏表现最糟糕的程序员!

布兰德利在工作中变得更加离群,不愿意与其他程序员交谈,尤其是马丁。他与其他人主要通过电子邮件联系,尽管与他们只有几米距离。他与马丁也不再密切合作,相反,他专挑那些没有马丁参与的项目。不幸的是,如果布兰德利遇到需要马丁帮助的问题,他也设法自己独自解决它。通常情况下,马丁甚至不知道有问题必须解决,直到布兰德利意识到他无法独自解决,问题已经变得非常棘手了。

全部五位程序员实际上能看到彼此的惟一时间是每周员工例会,召开例会的会议室有一张大桌子和12把椅子。原来他们没有每周例会,因为每当需要沟通时,他们坐在工位上就能够互相谈论项目和日程安排。在他们新召开的员工例会上,好像只有马丁发言。罗莎和克里斯坐在桌子一边,不理睬独自坐在他们对面的桑杰。布兰德利则坐在桌子的尽头,与其他人至少隔两把椅子。

又召开了一次没有成效的员工会议,在这个会议上没有人发言或互相望一眼,会议结束后,其他程序员都走了,马丁双手抱着头,独立坐在会议桌边。他搞不懂他过去领导的富有凝聚力的团队现在出了什么状况,为什么有这样的变化。这都是办公环境惹的祸,说起来真是荒唐。

问题

1. 你如何描述网络编程部门成员之间已经出现的冲突?
2. 该冲突是关系冲突吗?如果是,是什么类型的关系冲突?这个冲突存在内容维度吗?
3. 使用费舍尔和尤里的原则性协商方法,你将如何把人与问题分离开来?你认为在这个冲突中到底发生了什么事情?
4. 使用基尔曼和托马斯的冲突风格模型,你会如何描述桑杰的冲突风格?布拉德利的冲突风格呢?罗莎和克里斯也有冲突风格吗?
5. 在试图解决这个冲突的过程中,马丁该如何使用划整为零技术和留面子技术?

10.2 冲突风格问卷

目的

1. 确定你的冲突风格
2. 检查你在不同情境或者关系中的冲突风格如何发生变化

说明

1. 假如在两种不同情境（A 和 B）中，你与某人（例如室友或者同事）有冲突、分歧、争论或者失望。写下每种情境中此人的姓名。
2. 根据下面的量表，填写你在情境 A 和 B 中的分数。对于每个问题，你将有两个分数。例如，在问题 1 中，得分可能是这样的：1,2 | 4
3. 在此写出这两种情境中的每个人的姓名：

   A 人 _____ B 人 _____

   1= 从不   2= 很少   3= 有时   4= 经常   5= 总是

A 人	B 人	
1. ____	____	我避免"陷入窘境"；我尽量不与人发生冲突。
2. ____	____	我利用我的影响力让我的想法被人接受。
3. ____	____	我通常会尝试"折中"方式以解决问题。
4. ____	____	我一般都尽量满足对方的需求。
5. ____	____	我试着调查问题以找到我们双方都能接受的解决方案。
6. ____	____	我通常避免公开讨论我与对方的分歧。
7. ____	____	我利用我的权力做出对我有利的决定。
8. ____	____	我试图找到一条中间道路来解决僵局。
9. ____	____	我通常迁就对方的愿望。
10. ____	____	我试着把我和对方的想法融合在一起之后再共同做出决定。
11. ____	____	我尽量避开与别人意见不一致。
12. ____	____	我利用我的专业知识来使决定有利于我。
13. ____	____	我提出一个中间地带以打破僵局。
14. ____	____	我顺从别人的意愿。

10.2 冲突风格问卷

（续）

A人	B人
15. ____ | ____	我尽量与他人合作以找到同时满足双方期望的解决方案。
16. ____ | ____	我尽量隐瞒我的异议以避免不愉快的感受。
17. ____ | ____	我一般追求议题中有利于我的那一面。
18. ____ | ____	我与对方协商达成妥协。
19. ____ | ____	我经常按照他人的建议去办事。
20. ____ | ____	我与他人交换准确信息以便我们能够共同解决问题。
21. ____ | ____	我会尽量避免与他人不愉快的交往。
22. ____ | ____	有时我会利用我的权力来取胜。
23. ____ | ____	我采用"付出与索取"的方法以达成妥协。
24. ____ | ____	我尽量满足他人的期望。
25. ____ | ____	我试图把我们所有的顾虑都公开，以便问题能够得到解决。

资料来源：Adapted from "Confirmatory Factor Analysis of the Styles of Handling Interpersonal Conflict: First-Order Factor Model and Its Invariance Across Groups," by M. A. Rahim and N. R. Magner, 1995, *Journal of Applied Psychology, 80* (1), 122–132. In W. Wilmot and J. Hocker (2011), *Interpersonal Conflict* (pp. 146–148). Published by the American Psychological Association.

计分：把以下问题上的分数加起来：

A | B	A | B	A | B	A | B	A | B
1. ____ | ____	2. ____ | ____	3. ____ | ____	4. ____ | ____	5. ____ | ____
6. ____ | ____	7. ____ | ____	8. ____ | ____	9. ____ | ____	10. ____ | ____
11. ____ | ____	12. ____ | ____	13. ____ | ____	14. ____ | ____	15. ____ | ____
16. ____ | ____	17. ____ | ____	18. ____ | ____	19. ____ | ____	20. ____ | ____
21. ____ | ____	22. ____ | ____	23. ____ | ____	24. ____ | ____	25. ____ | ____
____ | ____	____ | ____	____ | ____	____ | ____	____ | ____
A | B	A | B	A | B	A | B	A | B
回避总分	竞争总分	迁就总分	妥协总分	合作总分

10.2 冲突风格问卷
（续）

分数解释

　　该问卷旨在识别你的冲突风格并检查它在不同的情境或人际关系中是如何变化的。通过比较你在不同风格上的总分，你可以发现，你最依赖哪种冲突风格，哪种风格又最少使用。此外，通过比较你对 A 人和 B 人的分数，你可以确定你在不同人际关系中的冲突风格会如何发生变化抑或保持不变。你在这个问卷上的得分反映出了你在特定时间对特定冲突的应对方式，因此，如果你选择了不同冲突或者冲突的不同时期，你的应对方式可能就会发生变化。冲突风格问卷不是给你贴标签或者对你进行分类的个性测验；相反，它试图帮你认识到哪些是你经常使用的冲突风格，哪些是较少使用的。

　　分数为 21~25 代表非常强的风格。

　　分数为 15~20 代表较强的风格。

　　分数为 11~15 代表中等的风格。

　　分数为 6~10 代表较弱的风格。

　　分数为 0~5 代表非常弱的风格。

10.3 观察练习

处理冲突

目的

1. 认识人际冲突的维度
2. 探讨如何使用费舍尔和尤里（Fisher & Ury, 1981）的原则性协商方法来处理实际冲突

说明

1. 在本练习中，要求你观察一个实际冲突。出席一个正在处理冲突的公开会议。例如，你可以参加校园规划委员会的会议，议程包括学生停车费的调整。
2. 会议上做记录，着重关注所有参会者的立场和利益。

问题

1. 会议参与者如何发表他们的论点？各人分别持何立场？

2. 识别并描述会议上每位参与者的利益。

3. 讨论参与者是否能够提出客观的冲突解决方案。说明参与者如何将他们自己与问题分离开来。

4. 参与者试图以哪种方式找出对彼此都有利的冲突解决方案？

10.4 反思与行动清单

处理冲突

反思

1. 你如何回应冲突？基于冲突风格问卷，你如何描述你的冲突风格？你的过往经历如何影响你的冲突风格？

2. 本章介绍了三种关系冲突（即尊重、控制、归属）。在你与他人的冲突中哪种类型的关系冲突最为常见？请讨论。

行动

1. 扼要介绍你与家人、室友或同事最近发生的一次实际冲突。请识别在冲突中你和他人各自的立场和利益。（注：个体的立场可能会比他们的利益更容易识别。在叙述你和他人的利益时要有创意）

2. 描述你如何能够将该冲突划整为零。

3. 采用费舍尔和尤里（Fisher & Ury, 1981）的方法，你如何把人与问题分开，你们如何携手共同处理这一冲突？在讨论的过程中，你如何帮助对方留住面子？对方怎样能帮你留住面子？

参考文献

Blake, R. R., & Mouton, L. S. (1964). *The managerial grid. Houston*, TX: Gulf.

Brown, C. T., & Keller, P. W. (1979). *Monologue to dialogue: An exploration of interpersonal communication*. Englewood Cliffs, NJ: Prentice-Hall.

Faruqi, A. (Producer), & Obaid-Chinoy, S. (Director). (2013). *Humaira: The dreamcatcher* [Motion picture]. Pakistan: SOC films.

Fisher, R. (1971). Fractionating conflict. In C. G. Smith (Ed.), *Conflict resolution: Contributions of the behavioral sciences* (pp. 157–159). South Bend, IN: University of Notre Dame Press.

Fisher, R., & Ury, W. (1981). *Getting to yes: Negotiating agreement without giving in*. New York: Penguin Books.

Folger, J. P., Poole, M. S., & Stutman, R. K. (1993). *Working through conflict: Strategies for relationships, groups, and organizations* (2nd ed.). Glenview, IL: Scott, Foresman.

Goffman, E. (1967). *Interaction ritual: Essays on face-to-face behavior*. New York: Anchor Books.

Hocker, J. L., & Wilmot, W. W. (1995). *Interpersonal conflict* (4th ed.). Dubuque, IA: W. C. Brown.

Kilmann, R. H., & Thomas, K. W. (1975). Interpersonal conflict-handling behavior as reflections of Jungian personality dimensions. *Psychological Reports, 37*, 971–980.

Kilmann, R. H., & Thomas, K. W. (1977). Developing a forced-choice measure of conflict handling behavior: The "mode" instrument. *Educational and Psychology Measurement, 37*, 309–325.

Knutson, T., Lashbrook, V., & Heemer, A. (1976). *The dimensions of small group conflict: A factor analytic study*. Paper presented to the annual meeting of the International Communication Association, Portland, OR.

Lulofs, R. S. (1994). *Conflict: From theory to action*. Scottsdale, AZ: Gorsuch Scarisbrick.

Maslow, A. (1970). *Motivation and personality* (2nd ed.). New York: Harper & Row.

Putnam, L. L. (2010). Communication as changing the negotiation game. *Journal of Applied Communication Research, 38* (4), 325–335.

Rahi, S. (Producer). (2010, December 10). *Humaira Bachal documentary* [Motion picture]. Dawn News. Retrieved June 10, 2013, from www.youtube.com/watch?v=3Hs2hxrY_HI

Schutz, W. C. (1966). *The interpersonal underworld*. Palo Alto, CA: Science and Behavior Books.

Temple-Raston, D. (2013, January 3). After fighting to go to school, a Pakistani woman builds her own. *Weekend Edition Sunday* [Radio news program]. Retrieved from http://www.npr.org/2013/01/06/168565152/after-fighting-to-go-to-school-a-pakistani-woman-builds-her-own

Terry, R. W. (1993). *Authentic leadership: Courage in action*. San Francisco: Jossey-Bass.

Watzlawick, P., Beavin, J., & Jackson, D. D. (1967). *Pragmatics of human communication*. New York: Norton.

Wilmot, W. W., & Hocker, J. (2011). *Interpersonal conflict* (8th ed.). New York: McGraw-Hill.

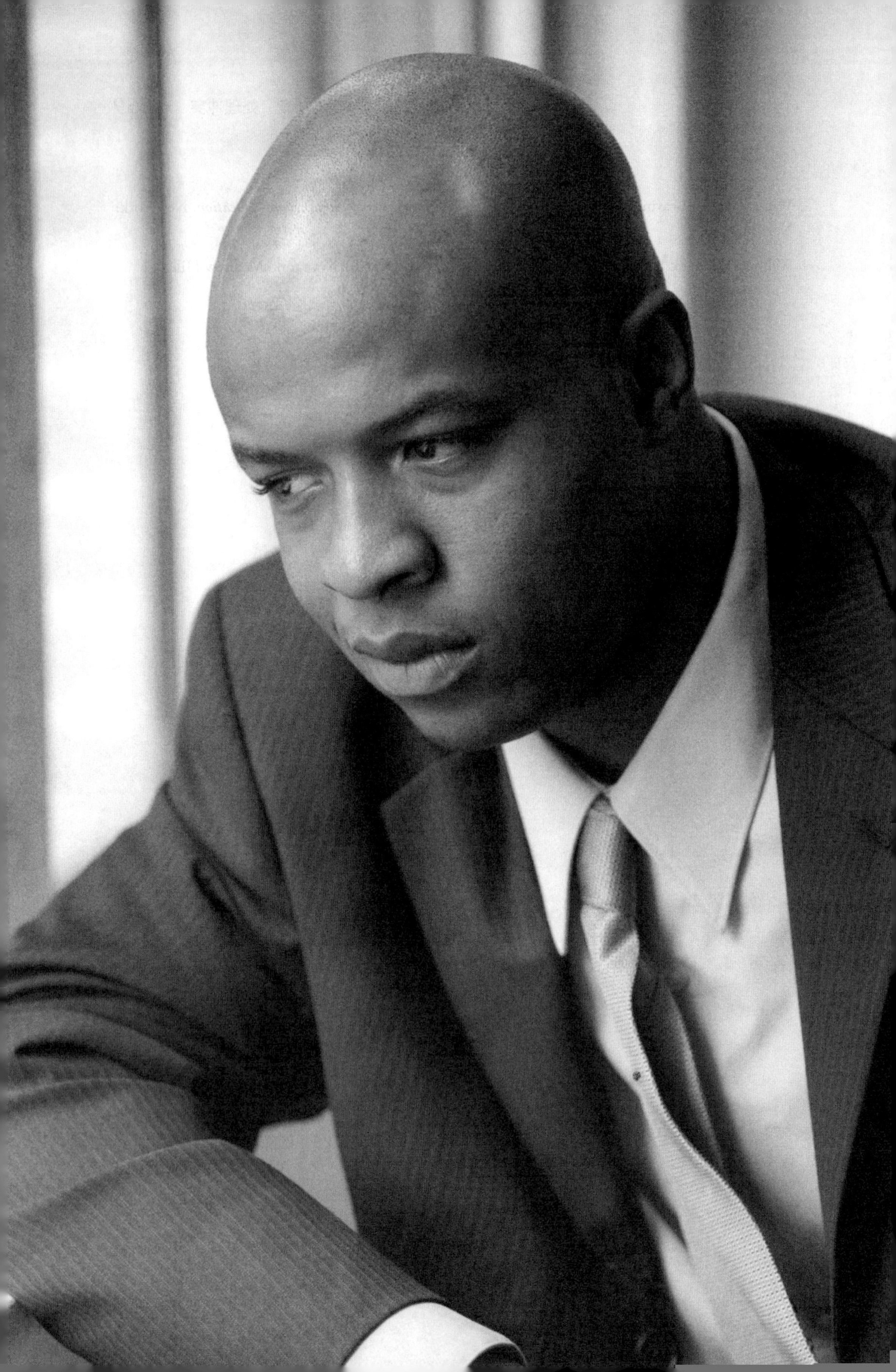

第11章

领导伦理

概 述

领导固有道德维度,因为领导者影响他人生活。正因为这一影响力维度,领导承担着巨大的道德责任。与其决策权并行不悖的是,行使其权力为公共利益服务是一项应尽的义务。因为领导者通常比下属拥有更多的权力和控制,领导者必须对其领导力如何影响他人的福祉特别敏感。

近年来,公共部门和私营部门出现了铺天盖地的丑闻。世界各地一些大型公司频频发生会计和财务丑闻,包括阿德尔菲亚公司、安然公司、泰科国际以及世通公司。此外,很多新闻报道了天主教教堂内的性骚扰事件、美国军队的性侵犯事件以及大量公众人物生活中的性丑闻,这些公众人物包括州长、美国参议员和市长,这只是其中几个例子。这些丑闻的知名度如此之高,其结果是,人们开始越来越怀疑公众人物和他们所做的事情。公众强烈呼唤有德性的领导。

正如第1章"认识领导"中提到的,本书的主要目的是要回答这一问题:"怎样才能成为一个有效的领导者?"与此问题密切相关的,也许是更重要的问题是:"怎样才能成为一个伦理型领导者?"这方面的探索是本章的重点。

领导伦理的阐释

首先，定义伦理型领导是重要的。简单来说，**伦理型领导**（ethical leadership）指的是这样一个影响过程，即道德的人，出于正确原因，推动他人以正确方式做正确的事情（Ciulla，2003）。换句话说，伦理型领导是一个过程，在此过程中，好人正确地影响他人以实现公共利益：让世界变得更美好、更公平和更人道。

伦理涉及个体或社会认为可取或适当的那种价值观和道德。在领导过程中，伦理与领导者所做之事以及领导者的行为（包括动机）性质有关。因为领导者往往对他人拥有控制、权力和影响，所以他们的领导会影响其他个体和组织。因此，正是领导者的伦理——通过他的行为、决策和互动——建立起了一个组织的伦理氛围。

实践中的领导伦理

领导伦理是一种复杂现象，拥有多个部分或方面，各部分之间相互重叠并彼此互联。践行伦理型领导，有六大因素（图11.1）对领导者来说当特别重要。若领导者致力于伦理型领导，其中每一个因素对于领导者的特征和行为都发挥着重要作用。

1. 领导者的品格
2. 领导者的行动
3. 领导者的目标
4. 领导者的诚实
5. 领导者的权力
6. 领导者的价值观

图 11.1 伦理型领导的六个相关因素

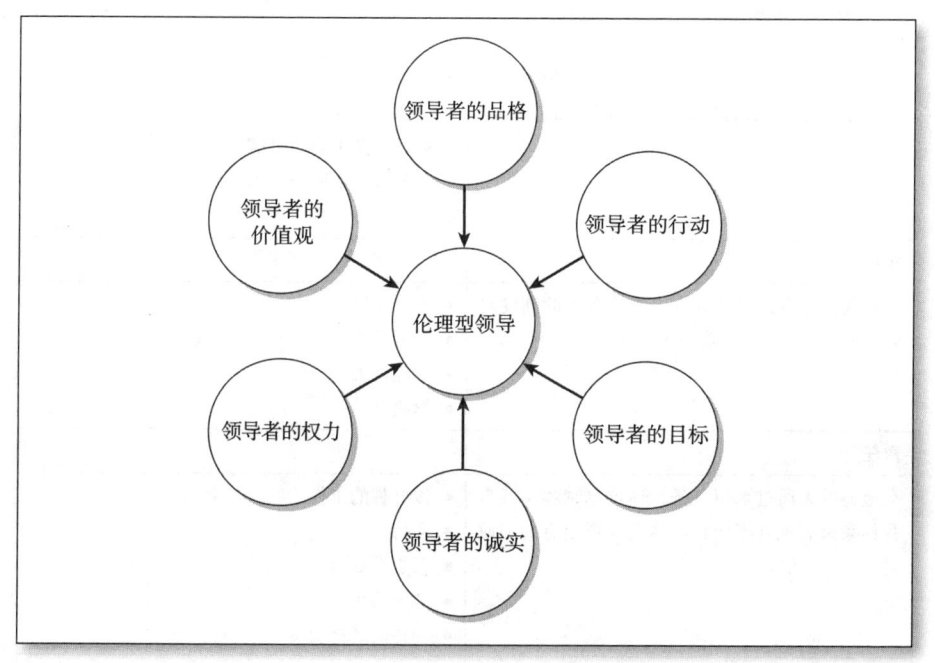

（图：伦理型领导 居中，周围六个因素——领导者的品格、领导者的行动、领导者的目标、领导者的诚实、领导者的权力、领导者的价值观）

1. 领导者的品格

领导者的品格是伦理型领导的基本方面。当有人说某位领导者具有坚强品格，则该领导者被看作了一位善良和高尚的人。领导者的**品格**（character）是指领导者的品质、性情和核心价值观。早在两千多年前，亚里士多德就认为，一个有道德的人会表现出勇气、宽宏大量、自我控制、诚实、善交际、谦虚、公平和公正的美德（Velasquez, 1992）。如今，所有这些品质仍然有助于形成一个坚强品格。

品格是可以培养起来的东西。近年来，美国学校对品格教育越来越感兴趣。公众人物的不当行为已经导致公众人物不再受信任，进而导致公众要求教育工作者在把孩子们培养成好公民方面负起更大的责任。其结果是，如今大多数学校都把品格教育当成常规课程的一部分来进行教学。由位于加利福尼亚的约瑟

表 11.1　品格的六大支柱

诚信	
诚信在六大核心伦理价值观中是最复杂的,涉及多种品质,诸如诚实、正直、可靠和忠诚。	● 诚实 ● 可靠:说到做到 ● 有勇气做正确的事情 ● 不蒙骗、不欺诈、不偷窃 ● 建立良好信誉
尊重	
虽然我们没有伦理义务去支撑所有人的高度自尊,但是我们应该尊重每个人。	● 容忍差异 ● 文明礼貌 ● 体谅他人 ● 解决分歧
责任	
有道德的人通过承担义务、追求卓越和实践自我约束来表现其责任心。他们表现出有能力应对外界的期望。	● 做好你的工作 ● 坚持 ● 三思而后行 ● 考虑后果 ● 为你的选择负责
公正	
公正意味着坚持正义的衡量标准,不关涉个人感受或意见。	● 按规矩办事 ● 心胸开阔 ● 不利用他人 ● 不责备他人
关爱	
关爱是伦理和伦理型决策的核心。真正遵循伦理行事而又不关心他人福祉,这几乎是不可能的。因为伦理最终会涉及与他人建立良好的关系。	● 为人善良 ● 富于同情心 ● 宽恕他人 ● 帮助需要帮助的人
公民意识	
优秀公民的付出多于索取,所做的事情多于其应做的"公平份额"以使社会顺利运转,既顾及眼前也考虑将来几代人。公民意识包括公民美德和义务,这些义务规定了我们作为社会一分子应该具有什么样的行为表现。	● 与社区共享 ● 积极参与 ● 参与表决:投票 ● 尊重权威 ● 保护环境

资料来源:© 2008 Josephson Institute. The definitions of the Six Pillars of Character are reprinted with permission. www.charactercounts.org

夫森研究所（Josephson Institute, 2008）开发出的一个模型已应用于很多学校。该模型围绕品格的六个维度来设计教学：诚信、尊重、责任、公正、关爱和公民意识（见表11.1）。在这些以及类似的品格维度的基础上，学校强调品格的重要性以及核心价值观对个体伦理型决策的影响作用。

虽然品格表明作为一个人你是谁这个问题的核心，但是它也是你通过学习可以强化和发展的东西。领导者可以习得善的价值观。经过不断实践，从青年到成年，这些善的价值观就变成了习惯，成为人自身的一部分。通过讲真话，人变得诚实；通过接济穷人，人变得善良；通过公平待人，人变得正义。你的美德以及你的品格，都源于你的行动。

诺贝尔和平奖得主纳尔逊·曼德拉，就是一位拥有坚强品格的领导者（参见第2章"领导快照"）。曼德拉是位厚德载物之人，拥有强大的良知。在南非为废除种族隔离制度而奋战之时，他为全体人民追求正义和平等，始终坚贞不屈。监狱里的他有机会提前离开，作为交换条件，他要宣布放弃他的观点，但他选择了继续被关押，而不是妥协。除了深深地关爱他人，曼德拉还是一位勇敢、耐心、谦逊和富有同情心的人。他是一位伦理型领导者，衷心地信仰公共利益。

曼德拉的事例清楚地表明，品格是道德领导的一个重要组成部分。品格使得一个领导者得以保持其核心伦理价值，即使面对巨大逆境时也是如此。品格是一个人价值观的核心，是伦理型领导的基础。

2. 领导者的行动

伦理型领导除了关乎领导者的品格，也关乎领导者的行动（见图11.1）。**行动**（actions）是指领导者实现目标的方式。伦理型领导者使用道德化手段来实现自己的目标。领导者的处事方式是判断其是不是伦理型领导者的关键决定因素。我们可能都熟悉马基雅维利的那句话——"目的证明手段合理",但是伦理型领导者的头脑中有不同看法,并提出了一个问题:"目的能够证明手段合理吗?"换句话说,领导者为了实现目标所采取的行动必须合乎伦理。手段的合理性不能用领导者目标的必要性和重要性来证明。伦理型领导内在要求必须使用道德上恰当的行动来实现目标。

为了说明伦理行动的重要性,考虑一下2004年在伊拉克阿布格莱布监狱发生的事件。由于"9·11"恐怖袭击,国家安全和情报收集的优先权在美国变得很高。审讯的范围被扩大,严酷的审讯方法获得批准。美国政府的目标是获取更多的信息,以确保国家安全。

当媒体报道称,囚犯受到了监狱职员和平民合同工的性虐待、侮辱和酷刑,这所监狱的问题就此暴露了出来。有损囚犯人格的恐怖照片开始出现在媒体和互联网上。为了获得情报,一些美军士兵采用的手段既违反了军事法规,也违反了1948年《日内瓦公约》建立的关于人道对待战争囚犯的国际通行规则。

在阿布格莱布监狱的案例中,旨在维护国家安全和情报收集的目标是合法的,也是必须做的。然而,监狱里某些人采用的手段在许多人看来是不正当的,甚至可以被裁定为犯罪。许多人认为,这些目标不能证明其手段正当。

在日常生活情境中,领导者为了实现目标可以采用多种行动;这些行动都有伦理内涵。例如,领导者奖励部分员工,而不奖励其他人,这一做法可能引发公平问题。如果领导者未考虑员工的健康问题,火急火燎地要求必须在短时间内完成一项繁重的工作,这同样会引发人们质疑领导者是否同情他人。即使是简单任务,例如安排员工的工作,或不断分配有利工作给某个人,这也反映出领导者的伦理问题。在现实中,领导者做的每件事情几乎都会带有伦理色彩。

鉴于领导者行动的重要性,应该采用哪些伦理原则来指导领导者的待人之道呢?许多学者都曾对领导者的伦理原则进行过描述(Beauchamp & Bowie,

1988; Ciulla, 2003; Johnson, 2005; Kanungo, 2001; Kanungo & Mendonca, 1996）。这些论述突出了许多伦理标准的重要性。此外，还有三个原则与我们讨论的伦理型领导者的行动具有特别联系。它们是（1）表示尊重，（2）服务他人，（3）秉持公正。

1. 表示尊重。表示尊重意味着把他人视为独特的人，而不是达到目的的手段。它要求尊重他人的决定和价值观。它还要求重视他人的想法和意见，肯定这些人是独特的个体。领导者若能对下属表示尊重，下属就会变得更有信心，相信自己的贡献是有价值的。

2. 服务他人。显然，服务他人是利他主义的一种形式，这种方式意味着，如果其主要目的是促进他人利益最大化，那么领导者的行动就是伦理型的。从这个角度来看，领导者可能会被要求要按照他人利益行事，即使这可能会违背他自身的利益（Bowie, 1991）。在职场中，为他人服务可以在诸如辅导他人、授权他人、团队建设以及公民行为等活动中观察到（Kanungo & Mendonca, 1996）。在服务原则的实践中，伦理型领导者必须愿意以下属为中心。也就是说，领导者努力把他人利益置于其工作的首位，以使他人受益的方式行动。

3. 秉持公正。平等对待所有下属是伦理型领导者首先要做到的。秉持公正要求领导者把公平问题放在决策的中心位置。按照规则，任何人都不应受到特殊待遇或特别考虑，除非情况特殊。当个体受到区别对待时，理由必须明确、合理，并且是基于合理的道德观念。

此外，公正还与这样一条金律有关：要像希望自己被对待的那样对待他人。如果你期望从他人那里得到公平对待，那么你就应该公平对待他人。公平问题之所以成为难题是因为财富和资源总是有限的。结果是，对稀缺资源的竞争常常难以避免。由于资源在实际上或者在感知上稀缺，至于何为公平分配之法，个体之间往往会产生冲突。对于领导者来说，重要的是要建立明确的规则。这些规则的性质充分反映了领导者和组织的伦理基础。

领导快照：沃伦·巴菲特以及比尔和梅林达·盖茨：《捐赠誓言》

起初有三位亿万富翁承诺在有生之年捐出他们的一半财富，现在又有100多个超级富裕家庭承诺要做同样的事情（Giving Pledge, 2013）。

《捐赠誓言》是2010年由比尔·盖茨和梅林达·盖茨以及沃伦·巴菲特率先提出的，以促进慈善事业。他们分别位列《福布斯》全球富豪榜第1位和第2位。《捐赠誓言》鼓励亿万富翁在他们有生之年就做出捐赠，而不是等到他们死后才捐赠他们的财富，同时他们可以选择如何捐赠。

巴菲特曾经说过："我不知道谁有5亿美元还不够生活"（Frank, 2011）。

《捐赠誓言》很简单：签名者必须是亿万富翁，他们必须承诺在有生之年捐赠至少一半的财富。对于捐款去向没有任何限制；迄今为止，该《捐赠誓言》支持的事业，从帮助美国阿帕拉契亚的农民，到研制用于治疗乳腺癌的重要药物，以及资助犹太学校。

《捐赠誓言》较少涉及经济承诺，更多体现的是公开声明，其目的在于激励他人，组织者如是说。《捐赠誓言》还产生了各种类型的事实上的"俱乐部"，签名者定期聚会，交换意见，交流思想。

"我们的目标是彰显慈善及其所成就的伟大事业的知名度，"微软创始人比尔·盖茨说。通过这些聚会，亿万富翁交流经验和教训，讨论他们的财富捐赠策略。"人们在这方面的相互合作超过其他方面，"盖茨说（Fowler, 2012）。

《捐赠誓言》仅仅是一个不具约束力的承诺，在有生之年或身后捐赠至少一半财富。它对未能履约捐赠不强加任何处罚。《捐赠誓言》由"比尔及梅林达·盖茨基金会"协调，但是该基金会并不追踪签名者的捐赠。

然而，盖茨并不担心《捐赠誓言》的签名者兑现承诺会出现什么问题。"他们正在公众舆论的法庭上做出着承诺，"他说（Fowler, 2012）。

一些批评人士也指出，《捐赠誓言》同时也引发了一些问题，比如：超级富人是否有能力用这些捐款来改变像教育和医疗保健之类公众关切的议题。也有人说，《捐赠誓言》是富人与穷人经济差距的提示，如果你有钱，你就可以控制各种事情，包括慈善事业。

"大型与小型非营利组织之间，服务弱势群体的机构与服务成熟选区的机构之间，目前存在很大经济差距，"乔治城

> 公共政策研究所公共和非营利领导中心的巴勃罗·艾森伯格写道:"《捐赠誓言》必定会加大这种差距,扩大了我们非营利和慈善系统的不公平现象"(Eisenberg, 2011)。
>
> 不过,一位年轻的亿万富翁,Facebook创始人马克·扎克伯格签署了该《捐赠誓言》,并立即兑现,向新泽西州纽瓦克市公立学校捐赠了1亿美元。
>
> "有这么多事情需要去做,不如从现在就开始,"他说(Guth & Fowler, 2010)。
>
> 同样是亿万富翁也是《捐赠誓言》签名者的尼古拉斯·伯格鲁恩也表示认同。"财富是一种优势,但是,坦白地说,它同时也是一种责任"(Guth & Fowler, 2010)。

"公平对待每个人"言易行难,我们可用理查德·李执教儿子的小联盟棒球队所发生的事情来说明。李的儿子埃里克是一位出色的投手,拥有很多天生的能力。在一次比赛中,埃里克对自己的表现感到有些沮丧,开始扔球棒、踢头盔,出现一些非常不成熟的表现。当理查德看到埃里克这些不当行为时,他立即把儿子换下场,让他坐在板凳上。替换埃里克的那位球员并不是很好的投手,结果球队最后输掉了比赛。

比赛结束后,理查德受到了大家的批评。除了埃里克冲他发火,其他球员的父母也很生气。有些父母走过来对理查德说,他不应该把他的儿子换下场,正是因此球队才输了比赛。

在这个例子中,其他球员的父母不认可理查德作为教练的这些做法。理查德尽力公平对待每位球员,他采用对待所有犯错球员同样的方式来对待儿子。他设置了良好的体育道德标准:若自己的儿子违反规则,他也必须受到处罚。理查德的行动是符合伦理的,但是,像他这样执教球队不易做到。他做了正确的事情,却得到这样的反响。

这个例子强调了领导者行动的重要性。领导者的行动在确定和判断领导者是否符合伦理方面发挥着重要作用。

3. 领导者的目标

领导者设置的**目标**（goals）是与伦理型领导相关的第三个因素。领导者如何利用目标影响他人极大地反映出了领导者的伦理观。例如，阿道夫·希特勒竟然能说服数百万人相信灭绝犹太人是合理的。这是一种邪恶目标，因此他也是一位不道德的领导者。基地组织恐怖分子袭击美国境内目标，意在试图报复美国在中东事务中的立场。从积极方面来看，特蕾莎修女帮助穷人和被剥夺者的目标是道德的。同样，"人类家园组织"（Habitat for Humanity）为弱势群体建造住宅的目标也是道德的。所有这些例子都突出了目标对于判断领导是否符合伦理具有重要作用。领导者所选目标是对其伦理观的反映。

确定并追求公正和有价值的目标，这是一位伦理型领导者要采取的最重要步骤。选择目标时，伦理型领导者必须评估其目标的相对价值和意义。在这个过程中，对领导者来说，重要的是要考虑到团队或组织中其他人的利益，在某些情况下，还要考虑到其工作所处的社区和大文化的利益。伦理型领导者应该尽力建立各方一致赞同的目标。目标符合伦理的伦理型领导者并不会把自己的意愿强加于他人。

某地区健康保险公司的总裁雅各布·海科特是将领导行为应用于有价值目标的一个例子。雅各布相信社区服务的价值，并提倡他的员工也参与社区服务，但他并不强求。因为他有几个朋友患有糖尿病，曾经还有两名员工死于晚期肾癌，所以雅各布对于支持"美国肾脏基金会"特别感兴趣。为了促进他的事业，他倡议整个公司的4000名员工与他一起参加5公里长跑，筹集资金用于支持美国肾脏基金会。签名的每位员工负责筹集100美元，每位参与者都能得到免费瓶装水和T恤衫。

活动当天，来自他公司的1800多名员工到场参加，雅各布感到惊讶。这次活动非常成功，为美国肾脏基金会募集到了超过18万美元。能够为有价值的事业做出贡献，员工们感觉非常好，而且他们喜欢因此而展现出来的一种团队精神。雅各布特别高兴，因为他的目标得已实现。

4. 领导者的诚实

伦理型领导不可或缺的另一个重要因素是**诚实**（honesty）。与其他任何品质相比，人们特别在意他们的领导者是否诚实。事实上，可以说保持诚实与遵循伦理是同义词。

当我们还是孩子的时候，我们经常被大人告知"不要说谎"。做好人意味着说真话。对于领导者来说，此理相同。要成为一个伦理型领导者，那么领导者必须诚实。

不诚实就会有欺骗，就会歪曲事实。不诚实可能会带来许多负面结果，其中最重要的是，它会产生不信任。当领导者不诚实时，其他人会发现领导者不可靠、不值得信赖。他们不再信任领导者说过的话和主张，他们对这个人的尊重就会减少。结果，领导者的影响力大打折扣，因为其他人不再信任和相信他所说的话。

不诚实也会对领导者的人际关系产生不利影响。它会给领导者与下属的关系制造紧张。当领导者欺骗其他人时，其实质是，领导者认为操纵他人是可以接受的。例如，当老板不兑现所承诺的工资增长，员工就会不信任老板。如果经常存在这类行为，其长期效果是其人际关系受到削弱。即使是出于好心，不诚实也会导致人际关系受损。

但是，诚实不仅仅是领导者要说真话。它还涉及为人坦率，尽可能完全、彻底地再现真相。这并不是一件容易的事情，因为有时说出全部事实可能具有破坏性或者适得其反。领导者所面临的挑战是，既要坦诚，又要把握好在特定情境中披露哪些内容最为恰当。

这种微妙平衡的一个例子可见于丹·约翰逊的故事。丹受聘为一家大型制造企业的高管。新工作要求丹和家人离开他们居住的密歇根州的一个小社区，放弃那里的工作和朋友，搬到芝加哥居住。家人将房子挂到了市场上待售，并开始在芝加哥寻找新家和工作。丹开始新生活几天之后，老板贾斯廷·戈弗雷把他拉到一边对他说，他不应该在此时出售密歇根州的房子。贾斯廷建议丹推迟搬家时间，如果有人问为什么家人没有搬来，就以妻子工作脱不开身为借口。贾斯廷不能告诉他更多了，丹明白了可能会有重大变故。事实也确实如此。几个月后公司宣布合并，丹在芝加哥的工作被取消了。贾斯廷被要求严守合并的机密，但是如果他一点信息都不透露，丹的家人可能会背井离乡，之后又不得不再次离开家园。他们不仅会遭受经济上的损失，同时还会遭受情感上的打击。

这个例子说明，领导者真诚是重要的。同时，领导者还必须对他人的态度和情绪保持敏感。诚实的领导涉及一系列行为，其中就包括以恰当的方式披露真相。

5. 领导者的权力

在伦理型领导中发挥作用的另一个因素是权力。**权力**（power）是影响或支配他人的一种能力。领导者拥有权力，因为他有能力影响他人的信念、态度和行动。宗教领袖、管理者、教练和教师都拥有影响他人的潜能。当他们使用自己的这种潜能时，就是把权力当作资源来影响他人发生变化。

弗伦奇和雷文（French & Raven, 1959）对社会权力基础所做的研究被广泛引用。他们确定了权力的五种常见和重要的基础：参照权力、专家权力、法定权力、奖赏权力和强制权力（见表11.2）。每种权力都会增加领导者影响他人的能力，每种权力都有可能被滥用。

由于权力既会以积极方式使他人受益，也会以破坏方式伤害他人，因此领

表 11.2　权力的五种基础

1. 参照权力	基于下属对领导者的认同和喜欢	例如：非常受学生敬佩的一位大学教授
2. 专家权力	基于下属对领导者胜任力的认识	例如：此人对软件程序拥有丰富的专业知识
3. 法定权力	与拥有职位或正式工作授权有关	例如：负责一个案件的一名法官
4. 奖赏权力	源于有能力向他人提供利益	例如：能够给员工发奖金的一位主管
5. 强制权力	源于能够处置或惩罚他人	例如：能够因为学生缺勤而降低其成绩分数的一位教师

资料来源：Based on French and Raven (1959).

导者需要对此保持清醒认识，并且对如何使用权力保持敏感。权力本不是一个坏东西，但它会被以消极的方式使用。领导者使用权力的方式在很大程度上反映出领导者的伦理观。

以消极方式使用权力的不道德领导者典型有德国的阿道夫·希特勒以及圭亚那的吉姆·琼斯。这些领导者以令人恐怖的破坏性方式使用权力来左右他人。正如前面提到的，在希特勒的唆使和带领下，对德国数百万犹太人和其他边缘群体进行了屠杀。琼斯是美国人，在圭亚那这个国家建立起了宗教崇拜，带领900多名追随者喝掺入氰化物的宾治酒而集体自杀。虽然这些是极端事例，但是权力在日常领导中也会被滥用。例如，主管强迫工人周末加班，威胁说如果工人不服从就予以解雇，这位主管如此行使权力显然是不道德的。另一个例子是高中越野田径教练，运动员都特别崇拜他，但是他却要求他们食用昂贵的保健补品，即使标准医学指南无法证明这些补品的效果。领导者滥用权力有多种方式。无论领导的影响力大还是小，领导者都必须尽力做到公正和关爱。

不滥用权力的关键是，时刻警惕和注意一个人的领导行为是如何影响他人的。伦理型领导者并不挥舞权力或支配他人，而是会考虑到下属的意志，就像考虑领导者自己的意志一样。伦理型领导者使用权力是为了与下属一起工作，以实现他们的共同目标。

6. 领导者的价值观

有助于理解伦理型领导的最后一个因素是价值观。**价值观**（values）是人们发现的那些值得或可取的思想、信念和行为方式。价值观的例子有和平、公正、诚信、公平和共同体意识，等等。领导者的伦理价值观会在平时的领导中表现出来。

学者詹姆斯·麦格雷戈·伯恩斯认为，领导价值观有三种类型：伦理价值观，如善良和利他；形式价值观，如义务感和责任感；终极价值观，例如公正和共同体意识（Ciulla，2003）。**伦理价值观**（ethical values）类似于本章前面讨论的品格概念。**形式价值观**（modal values）涉及领导者采取的手段或措施。**终极价值观**（end values）描述的是领导者力图实现的结果或目标。当一个人处理诸如自由与公正等广义议题时，终极价值观就表现了出来。这三种类型的价值观在伦理型领导中是互相关联的。

在领导情境下，领导者和下属都各自拥有价值观，并且这些价值观很少是相同的。领导者把自己独特的价值观带到了领导情境中，下属也是如此。伦理型领导者所面对的挑战是，要忠实于自己的价值观，同时又要敏感于下属的价值观。

例如，某组织的领导者看重共同体意识和团队精神，鼓励他的员工一起工作，并在规划过程中寻求共识。然而，下属可能看重个性和自我表现。这就出现了问题，因为这些价值观之间好像存在冲突。在这种情况下，伦理型领导者必须设法推进创建他的共同体意识，同时又不破坏下属保持个性的诉求。这些不同的价值观之间存在着冲突，伦理型领导者需要通过协商来处理这些差异，为每位参与者找到最优结果。尽管可能的价值观冲突的清单不计其数，但在领导者与下属之间找到共同点依然是可能的，这对伦理型领导来说是基本的要求。

在社会服务领域，经常存在资源太少但需求者太多的状况，领导者也要不断地与检验着他们的价值观的决策作斗争。因为资源稀缺，领导者必须决定如何分配资源；这些决策传递出很多信息，反映着领导者的价值观。例如，在诸如"大哥哥大姐姐"（Big Brothers Big Sisters）的心理辅导项目中，需要进行辅导的孩子名单往往比可供满足这一需求的心理辅导师名单长很多。管理人员如何决定哪位孩子可以分配到心理辅导师？他们做决定的依据是自己的价值观，以及与他们一起工作的人的价值观。如果他们认为，应该优先考虑单亲家庭的孩子，那么这些孩子就会被排在名单前列。这个例子说明，做出符合伦理的决策对于领导者来说颇具挑战，在资源稀缺的情况下尤其如此。

处理价值观和领导的一个重要方面是：认清自己的价值观，并进而把自己的价值观与他人的价值观整合在一起。本章后面的"核心价值观问卷"强调，认清自己的价值观，勇于把它们表现出来，并将之与他人的价值观相整合，从而努力实现一个共同目标，这些对于领导者来说都十分重要。

小　结

今天的社会特别需要伦理型领导者。本章回答了这个问题："怎样才能成为伦理型领导者？"伦理型领导被定义为好人以正确的方式行动，进而实现有价值的目标的过程。有六个因素与伦理型领导有关。

首先，品格是伦理型领导的基础。领导者的品格是指领导者是怎样的人，他的核心价值是什么。品格的六大支柱是诚信、尊重、责任、公正、关爱和公民意识。

其次，伦理型领导可以通过领导者的行动——领导者用以实现目标的手段——来进行解释。伦理型领导者致力于表示尊重、服务他人和秉持公正。

第三，伦理型领导涉及领导者的目标。领导者所选择的目标反映了他的价值观。选择有意义和有价值的目标是伦理型领导者需要做出的最重要决策之一。

第四，伦理型领导涉及领导者的诚实。没有诚实，领导者就不可能合乎伦理。讲真话时，领导者需要努力在对他人坦诚与敏感之间取得平衡。

第五，权力在伦理型领导中起着重要作用。领导者有伦理义务为了公共利益而对他人使用影响力。领导者需要考虑到下属的利益，同时，领导者需要与下属共同工作以实现共同目标。

最后，伦理型领导涉及领导者的价值观。伦理型领导者拥有明确的价值观，并在他的组织内提倡积极价值观。因为领导者和下属的价值观时常会发生冲突，所以领导者必须能够表现自己的价值观，并且把自己的这些价值观与他人的价值观整合在一起。

总而言之，伦理型领导有许多维度。要成为伦理型领导者，你必须厘清你是怎样的人、做什么事、追求何种目标，审视自己的诚实状况、使用权力的方式以及价值观。

本章术语

伦理型领导	权力
品格	价值观
行动	伦理价值观
目标	终极价值观
诚实	形式价值观

11.1 案例研究

写作的选择

每个学期，社区大学教授朱莉娅·拉米雷斯都要求她的学生在他们所选择的非营利机构做10个小时社区服务项目，并将经历写成一篇论文。在论文中，他们将讨论志愿服务经历，并将课堂上所讲的概念结合到这个反思中。这是拉米雷斯教授第六个学期采用这种作业，她总是能从学生和非营利组织那里收到关于作业效果的积极反馈。

拉米雷斯教授工作所在的社区大学正在积极努力变得"绿色"，同时也为了减少纸张使用，要求教职员工利用网络工具来布置和接收作业以及向学生提供反馈。拉米雷斯教授响应这些绿色倡议，要求社区学习论文全部于考试前最后一个星期五的中午以电子形式提交。她喜欢让作业以电子形式提交，因为这样显著减少了迟交现象，而且也很容易检测学生的作业是否抄袭。

截止日期到了，拉米雷斯教授从课程网页上下载了学生论文，并开始对这些论文进行评分。论文实际上是非正式的，采用了第一人称叙事，好像是学生们直接对拉米雷斯教授说话。对若干论文进行评分后，拉米雷斯教授看到了学生凯利·德克兰所写的论文。凯利的论文读起来不像个人叙事，更像是她志愿服务的那个组织的宣传册。起初，拉米雷斯教授对凯利在志愿活动中记录的详细数据留下了深刻印象，但是在阅读一部分论文之后，她逐渐产生了怀疑。为了安全起见，拉米雷斯教授决定从凯利的论文中复制出一段放到互联网搜索引擎中，看看它是否与已发表资料相似。结果不出所料，实际上它与邻州某相似组织的在线手册完全相同。拉米雷斯教授又检测了凯利论文的几个部分，发现论文90%都抄袭自网上同一来源。

抄袭在大学里会受到严肃处理。被指控抄袭的学生会被上报至学生审查委员会，如果委员会确认学生的作业不是原创，涉事学生就会被大学开除。被开除的学生在等待一个学期之后才可以重新申请入学。如果被重新接纳，他们会有一年学业考察期。

虽然大学有这种规章制度，但是拉米雷斯教授对于如何处理这个情况犹豫不决。她知道，凯利这个学期非常艰难。她的母亲患有癌症。在这个学期中，凯利每周两次开车回到两小时车程之外的家乡，带妈妈在预约时间去看医生并进行化疗。考虑到这一点，拉米雷斯教授调整了凯利本学期的课程安排，这样她就能够赶上这门课程的进度。这也是凯利毕业前的最后一个学期，她也将是家里第一个大学毕业的人。凯利已经为毕业后找好了工作。为此，拉米雷斯教授还给她写过一封推荐信，如果不能毕业，她将极有可能失去这份工作。如果凯利被大学开除，失去工作将是必然的。

拉米雷斯教授决定不把抄袭事件立即上报审查委员会，而是选择找凯利一对一谈话，根据谈话情况再决定进一步的处理。在她们会面时，拉米雷斯教授弄清楚了，凯利未能完成所要求的服务时间，等到需要写论文时才不知所措。凯利一直在最后关头才顾上作业，当她不得不写时，她也只能写出一页，而不是所要求的三页。她把抄袭内容加了进去，以使论文达到所要求的长度。凯利真心感到懊悔，并承认她害怕后果。

最后，拉米雷斯教授给凯利的作业打了零分，但是她还是以B级通过了该门课程。教授并不认为开除凯利将有益于大学或凯利。虽然偏离了学校的规章制度，但拉米雷斯教授认为自己的行为与个人价值观是一致的，这就是允许人犯错误并再给一次机会。她个人觉得抄袭行为本质上不属于凯利的品格，她不想让凯利承受太大的个人压力和学业压力，她不想以这种方式采取行动。

问题

1. 尽管拉米雷斯教授的做法偏离了大学对有关抄袭的处罚规定，但是你觉得她这样处理合乎伦理吗？

2. 如果你是这个班级里的一名学生，知道拉米雷斯教授为这名学生破例，你会觉得她的这种做法合乎伦理吗？请解释。

3. 表11.1详细列出了六大支柱品格。在这六大支柱品格中，拉米雷斯教授在为学生考虑时表现出了哪种品格，如何表现的？

4. 拉米雷斯教授的处理最终带来了"目的是否能证明手段正当"的问题。你觉得她在这个案例中的宽大做法能使她成为更有力或更合乎伦理的领导者吗？请解释。

11.2 核心价值观问卷

目的

1. 确定对你最重要的核心价值观
2. 加深理解核心价值观及其在伦理型领导中的作用

说明

1. 查看下列价值观。在下方的空行添加未列出但对你很重要的任何价值观。
2. 在对你很重要的所有价值观旁边记个星号，包括你添加的价值观。这将成为你的个人价值观体系。
3. 用两至三分钟时间将那些带有星号的价值观缩减至八个最重要的价值观，划去最不重要的，圈出最重要的。
4. 接下去采用相同程序将列表缩减至五个最重要的价值观。
5. 将五个缩减至三个最重要的价值观。
6. 在这三个价值观中，选出你最核心的两个价值观。

核心价值观		
和平	真诚	仁爱
财富	权力	认可
幸福	影响力	家庭
成功	公正	事实
友谊	正直	智慧
声望	快乐	地位
_____	_____	_____
_____	_____	_____

资料来源：Adapted from the "Self-Guided Core Values Assessment," Center for Ethical Leadership, www.ethicalleadership.org. Used with permission.

11.2 核心价值观问卷
（续）

分数解释

这个练习的目的是确定你的核心价值观。伦理型领导要求认识你的核心价值观是什么，勇于将它们与你的行动整合起来，心中铭记公共利益。

- 价值观词汇包含多重意义。你可能经历了"捆绑"过程——某种价值观嵌入另一种价值观之中，一种价值观包含着两种或多种价值观。这是一个自然过程。在缩减清单的过程中，你并没有扔掉任何价值观；相反，你澄清了这些词汇对你的含义。

- 你的两个核心价值观很容易记住。想象一下，当你每天离开家时，把它们放在你的口袋里。这两种价值观分别代表你的两组更大的价值观。

- 你的核心价值观可以帮助身处领导地位的你做出困难决定。它们可以帮助你找到你与他人的共同点。

11.3 观察练习

伦理型领导

目的

1. 认识伦理型领导的维度
2. 评估实际的领导者如何表现出伦理型领导

说明

1. 对于这个练习，你必须观察你所在社区的某位领导者的公开演讲。该领导者可以是牧师、大学校长、市长、市政府官员、社会服务机构负责人或者社区其他领导者。
2. 观察该领导者的伦理观，按照以下分类进行记录。试着详细描述其演讲内容。

领导者的姓名：＿＿＿＿＿＿＿＿＿＿＿＿　领导者的头衔：＿＿＿＿＿＿＿＿＿＿＿＿

场合：＿＿＿＿＿＿＿＿＿＿＿＿＿＿＿＿＿＿

1. 领导者的品格：该领导者有什么特点？是什么类型的人？有什么优势和弱点？

2. 领导者的行动：该领导者如何采取行动以实现目标？在（1）表示尊重、（2）服务他人和（3）秉持公正这三个方面，该领导者的立场是什么？

3. 领导者的目标：该领导者的主要目标是什么？听众中的你和其他人对其目标都很清晰吗？你如何评估这些目标的价值和意义？

4. 领导者的诚实：关于该领导者的诚实情况你观察到了什么？坦诚和直率吗？你发现他的真诚程度有多高？

5. 领导者的权力：根据弗伦奇和雷文（French & Raven, 1959）的权力类型，该领导者表现出了哪种类型的权力？关于该领导者如何对其他人使用他的权力，你观察到了什么？

6. 领导者的价值观：根据演讲，你对该领导者的价值观有什么看法？对这位领导者来说什么是重要的？在他的演讲中，该领导者提倡什么样的价值观？

11.3 观察练习

（续）

问题

1. 你对这位领导者的伦理观的总体评价如何？

2. 在这位领导者的演讲中，有哪些具体例子可以特别反映出这位领导者的伦理观？

3. 在这位领导者的演讲中，伦理型领导的哪些因素（品格、行动、目标、诚实、权力和价值观）表现得最为明显？请讨论。

4. 在 1 到 10 的量表上，你如何用分数表示这位演讲人在伦理型领导维度上的得分？请为你的答案进行辩护。

11.4 反思与行动清单

伦理型领导

反思

1. 本章认为,领导具有道德维度。领导者有责任为了公共利益使用权力。你同意吗?请讨论。

2. 当你思考领导者的品格和领导者所做之事(领导者的行动)时,这两个因素中哪个对伦理型领导更重要?品格不好的人能成为伦理型领导者吗?讨论你的答案。

3. 本章中,阿布格莱布监狱事件被用作不合乎伦理的领导的例子。你同意这种评价吗?你对阿布格莱布监狱事件有什么看法?哪些因素可以解释这种情境中的领导伦理观?

4. 本章讲述了有关理查德·李的故事,这位父亲执教了儿子所在的小联盟棒球队。你对这个故事有什么看法?你认为理查德是伦理型领导者吗?若你在这种情境中会有什么反应?

行动

1. 根据你在核心价值观问卷上的作答,你的核心价值观是什么?你认为其他人知道你的核心价值观吗?与其他人谈论这些价值观你会感到舒服吗?在规划未来(例如未来五年)时,你的价值观会怎样影响你做哪些事情?请讨论。

2. 品格是伦理型领导的基本要素。你的品格的优势和弱点是什么?列出可以用来增强你品格的三项具体行动。

3. 在观察练习中,你观察和分析了某位领导者的伦理型领导。如果你把相同分析应用于自己,你会怎样描述自己?哪些因素最好地解释了你自己的领导伦理观?如果你试图成为更合乎伦理的领导者,那么你应该做出哪些具体改变?请讨论。

参考文献

Armstrong, L. (2001, December 3). Back in the saddle. *Forbes*, 168, 64.

Beauchamp, T. L., & Bowie, N. E. (1988). *Ethical theory and business* (3rd ed.). Englewood Cliffs, NJ: Prentice Hall.

Bowie, N. E. (1991). Challenging the egoistic paradigm. *Business Ethics Quarterly*, 1(1), 1–21.

Ciulla, J. B. (2003). *The ethics of leadership*. Belmont, CA: Wadsworth/Thomson Learning.

Eisenberg, P. (2011, January 11). Unintended consequences of Giving Pledge's good intentions. *Chronicle of Philanthropy*. Retrieved June 15, 2013, from http://onphilanthropy.com/2011/pablo-eisenberg-unintended-consequences-of-giving-pledges-good-intentions/

Ellis, J. (2000, January 19). Sex, lies and suicide. *Salon*. Retrieved December 22, 2010, from http://salon.com./books/it/2000/01/19/hillsdale

Fowler, G. (2012, September 19). More billionaires sign on to giving money away. *The Wall Street Journal*. Retrieved June 14, 2013, from http://online.wsj.com/article/SB10000872396390443995604578003043533208534.html

Frank, R. (2011, October 27). The biggest gift in the world. *WSJ Magazine*. Retrieved June 14, 2013, from http://online.wsj.com/article/SB10001424052970204644504576653510801826824.html

French, J. R., Jr., & Raven, B. (1959). The bases of social power. In D. Cartwright (Ed.), *Studies in social power* (pp. 150–167). Ann Arbor, MI: Institute for Social Research.

Giving Pledge. (2013). *Current pledgers*. Retrieved August 26, 2013, from http://givingpledge.org/index.html

Guth, R. A., & Fowler, G. A. (2010, December 9). 16 tycoons agree to give away fortunes. *The Wall Street Journal*. Retrieved June 14, 2013, from http://online.wsj.com/article/SB10001424052748703493504576007982500939482.html

Johnson, C. R. (2005). *Meeting the ethical challenges of leadership* (2nd ed.). Thousand Oaks, CA: Sage.

Josephson Institute. (2008). *The Six Pillars of Character*. Los Angeles: Author.

Kanungo, R. N. (2001). Ethical values of transactional and transformational leaders. *Canadian Journal of Administrative Sciences*, 18 (4), 257–265.

Kanungo, R. N., & Mendonca, M. (1996). *Ethical dimensions of leadership*. Thousand Oaks, CA: Sage.

Miller, J. J. (1999, November 12). Horror at Hillsdale: A conservative citadel, rocked by scandal. *National Review Online*. Retrieved December 22, 2010, from http://www.nationalreview.com/articles/220720/horror-hillsdale/john-j-miller

Van Der Werf, M. (1999, November 19). A scandal and a suicide leave a college reeling: Hillsdale president quits amid rumors of affair with his daughter-in-law, who killed herself. *Chronicle of Higher*

Education. Retrieved December 22, 2010, from http://chronicle.com/article/A-Scandala-Suicide-Leave/18281

Velasquez, M. G. (1992). *Business ethics: Concepts and cases* (3rd ed.). Englewood Cliffs, NJ: Prentice Hall.

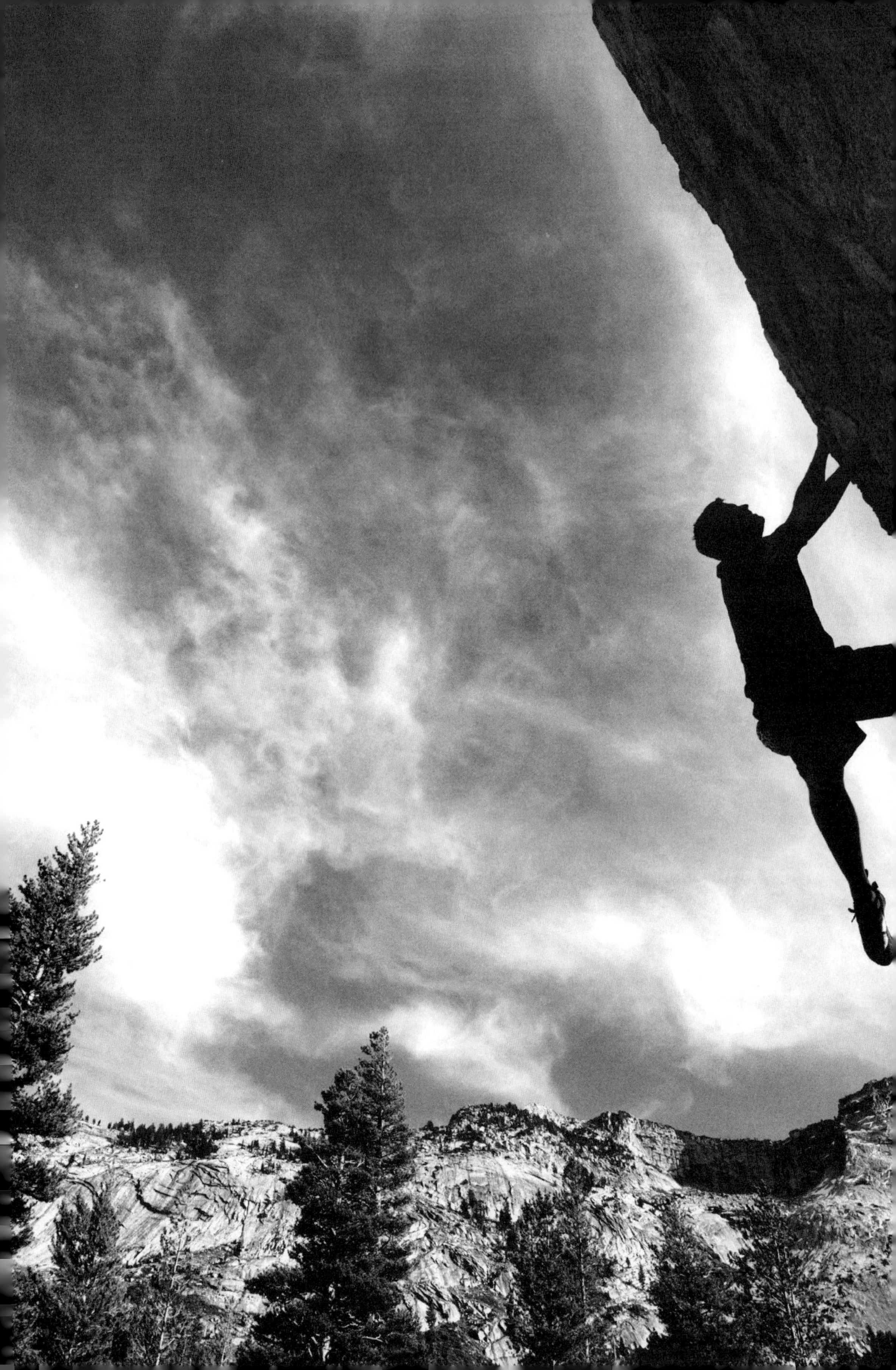

第12章

克服障碍

概 述

"生活是艰难的。"这是斯科特·派克的名著《少有人走的路》(*The Road Less Traveled*)(Peck, 1978)中的第一句话。虽然有些人难以接受,但是派克还是告诉我们:生活不易。障碍和斗争是生活的组成部分。在工作中也同样如此。因为总是会出现障碍,领导者能做的最重要的事情之一就是:帮助他人克服这些障碍。

障碍的阐释

什么是障碍?它是挡在下属前进道路上使其难以实现目标的绊脚石、难题或难关。障碍挡住了下属打算做事的道路。障碍表现出多种形式。它可能是物理性的事物(例如,不好的工作环境)、心理问题(例如,保守思想),抑或与任务相关的问题(例如,复杂的工作流程)。在本质上,对下属的绩效具有负面影响的任何事物都可以称为障碍。障碍有很多例子。对于本来就很忙碌而又想学习弹吉他的人来说，障碍可能就是要挤出足够的时间来练习。对于某大型医院的新员工来说，障碍可能是熟悉不同部门在大楼中的位置。或者，对于四年制大学却读了五年仍然没有毕业的学生来说，障碍可能就是缺乏学习动力。

领导者识别障碍很重要，因为它们能为领导者应该做哪些事情可以帮到下属提供了清晰线索。处理障碍可能是非常直接和实际的。有些领导理论相当深奥，提出了一些领导策略（例如，真实），但是，处理障碍需要非常具体的领导方法。例如，如果领导者问下属"有什么我可以帮你吗？"或"你有什么问题吗？"他们的回答将直接指向领导者如何调整自己的行为方能对下属的工作有所帮助。也许下属想要得到更多指导，或者需要接受更多挑战。不管怎样，如果领导者向下属问及他们的关切，那么下属可能会说需要克服障碍。深入了解和处理障碍无疑是提高领导力的一条非常有效的途径。

实践中的克服障碍

无论是通过倾听下属抱怨，鼓励他们，还是提供咨询，领导者有很多方式来帮助下属。在帮助他人克服障碍时，领导者面临的第一个挑战是要弄清楚难题是什么；第二个挑战是确定应该做哪些事情以解决这些难题。如果领导者能做到这一点，那么下属工作时就会更有动力，更高效，更满意。

豪斯（House, 1971, 1996）在**路径—目标领导**（path-goal leadership）领域所做的研究工作，直接介绍了领导者可以采取哪些方式帮助其他人克服那些干扰生产力的障碍。路径—目标领导理论认为，领导者选择的领导风格既要符合团队成员的需要，又要符合所做工作的需要。领导者应该帮助下属明确他们的目标以及为了实现这些目标他们希望采取的路径。当出现障碍，领导者需要帮助下属面对它们。这可能意味着帮助他们绕过障碍，或者可能意味着帮助他们扫清障碍。领导者的工作就是要在过程中向团队成员提供指导、引领和教练辅

图 12.1　干扰目标实现的障碍

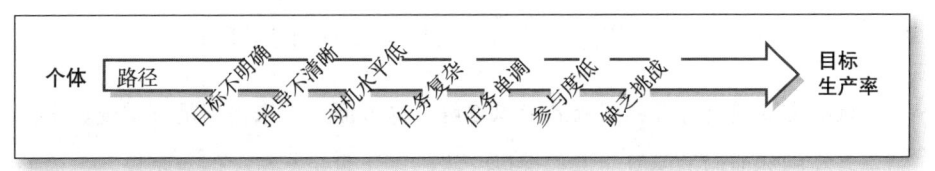

个体 → 路径 → 目标不明确 → 指导不清晰 → 动机水平低 → 任务复杂 → 任务单调 → 参与度低 → 缺乏挑战 → 目标 生产率

导，帮助他们实现目标。

根据路径—目标领导理论提出的思想，本章将重点介绍下属可能面临哪些**障碍**（obstacles）以及领导者如何帮助下属克服这些障碍。虽然人们在生活中会遇到很多障碍，但是本章着重论述根据路径—目标理论推导出来的七种主要障碍（见图 12.1）。以下章节将会对每个障碍进行描述，也将探讨领导者应对这些障碍的各种方式。

障碍 1：目标不明确

我们认识的很多人在其人生早期就选择好了他们的职业目标。你可能还记得某位小学同学说，她将来要当医生，后来她上了大学，读了医学院，成了神经外科医生。你可能还记得某位高中同学说，他将来要当电影演员，后来他成了好莱坞大明星。这些人之所以能脱颖而出，因为他们特别具有目标导向——他们知道自己想要做什么，而且他们的确做到了。问题是，这些人是特例，而不是规律。对于大多数人来说，找到自己的人生目标着实是一个真正的挑战。

领导情境同样也是如此。个人目标不清或者目标混乱并非少见。无论是必须达到销售新指标的销售员，还是应该帮助患者的医院志愿者，抑或必须撰写学期论文的高中生，人们常常不清楚自己的目标是什么，或者不清楚如何实现这些目标。

有时目标不明，有时模糊，有时它隐藏于一堆相互竞争的目标之中。如果目标没有得到明确阐述和认识，个体就不太可能成功实现这些目标。此外，他们也就不会那么兴奋地工作，也不会因为自己的成就而感到欣慰。

领导者必须使得目标明确且可以理解，这方面一直未得到足够重视。正如领导者在阐述他们的愿景时需要提供一张地图（见第 7 章"创建愿景"），他们也必须帮助其他人看清目标，即一切努力所指向的终点。团队所有成员都应该得到该向哪个方向努力的清晰图景。如果目标模糊，那么领导者就必须廓清。同样，如果目标嵌入许多相关的目标中，那么领导者就必须为团队成员确定具体目标，并解释它与所有其他目标是否一致。

下面就列举一些领导者表述明确目标的例子。这些例子或许并不光彩夺目，但是它们是良好领导的范例。

橄榄球教练对队员说："这个赛季后卫的目标是设法擒杀对方四分卫，每场比赛至少两次。"

高中体育教师对学生说："每节课开始时要求你们绕跑道慢跑一圈。"

乐队指挥对乐队说："我们即将进行的排练会有一些难度，因为我们演奏的作品真的很有挑战性。如果我们每周能一起练习 5 小时，那么这场音乐会可能就是我们全年最好的一场。"

养老院的员工主管对志愿者说："通过帮助员工为这里生活的病人折叠衣服，你们将为我们养老院降低不断上升的开支作出贡献。"

大学演讲课教师对学生说："在这次演讲作业中，你们必须确保做到三件事：（1）告诉听众你即将演讲哪些内容，（2）演讲，（3）告诉他们你刚才讲了哪些内容。"

在上述每个例子中，领导者都在帮助个体确定和廓清他们的工作目标。做这些工作的人也会因此变得更高效和更满意，因为他们知道自己的目标。

障碍 2：指导不清晰

假如有人买过需要装配的商品（例如，电脑桌或沙发框架），他们都知道，当包装箱里的说明书丢失了，无法照着做，或者说明书上只有一种你不懂的外文，此时该是多么令人沮丧啊。不管你多想把产品组装起来，可你就是做不到。在工作情境中，当领导者的指导不清晰时，也会发生类似情况。糟糕的指导导致差强人意的业绩。

领导者需要给出清晰指导来为目标界定路径。模糊、混乱、散漫、不确切或者不完整的指导，对任何人都没有帮助。事实上，不清晰的指导还会削弱人的斗志。当人们对于如何前行缺乏明确指导，他们就会失去前进的动力。没有清晰的指导，有些人还会迷失。他们对于前进目标可能有那么一个图景，但是他们不知道如何到达那里。

给出清晰的指导需要思考和技巧。例如，教室里学生需要得到关于作业的明确指导。如果作业是学期论文，有效的教师会详细介绍所要求的元素。教师可能要求两段前言、主题句、概念框架、文献综述、讨论、结论以及参考文献。当提供了明确指导后，学生就有了个人控制感，因为他们知道对他们的要求是什么。如果人们知道他们应该做什么事情，应该在什么时间去做这些事情，他们就可以更容易地完成他们的工作。

给予清晰指导是重要的，同样重要的是，领导需要明白个体对于指导的需求是有差异的。有些人想要非常详细和具体的说明，而有些人则仅仅想要个大方向，留出空间好让他们按照自己的方式前行。根据每个人的需求不同调整指导，这是领导者必须做的工作。

利用贝特西·哈特（Hart, 2005）提出的全球定位系统（GPS）作为比喻，可以很好地说明何谓领导（见专栏 12.1）。导航系统能够告诉司机在州际公路哪个出口驶出，这解除了司机的顾虑。与此相似的是，下属想要从明智的领导者

专栏 12.1　汽车全球定位系统——你一定会爱上它

我终于为我的汽车装上了全球定位系统。你知道，输入地址，设备会用语音告诉你如何到达你想去的地方。其实，我拥有它已经有一段时间了，但是我刚刚弄清楚如何使用。四个孩子，一个新郊区，别无选择。

我发现，关键是要告诉它你想要哪座城市的信息。否则，系统将尝试在17个不同地区寻找"榆树街地址"。

不管怎样，我最终还是把这个东西安装好并且运行了起来。

我喜欢它是有理由的。这个冷静的女性声音根据我的设定不断向我提供指导："右转，向前"、"两英里之后，左转"、"沿着当前道路继续前行"（我爱听这句话）。但是我最爱听的话还是"你已经到达你的目的地"。

哇，要是有那么一个人，能为我的生活提供导航该多好啊。

这就是为什么我认为这些东西如此受欢迎的原因。你永远不会真的犯错，因为没有价值判断。假如让我来设计这玩意，当你错误转弯时，我会在程序中这么说："你这个白痴——你搞错了。靠边停车，下车。现在就下车！"

但是，没有。不可避免的是，你会错过转弯，GPS 中的美女并不在乎。没问题。没有糟糕的道路选择。她会再指导你走一条新路，让你回到正确道路，一次都不会让你觉得自己很蠢。即使她必须说："继续前行5公里，掉头"，她也不会尖叫："你这个白痴，你把事情搞砸了。你不可能准时参加聚会了。你怎么会如此愚蠢，错过了转弯？现在要找一条路转回来！"

最近，我把我的车借给了一位朋友，她评论说：导航语音在未知交通路线的海洋中具有安定人心的作用。

如果我们在生活中能有导航仪该多好啊。我正在寻找的东西是："购买这种花生酱，而不是那一种""这件衣服你穿非常完美""看这部影片没错"，或者是"孩子们，听你们妈妈的"。

我仍然必须面对这样的事实，有些时候，我们所有人都不得不听到这样的话："想什么呢，你疯了？"或者，"你笨蛋啊——现在就断绝关系。现在就分手！"或者，"你怎么能这样做呢？"

我以为，没有指责的生活指导，这种想法似乎真的很好。但是事实是，在某些时候，我们每个人都需要一定健康剂量的价值判断。最终它们能够引领我们安全地到达目的地。

资料来源："GPS Systems—You Gotta Love 'Em" by Betsy Hart. Scripps News Service. Copyright © 2005.

那里得到指导，想知道他们必须做什么事情，什么时间去做这些事情。当他们犯了错误或者迷了路，他们需要得到领导者的再次指导。最重要的是，团队成员想要的指导是不带评价或批评的。如果犯了错误，他们想要得到温和的纠正。优秀领导者给予的指导应该是建设性的，不带评价。人们感激直截了当的指导，在他们做完工作时喜欢听领导者说"你们成功了！"

障碍 3：动机水平低

当个体没有动机的时候，领导者应该怎么办？当下属不想工作的时候，领导者应该如何激励下属？领导者怎样才能让人们对工作感到兴奋？这些问题的答案长期以来一直是领导者感兴趣的。事实上，数以百计的文章和书籍已经在试图解释人类动机的基础（见赫茨伯格的激励—保健理论，Herzberg, 1968；马斯洛的需要层次理论，Maslow, 1954；斯金纳的行为主义研究，Skinner, 1953）。所有这些论述都反映出领导者试图激励他人所面临的复杂和挑战。

路径—目标领导融合了**期望理论**（expectancy theory）中激励他人的方法（House, 1996; Vroom, 1964）。期望理论认为，当人们投入任务的努力会产生他们看重的预期结果时，他们会受到更多激励。当个体感到有胜任力，他们能得到他们所期望的结果，以及他们看重他们所做的事情时，激励作用就会产生。如果领导者能够在这三个领域帮助下属，那么下属的动机水平就会比较高。

帮助他人感到有胜任力

我们所有人都需要感到有**胜任力**（competent）。我们想要以某种方式表现自己，以向他人（和自己）表明我们懂我们所做的事情。无论是学习如何弹吉他，如何挥动高尔夫球杆，还是如何玩扑克，我们都想要有良好表现。让每个人知道自己有胜任力是帮助他们变得更有动机的第一步。例如，在完成复杂

领导快照：比尔·考特尼，马纳萨斯高中橄榄球主教练

橄榄球教练的工作包括很多任务：发现和培养有天赋的球员、突破对方严密防守，以及照顾受伤队员等等。但是在 2002 年，当比尔·考特尼自愿执教美国田纳西州北孟菲斯市中心社区马纳萨斯高中陷入困境的橄榄球队，他面临着一些巨大障碍。

马纳萨斯在过去 10 年中曾经有过 100 场输掉 95 场的记录，只有 17 名注册球员，缺少设施，是该地区尽人皆知的"垫底球队"。传言称有些大学出钱让马纳萨斯成为他们校友返校节比赛的对手，这样他们就可以稳操胜券。

考特尼发现他的球员所面临的个人障碍确实非常棘手。球员都生活在贫困家庭，多数人家里没有父亲，也有些人与单亲祖父母或其他亲人生活在一起。所有人都有近亲在监狱服刑，只有少数人有近亲上过大学。

"当你生活于世代赤贫中，只有绝望和失落，你处于这种环境，这就是你看到的一切，然后这就是你预期的生活。"考特尼说，"如果这就是你的现实状况，这就是你所知道的一切，你从来没有去过距离出生地 10 英里以外的地方，那么为什么人们要期望你有通往成功的路线图呢？"（Ward-Henninger, 2013）。

对于考特尼来说，任务变成不仅是传授拦截、进球和铲球等基本技能。他知道在没有父亲的家庭里长大的孩子是怎样的情形，他发现他的工作已经转变为对他的球员进行品格、决心和诚信的教育。正如他经常对球员所说的："人的品格并不取决于他如何应对胜利，而是取决于他如何应对失败。"

考特尼的球员之一查维斯·丹尼尔斯是在少年拘留所度过 15 个月之后加盟球队的，他有严重的愤怒情绪问题。他曾在团队赛季被禁赛几场，因为他与助理教练打架。丹尼尔斯没有被简单地踢出团队，证明了考特尼对球员的投入和他对那些年轻人最终的影响力。虽然被禁赛，丹尼尔斯仍然想留在球队，因为他说"没有橄榄球我将一无所有"（Lindsay & Martin, 2012）。

但是，没有考特尼的付出，教练工作也不可能如此顺利。作为一家成功的木材公司的老板和四个孩子的父亲，他承认在橄榄球赛季他的生意和孩子都没有得到应有的重视。

2009 年，球队的成绩令人难以置信：他们在 10 场比赛中赢了 9 场。队员们在球场获胜的同时，教练也在场外战斗。身高 1 米 88 和体重 143 公斤的后卫球员

> 布朗曾经有机会进入大学橄榄球队，但是学业方面没有达到要求。教练试图为他安排辅导教师，但是被告知没人会去布朗的北孟菲斯社区辅导他。教练想出一个特殊的解决方案：工作日期间，布朗将与一名助理教练一起生活在其郊区的家里并在那里接受辅导。他们成功了：布朗在大学入学考试中取得了所必需的分数，并签约在南密西西比大学踢球。
>
> 另一名学生，蒙特雷尔·布朗是一位学业出色但身材矮小的橄榄球队员。他也梦想上大学。他在赛季中膝盖受伤，离开了球场，一段时间没有来上学。考特尼向他伸出援手，提醒他橄榄球并不塑造品格，但它可揭示品格，品格是关于你如何应对自己的失败。蒙特雷尔继续着他的物理治疗，并最终得以在季后赛中踢球。球队的助理教练之一，杰夫·杰曼尼，成功地找到了一位捐助者，愿意支付蒙特雷尔全部的大学费用。
>
> "每个头盔下面都有一个故事，"考特尼说。他的所有球员都"对我同等重要"并且"愿意对我实话实说"。
>
> "你那样做的惟一途径是与你的球员建立良好关系，并发现他们是怎样的人：什么是他们所担忧的，什么会激发他们，什么会伤害他们，你怎样对一个孩子大吼以激励他，但是你必须拍拍旁边另一个孩子的屁股，因为他们受激励的刺激因素迥然不同。我相信你的身边都是拥有天赋的队员，你只有赢得你的队员之后，你才能让队员赢得比赛"（Ward-Henninger, 2013）。

任务之后，员工听到管理人员说："你完全按照要求完成了任务"，这会使这名员工感到很满足。

帮助他人得到他们所期望的结果

当人们的期望得到满足时，他们也会具有更高水平的动机。知道自己的努力将会导致预期的结果，这是非常重要的。实现预期结果会使努力变得很有价值；但是，当工作没有导致预期结果时，会使人失去工作热情和动机。从某种意义上说，若个体没有实现他们所期望的结果，他们就会不信任该系统的工作方式。

领导者应该确保个体期望从其努力中得到的结果是可实现的，并很有可能变成现实。领导者必须了解个体期望得到什么结果，并确认这些结果是否现实。

例如，如果一名销售人员接到一个新的销售任务指标，他可能期望在实现那个目标之后会有工资增长或者经济奖励。领导者就应该向该销售人员说清楚是否有可能获得奖励。

我们可以用一个讲授公共关系课的大学教师的例子来说明这个道理。该教师给班上每组同学分配了一位客户，学生要为客户开展活动；老师向学生们提供了工作的基本框架。有一个组非常努力地做这项工作，教师经常在课外与这些学生见面，帮助他们制订计划。在学期结束时，该组提交了一个非常基础的计划，达到了作业的最低要求，并得到了 C 级成绩。该组成员对他们的这个成绩都非常不满意，他们认为应该得到更高分数，因为他们已经做了很多工作，完成了老师在与他们见面时布置的每一项任务，符合教学大纲所概括的作业要求。这位教师指出，更高分数只给那些超出最低要求的同学。教师后来才明白，她的期望与学生的期望是不一样的。结果，当她再次教这门课程的时候，她特别说明了教学大纲中所概括的要求只是一个起点，只有在活动计划方面达到并超过这些要求的同学才可以得到更高分数。这个例子说明了领导者和团队成员对于预期结果拥有共识的重要性。

领导者不仅要对他人期望从工作中得到的怎样结果保持敏感，而且要确保这些期望是现实的，同时他还必须保证这些预期结果最后能够实现。例如，如果承诺学生说，做了附加作业就可以得到加分，那么老师就必须确保兑现。同样，如果工人期望在达到销售新指标之后能够得到加薪，那么领导者必须确保员工能够如愿得到这一奖励。

帮助他人看重他们所做的事情

激励他人的第三个方面与结果有关。当人们非常看重他们所做的事情，他们的动机就会更高。如果结果没有多少价值，人们就没有动力朝着目标努力。

我们可以用一个演奏乐器的例子来说明这个道理。当高中生朱迪开始学习乐器（小号），她的第一个关切是胜任力。她想知道："我能演奏这东西吗？"上课一段时间之后，朱迪的思考转向她能否举办一场独奏音乐会。通过长期而刻苦的练习，她成功举办了独奏音乐会。最后，她又问自己："这一切值得吗？"这就涉及到结果的价值问题。如果朱迪真的想要成为优秀的小号演奏者，她将继续积极地练习和演奏。如果她不能发现演奏具有真正价值，她的动机就会逐渐消退，她可能会完全放弃演奏。

领导者的任务是帮助他人看到他们工作成绩的价值。无论通过金钱报酬、积极的个人反馈，还是给予特别的成就奖励，关键是要帮助他人对他们集中精力所做的事情具有良好的感觉。

总之，领导者激励他人的任务有三个方面：帮助他人感到有胜任力，帮助他人得到他们所期望的结果，帮助他人看到他们工作的全部价值。当所有这三个条件都满足了，个体就会对他们的工作有更高的动机。

障碍 4：任务复杂

有时人们面临的障碍是任务本身。当任务是非结构化的、模糊的或者复杂时，它就会给个体造成障碍。人们面临复杂任务时常常会感到沮丧，好像受到了威胁。有些人甚至可能不知所措。

当任务复杂时，领导者需要使用**指导性领导**（directive leadership）风格——"接管"并厘清通往目标的路径。指导性领导向他人提供说明，包括对他们的期望是什么、如何完成以及应该何时完成的时间表。采用指导性领导风格意味着设定明确的绩效标准，制定能让他人明白的规章制度。如果领导者能够对复杂任务进行简化，就可以帮助下属对工作感到更加有胜任力。

下面的例子说明了一名主管怎样有效地采用指导性领导来帮助员工在工作中变得更富有成效。吉尔·琼斯是一家大公司产品研发部45人团队的四位行政职员之一。她的工作是制作工资单、进度表、采购单以及一些其他必需的文秘工作。吉尔有多项任务需要协调，但是往往表现出不知道该先做哪一项。吉尔的主管察觉到了她的工作存在困难，并确定吉尔在工作方面需要得到一些指导。为了减少吉尔的压力，主管把吉尔的一部分工作安排给了另一名员工。接下来，主管约谈了吉尔，要求她列出她所有的工作职责以及每项职责必须在每月哪一天完成。主管让吉尔填写一张日程表，详细列出每项具体任务须在每周的星期几完成（例如，星期一上午9时至中午——工资；星期二下午3至5时——采购）。吉尔与主管完成这些之后松了口气，而整个过程是双赢的。吉尔对她的工作感觉好多了，她的老板得以让更多工作按时完成。管理者已经消除了阻碍吉尔顺利完成工作任务的障碍。

总之，吉尔面对的是一组复杂的任务，她的主管采用指导性领导做出了恰当回应。通过降低任务的复杂性，主管有效地协助吉尔，使其感觉到她对工作是能够胜任的，可以成功完成的。

障碍5：任务单调

有时人们成功的障碍不是复杂而是简单。与复杂任务一样，简单而重复的任务可能会对动机产生负面影响。反复不断地做相同的工作会让人感到缺乏刺激。由于没有变化或差异，简单任务会变得沉闷和无趣。

对于这种工作，领导者使用**支持性**（supportive）风格是重要的。支持性风格提供了一种所缺少的东西——人与人之间的联系——当人们从事枯燥和没有挑战性的任务时，需要对他们进行鼓励。支持性领导为那些从事单调机械活动的人提供了人际接触感。

如果你曾经观察过健身中心举重房里的人，你可能已经看到了支持能够对抗单调工作的不愉快感。举重者通常从事的是非常简单的活动。做重复活动并不复杂，但举重房常能吸引人的是举重者之间的友情和支持。人们互相认识，经常有善意的玩笑和聊天。他们的社会交往使他们的重复任务变得更有趣，也更能被容忍。

你不必劳神，便可找到许多包含单调任务的情境。请考虑以下情境：在汽车装配流水线上工作、作为游泳团队训练一部分的折返游、餐厅洗碗，或者为了应对外语考试而学习词汇卡。许多工作以及几乎每样工作的许多方面都有会产生负面效果的单调性。

解决这个问题的方案是领导者要具有支持性和培育性。当工作单调枯燥时，一个优秀的主管是能意识到的，并会向人们提供所缺失的成分——社会支持。虽然社会支持可以采取多种形式（例如，展现友善、聊聊家常或给予表扬），但关键是，社会支持要表现出关心工人的福祉和个人需求。当任务不具有挑战性时，高效领导者将以社会支持的形式提供激励。

障碍6：参与度低

在所参与的事情中有话语权对人们来说非常重要。当人们在团队或组织中没有全身心投入，其生产率就会下降，团队或组织就会遭受损失。人们希望拥有与他人不同的独特身份，但是他们又希望被他人接纳，与其他人合得来。通过表达自己在不同议题上的想法和意见，个体就能够感觉到他们对团队的贡献。若个体感觉他们未被倾听，他们的参与度就会降低，贡献就会减少，而且往往会脱离团队。

领导者应该使用**参与型领导**（participative leadership）风格来处理低参与度问题。参与型领导者邀请他人一起工作，以此作为完成任务的方法和手段。他们致力于创建包容新意见和不同意见的开放氛围。这类领导者会与他人商量，听取他们的想法和意见，把他们的建议整合到可促使团队或组织继续前行的决策中去。

一个简单例子可能有助于说明参与的重要性。奥克伍德小餐馆是位于某大学城的小型高档餐厅，雇有20人左右的调酒师、厨师和服务员。餐馆有两名经理，我们权且叫他们经理A和经理B。经理A非常专制和严格，强调规则和程序。她与工作人员很少互动，很少征求别人的意见或反馈。虽然经理A很有能力，管理严密，但是很少有员工喜欢她负责的工作轮班。

当经理B负责时情况正好相反。经理B是一位民主型领导者，对每个人都很亲切。他对员工和顾客提的意见都很感兴趣，能设身处地为之着想。他给在餐馆工作的每个人都起了一个昵称。此外，他每周还召开"发牢骚"会，员工可以自由表达自己的意见，提出改进工作的建议。不用说，大家喜欢为经理B工作，他在其岗位上也是卓有成效的。

显然，在上述例子中，经理B是参与型领导者，他允许人们参与餐厅运作。员工们都看重此种参与。在人人参与的团体或组织中，协同效应会创造出显著的成效。随着团队参与度上升，团队凝聚力也会以指数形式增长。

障碍7：缺乏挑战

有些人工作状态不佳是因为他们没有受到所做工作的挑战。在缺乏挑战的情况下，这些人会发现工作提不起兴趣，不值得做。其结果是，这些人工作的努力程度降低了，或者他们就放弃了，转移到发现更有吸引力的事情上去。

领导者在处理没有受到挑战的员工时应该采取**成就导向型**（achievement-oriented）领导风格，其特点是领导者要求员工尽可能发挥最高水平。这类领导者建立高标准，并力求不断提高。除了对下属有很多期待，成就导向型领导者还对那些能够实现挑战性目标的人表现出很高的信心。

成就导向型领导者不断要求他人发挥所长，推动人们去达到更高的成功水平。他设置卓越标准，要求他人达到那些标准。在课堂上，这些领导者就是采用给 A+ 等级的方法来诱导学生做出最棒作业的教师。在橄榄球场上，他们是把星号贴在表现出色的球员头盔上以激发其玩命的教练。在工作中，他们是向付出额外努力或者贡献超出预期的人发放年终奖的管理者。成就导向型领导者总是设法要求人们尽可能发挥出最高水平。

重要的是要指出，尽管成就导向型领导对一些人来说是有效的，但是它并不适合每个人。虽然有些人在竞争中能获得成长，喜欢受到推动以发挥出最佳水平，但是也有些人属于内部激励型，不需要成就导向型领导者来推动。领导者有责任仔细甄别下属的需求，以确定成就导向型领导在什么时间是必要的，以及对于哪些人是合适的。

小　结

职场中的人们总是会面临各种挑战和困难。领导者在帮助人们克服这些障碍的过程中发挥着关键作用。最重要的是，高效领导者要帮助个体界定他们的目标以及实现这些目标所希望采取的路径。根据期望理论，领导者能够帮助他人感到自己有胜任力、收获他们期望在工作中得到的结果以及看到他们工作的全部价值，通过这些途径，领导者得以对其他人进行激励。

如果一个人所面临的障碍是一项复杂任务，领导者应该提供指导性领导。然而，如果障碍是任务过于简单或单调，领导者应该提供支持性领导。有时候领导者的下属并没有真正投入到团队或组织；对于这些人，领导者应该采取参与型领导风格。在其他时候，对于没有受到挑战的下属，领导者应该采用成就导向型领导风格。

　　障碍总是存在的，给所有努力者都提出了挑战。卓越领导者的标志是愿意帮助他人克服这些障碍，以便他们能够更有效地朝着目标前进，直至实现他们的目标。

本章术语

路径—目标领导　　　　　　　指导性领导
障碍　　　　　　　　　　　　支持性
期望理论　　　　　　　　　　参与型领导
胜任力　　　　　　　　　　　成就导向型领导

12.1 案例研究

读书测验搞不成了吗？

在一个社区服务项目中，特雷·摩根自愿辅导当地某小学四年级的一个读书测验团队。作为主修教育学专业的大学生，特雷很高兴能有机会一对一地帮助孩子们准备竞赛。他觉得这能很好地反映出他多么喜欢教学，以及他是否能成为一名优秀教师。

读书测验是一场竞赛。在竞赛中，学生团队要阅读 10 本书，与其他团队竞答这些书中的问题。团队有 10 周时间阅读书籍和做习题，为比赛做准备。

特雷的团队成员是由老师挑选出来的，要求班上每个学生都必须参加一个团队。特雷每周花一个小时与团队在一起。他做了一张表，学生每读完一本书，他会在其名字旁边贴上一个星号。他还声明，第一位读完所有书的学生可以得到一个奖励。

三周后，团队成员之一克莱尔已经读完了五本书，领先于团队其他成员。谢尔比开始阅读第四本书，但是她抱怨说"它们枯燥乏味"，因此停止了阅读。马可在第一次会议上就宣称他将因为第一个读完 10 本书而赢得奖品，目前读完了三本书，但是他的进度已经明显放缓。每次进度表上克莱尔名字旁边贴上新星号时，马可都明显表现出气馁和沮丧。

再看看加勒特，完全没有任何进展。他仍然在读第一周就开始的那本只有 80 页的书。特雷观察到在他们的会议上，加勒特经常站起来在房间里面走动。他也喜欢转圈，挥舞手臂，经常不小心打到其他孩子。当特雷试图鼓励加勒特争取得奖，他耸耸肩说："我赢不了。我的阅读速度赶不上克莱尔和马可。"

在第六周的时候，特雷感到有点慌。他的《读书测验指南》中说，到目前团队每位成员应该至少读完五本书了。克莱尔在过去三周中仅仅读了一本书，因为她加入了田径队，在田径训练和家庭作业之后几乎没有时间读书。马可已经读完了四本书，但是似乎对剩余的书都不感兴趣。加勒特终于完成了他开始的第一本书，谢尔比每本书都读了一些，但是一本也没有读完。特雷还不曾测验学生的读书情况，因为如果他们没有阅读就很难找到测验的知识点。他让马可和克莱尔合作，就他俩都读过的四本书编写问题，相互测验。

当仅剩四个星期时，特雷必须设法让他的团队提高积极性和集中注意力。他已经放弃了任何获胜的希望，但是希望他的团队至少能有一个比较好的表现。正当他试图给他们说些激励的话，鼓励他们集中注意,免得他们"在竞赛中看起来像个白痴。"这时加勒特插话说,"就算我们像白痴,谁在乎呢?""我又没有要求参加这个团队,我是被安排进来的。这本来就是个愚蠢的竞赛。"

马可生气了:"加勒特,我们可能要输了,都怪你和谢尔比不读书。我不喜欢输,如果我们真的输了,这将是你的错。"

谢尔比和克莱尔两人开始哭了起来。

克莱尔说她感到难过,因为她读不了更多,她让大家失望了。"我要做的事情太多了,"她哭着说。

加勒特站起身转圈。

马克看着特雷,"你不做点什么吗?"他生气地央求道。

特雷心想,如果他要做点什么,那就是把他的专业改成商科!

问题

1. 显然,对于特雷和他的团队来说,事情进展得并不顺利。假设你是特雷,你如何从一开始就帮助团队避免或者克服障碍?

2. 根据本章讨论的七个障碍,确定每个团队成员(克莱尔、谢尔比、马可、加勒特)分别面临哪些障碍。

3. 特雷的一些团队成员似乎缺乏动机。根据期望理论,特雷如何才能帮助他的团队成员感觉到有胜任力、得到期望的结果、看重他们所做的事情?

4. 根据他的团队的心理感受和目前的阅读进展,确定特雷能够帮助学生做的三件具体事情。

12.2 路径—目标风格问卷

目的

1. 确定你的路径—目标领导风格
2. 查看你所采用的每种领导风格与其他风格有何联系

说明

1. 对于以下每句陈述，圈出数字以表示你采取所述行为的频率。
2. 给出你的第一印象。答案没有正确与错误之分。

当我是领导者……	从来没有	很少	有时	经常	总是
1. 我会明确解释对他人的期望是什么。	1	2	3	4	5
2. 我会对下属的个人关切表现出兴趣。	1	2	3	4	5
3. 我会邀请下属参与决策。	1	2	3	4	5
4. 我会要求下属不断改善他们的工作表现。	1	2	3	4	5
5. 我会向下属明确说明如何做好他们的工作。	1	2	3	4	5
6. 我会对我的下属的个人福祉表现出关切。	1	2	3	4	5
7. 我会在做决策之前先征求下属的建议。	1	2	3	4	5
8. 我会鼓励下属不断提高他们自己的绩效水平。	1	2	3	4	5
9. 我会向他人明确说明如何推进项目。	1	2	3	4	5
10. 我会倾听他人想法并进行鼓励。	1	2	3	4	5
11. 我乐于接受他人的观点和建议。	1	2	3	4	5
12. 我期望下属在工作的所有方面都有优秀表现。	1	2	3	4	5

12.2 路径—目标风格问卷

（续）

计分

1. 第 1、5、9 项目分数总和（指导性领导）。
2. 第 2、6、10 项目分数总和（支持性领导）。
3. 第 3、7、11 项目分数总和（参与型领导）。
4. 第 4、8、12 项目分数总和（成就导向型领导）。

总分

指导性领导：_____

支持性领导：_____

参与型领导：_____

成就导向型领导：_____

分数解释

该问卷旨在测量路径—目标领导的四种类型：指导性、支持性、参与型、成就导向型。通过比较你在四种风格上的得分，您可以确定哪种风格是你最强的，哪种是你最弱的。例如，如果你的分数是指导性领导=21，支持性领导=10，参与型领导=19，成就导向型领导=7，那么你的优势是指导性和参与型领导，你的弱点是支持性和成就导向型领导。虽然这个问卷是测量你的优势风格，但是它也指出了你想加强或改善的风格。

如果你的分数是 13～15，你处于较高的范围。

如果你的分数是 6～12，你处于中等的范围。

如果你的分数是 3～5，你处于较低的范围。

12.3 观察练习

障碍

目的

1. 作为帮助下属实现目标的一种策略，深入了解路径—目标领导的实用价值
2. 识别限制组织效能的那些障碍
3. 探讨领导者风格如何帮助下属克服实现目标的障碍

说明

1. 观察下列团队（或者类似团队）的一次会议、训练或者活动：运动队训练、班级项目团队会议、每周员工工作会议、大学社团或妇女联合会的理事会，或者非营利组织的策划会议。
2. 在会上记录你观察到的内容，描述要尽可能具体。

   会议的一般观察：

   领导者行为观察：

   团队成员行为观察：

问题

1. 你观察到个体或团队的目标是什么？目标明确吗？

2. 团队中的个体所面临的主要障碍是什么？

3. 领导者表现出哪种领导风格？它适合该团队吗？

4. 如果你领导该团队，你将如何领导以帮助团队成员？

12.4 反思与行动清单

障碍

反思

1. 当要帮助有难题要解决的人时，你怎么看待你自己的能力？你擅长为他人设定目标和提供指导吗？

2. 领导者的重要职责之一是帮助下属，使他们受到激励。这意味着帮助他们感觉到有胜任力，帮助他们实现他们的期望，帮助他们看重他们所做的事情。你将如何把这三个原则应用于领导情境？

3. 当你对本章所讨论的障碍进行反思时，你处理哪些障碍的成效最高，处理哪些障碍的成效最低？为什么？

行动

1. 要成为有效的领导者需要你厘清目标并为实现目标界定路径。在即将到来的领导情境中，你能做哪些具体事情来为他人厘清目标和界定路径？

2. 当看到你在路径—目标风格问卷上的结果时，你想要改变哪些分数？你想要加强哪些风格？下次当你领导一个团队的时候，你如何确保你表现出了最有效的风格？

3. 人们在获取帮助的需要方面存在个体差异。有些人想要得到大量帮助，而另一些人则喜欢独立。你准备好调整领导行为以便有助于那些有需要的人了吗？请讨论。

参考文献

Hart, B. (2005, June 10). GPS voice fine for some of life's roads but not for others. *Deseret News* (Salt Lake City, UT). Retrieved December 22, 2010, from http://findarticles.com/p/articles/mi_qn4188/is_20050610/ai_n14666409

Herzberg, F. (1968). *Work and the nature of man*. New York: World.

House, R. J. (1971). A path-goal theory of leader effectiveness. *Administrative Science Quarterly, 16*, 321–328.

House, R. J. (1996). Path-goal theory of leadership: Lessons, legacy, and a reformulated theory. *Leadership Quarterly, 7*(3), 323–352.

Lindsay, D. [Producer], & Martin, T. J. [Director]. (2011). *Undefeated* [Motion Picture]. United States: Spitfire Studios.

Maslow, A. H. (1954). *Motivation and personality*. New York: Harper & Row.

Peck, M. S. (1978). *The road less traveled*. New York: Simon & Schuster.

Skinner, B. F. (1953). *Science and human behavior*. New York: Free Press.

Vroom, V. H. (1964). *Work and motivation*. New York: John Wiley & Sons.

Ward-Henninger, C. (2013, February 19). Coach Bill Courtney and Manassas make "Undefeated" a true underdog story. *MaxPreps.com*. Retrieved August 29, 2013, from http://www.maxpreps.com/news/pPAP2YAMCEmkJtpd2TK7Bg/coach-bill-courtney-and-manassas-make-undefeated-a-true-underdog-story.htm

术语表

能力
ability   a natural or acquired capacity to perform a particular activity

迁就
accommodation   an unassertive but cooperative conflict style that requires individuals to attend very closely to the needs of others and ignore their own needs

成就导向型
achievement-oriented   a leader who challenges individuals to perform at the highest level possible, establishes a high standard of excellence, and seeks continuous improvement

行动
actions   the ways one goes about accomplishing goals

行政技能
administrative skills   competencies a leader needs to run an organization in order to carry out the organization's purposes and goals

真实型领导
authentic leadership   an emerging leadership approach that looks at the authenticity of leaders and their leadership

威权型领导风格
authoritarian leadership style   a style of leadership in which leaders perceive subordinates as needing direction and need to control subordinates and what they do

回避
avoidance   a conflict style that is both unassertive and uncooperative, and characterized by individuals being passive and ignoring conflict situations rather than confronting them directly

行为取向
behavior approach   an approach to leadership research that focuses on behavior and examines what leaders do and how they act

挑战
challenge to stimulate people to commit themselves to change

变革
change a move toward something different; a shift away from the way things currently are

品格
character one's qualities, disposition, and core values

魅力
charisma magnetic charm and appeal; a special personality characteristic that gives people the capacity to do extraordinary things

凝聚力
cohesiveness a sense of "we-ness"; the cement that holds a group together, or the esprit de corps that exists within a group

合作
collaboration a conflict style that requires both assertiveness and cooperation and occurs when both parties agree to a positive settlement to the conflict and attend fully to the other's concerns while not sacrificing or suppressing their own

胜任力
competent a leader who presents himself in a way that suggests to others (and himself) that he knows what he is doing

竞争
competition a conflict style of individuals who are highly assertive about pursuing their own goals but uncooperative in assisting others to reach their goals

妥协
compromise a conflict style that involves both a degree of assertiveness and a degree of cooperativeness

概念技能
conceptual skills capabilities that involve working with concepts and ideas, the thinking or cognitive aspects of leadership

关心人
concern for people refers to how a leader attends to the people in the organization who are trying to achieve its goals

关心生产
concern for production　refers to how a leader is concerned with achieving organizational goals

信心
confidence　feeling positive about oneself and one's ability to succeed

冲突
conflict　a felt struggle between two or more interdependent individuals over perceived incompatible differences in beliefs, values, and goals, or over differences in desires for esteem, control, and connectedness

冲突风格
conflict style　a patterned response or behavior that people use when approaching conflict

关怀行为
consideration behavior　a relationship leadership behavior in which the leader creates camaraderie, respect, trust, and regard with followers

内容冲突
content conflicts　involve struggles between leaders and others who differ on issues such as policies and procedures

内容维度
content dimension　involves the objective, observable aspects of communication

权变理论
contingency theory　a leadership theory that focuses on the match between the leader's style and specific situational variables

民主型领导风格
democratic leadership style　a style of leadership in which leaders treat subordinates as fully capable of doing work on their own and work with subordinates, trying hard to treat everyone fairly, without putting themselves above subordinates

决断力
determination　being focused and attentive to tasks; showing initiative, persistence, and drive

区分差异
differentiation　an interaction process that occurs in the early phase of conflict that helps participants define the nature of the conflict and clarify their positions with regard to each other

指导性领导
directive leadership a leader sets clear standards of performance and makes rules and regulations clear for others

情绪智力
emotional intelligence concerned with a person's ability to understand his or her own and others' emotions, and then to apply this understanding to life's tasks; the ability to perceive and express emotions, to use emotions to facilitate thinking, to understand and reason with emotions, and to manage emotions effectively within oneself and in relationships with others

同理心
empathy a process in which an individual suspends his or her own feelings in an effort to fully understand the feelings of another individual

员工导向
employee orientation a relationship leadership behavior in which the leader takes an interest in workers as human beings, values their uniqueness, and gives special attention to their personal needs

终极价值观
end values the outcomes or goals a leader seeks to achieve

伦理型领导
ethical leadership a process by which a good person rightly influences others to accomplish a common good

伦理价值观
ethical values concerned with the character or virtuousness of the leader

期望理论
expectancy theory people will be more highly motivated when they are capable of performing their work, the effort they put into a task leads to an expected outcome, and they value the outcome

留面子
face saving communicative attempts to establish or maintain one's self-image or another's self-image in response to threat

划整为零
fractionation the technique of breaking down large conflicts into smaller, more manageable pieces

盖洛普咨询公司
Gallup Organization　a public opinion research organization that conducts political polling and research in other areas of the social sciences

目标
goals　the aims or outcomes an individual seeks to achieve

"伟人"理论
"Great Man" theories　early trait theories of leadership that focused on identifying the innate qualities and characteristics possessed by great social, political, and military leaders (see also *trait approach*)

诚实
honesty　telling the truth and representing reality as fully and completely as possible

创建结构
initiating structure　task leadership in which the leader organizes work, defines role responsibilities, and schedules work activities

正直
integrity　adhering to a strong set of principles and taking responsibility for one's actions; being honest and trustworthy

智慧
intelligence　having good language skills, perceptual skills, and reasoning ability

人际技能
interpersonal skills　people skills; those abilities that help a leader to work effectively with subordinates, peers, and superiors to accomplish the organization's goals

放任型领导风格
laissez-faire leadership style　a style of leadership, sometimes labeled nonleadership, in which leaders ignore workers and their work motivations and engage in minimal influence

领导者—成员交换（LMX）理论
leader-member exchange (LMX) theory　conceptualizes leadership as a process that is centered on the interactions between leaders and followers

领导
leadership　a process whereby an individual influences a group of individuals to achieve a common goal

领导风格
leadership style the behaviors of leaders, focusing on what leaders do and how they act

习得行为
learned behaviors actions or behaviors people acquire through experience; ingrained things they come to understand throughout their life

倾听
listening paying attention to what people say while being attentive to what people mean

地图
map a laid-out path to follow to direct people toward their short- and long-term goals

使命
mission the goal toward which a group is working, which provides organization to the rest of its activities

形式价值观
modal values concerned with the means or actions a leader takes

规范
norms the rules of behavior that are established and shared by group members

障碍
obstacle a problem that hinders group productivity

外群体
out-group individuals in a group or an organization who do not identify themselves as part of the larger group, and who are disconnected and not fully engaged in working toward the goals of the group

参与型领导
participative leadership a leader invites others to share in the ways and means of getting things done

路径—目标领导
path-goal leadership leadership in which a leader should choose a style that best fits the needs of individual group members and the task they are doing

路径—目标理论
path-goal theory a leadership theory that examines how leaders use employee motivation to enhance performance and satisfaction

个人风格
personal style　unique habits regarding work and play, which have been ingrained over many years and influence one's current style

领导理念
philosophy of leadership　a unique set of beliefs and attitudes about the nature of people and the nature of work that have a significant impact on an individual's leadership style

图景
picture　an ideal image of where a group or an organization should be going

积极心理学
positive psychology　the "scientific" study of what makes life most worth living

权力
power　the capacity to influence or affect others

原则性协商
principled negotiation　an approach to conflict that decides issues on their merits rather than through competitive haggling or through excessive accommodation

问题解决技能
problem-solving skills　one's cognitive ability to take corrective action in a problem situation in order to meet desired objectives

过程行为
process behaviors　behaviors used by leaders to help group members feel comfortable with each other and at ease in the situations in which they find themselves

生产导向
production orientation　task leadership in which the leader stresses the production and technical aspects of the job

已经实现的优势
realized strengths　personal attributes that represent our strongest assets

关系取向
relational approach　an approach to leadership research that examines the nature of relations between leaders and followers

关系冲突
relational conflicts　refer to the differences we feel between ourselves and others concerning

how we relate to each other

关系行为

relationship behaviors　behaviors used by leaders that help subordinates feel comfortable with themselves, with each other, and with the situation they find themselves in

关系维度

relationship dimension　refers to the participants' perceptions of their connection to one another

关系导向型领导

relationship-oriented leadership　leadership that is focused primarily on the well-being of subordinates, how they relate to each other, and the atmosphere in which they work

仆人式领导

servant leadership　an emerging leadership approach that emphasizes the "caring principle" with leaders as "servants" who focus on their followers' needs in order to help these followers become more autonomous, knowledgeable, and like servants themselves

情境取向

situational approach　an approach to leadership research based on the premise that different situations demand different kinds of leadership

技能

skill　a competency developed to accomplish a task effectively

社交性

sociability　capable of establishing pleasant social relationships; being sensitive to others' needs and concerned for their well-being

社会同一性理论

social identity theory　explains why and how individuals identify with particular social groups and how these identifications affect their behavior

社会洞察力

social perceptiveness　having insight into and awareness of what is important to others, how they are motivated, the problems they face, and how they react to change

精神型领导

spiritual leadership　an emerging leadership approach that examines how leaders use values, a sense of "calling," and membership to motivate followers

卓越标准
standards of excellence　the expressed and implied expectations for performance that exist within a group or an organization

现状
status quo　the current situation; the way things are now

战略规划
strategic planning　a conceptual skill, the cognitive ability to think and consider ideas to develop effective strategies for a group or an organization

优势
strengths　attributes or qualities of an individual that account for successful performance; positive features of ourselves that make us effective and help us flourish

结构
structure　a blueprint for the work of a particular group that gives form and meaning to the purposes of its activities

支持性
supportive　a leader who provides what is missing—the human connection—by encouraging others when they are engaged in tasks that are boring and unchallenging; offers a sense of human touch for those engaged in mundane mechanical activity

协同作用
synergy　the group energy created from two or more people working together, which creates an outcome that is different from and better than the sum of the individual contributions

任务行为
task behaviors　behaviors used by leaders to get the job done

任务导向型领导
task-oriented leadership　leadership that is focused predominantly on procedures, activities, and goal accomplishments

技术胜任力
technical competence　having specialized knowledge about the work we do or ask others to do

人类天赋主题
themes of human talent　relatively stable, fixed characteristics—similar to personality traits—that are not easily changed

X 理论
Theory X a general theory created by Douglas McGregor in which leaders assume that people dislike work, that they need to be directed and controlled, and that they want security—not responsibility

Y 理论
Theory Y a general theory created by Douglas McGregor in which leaders assume that people like work, that they are self-motivated, and that they accept and seek responsibility

特质
trait a distinguishing personal quality that is often inherited (e.g., intelligence, confidence, charisma, determination, sociability, or integrity)

特质取向
trait approach an approach to leadership research that focuses on identifying the innate qualities and characteristics possessed by individuals (see also *"Great Man" theories*)

蜕变型领导理论（或"转化型领导理论"或"转型领导理论"）
transformational leadership theory a theory that describes leadership as a process that changes people and organizations

尚未实现的优势
unrealized strengths personal attributes that are less visible

价值观
values the ideas, beliefs, and modes of action that people find worthwhile or desirable

愿景
vision a mental model of an ideal future state

弱点
weaknesses limiting attributes that often drain our energy and result in poor performance

图书在版编目（CIP）数据

领导学导论：人人都可习得的领导力/（美）彼得·诺思豪斯著；吴荣先译. -- 3 版. -- 北京：商务印书馆，2018
ISBN 978-7-100-15657-8

Ⅰ. ①领… Ⅱ. ①彼… ②吴… Ⅲ. ①领导学 Ⅳ. ①C933

中国版本图书馆 CIP 数据核字（2017）第 305072 号

本书中文简体字翻译版由 Sage Publications, Inc. 授权商务印书馆出版。未经出版者书面许可，不得以任何形式复制或抄袭本书的任何部分。
版权所有，侵权必究

所有权利保留。
未经许可，不得以任何方式使用。

领导学导论：人人都可习得的领导力（第 3 版）
〔美〕彼得·诺思豪斯　著
吴荣先　译
刘冰云　责编

商 务 印 书 馆 出 版
（北京王府井大街36号　邮政编码100710）
商 务 印 书 馆 发 行
山东临沂新华印刷物流集团
有 限 责 任 公 司 印 刷
ISBN 978-7-100-15657-8

2018 年 9 月第 1 版　　　开本 710×1000　1/16
2018 年 9 月第 1 次印刷　　印张 22
定价：88.00 元